인간 복제, 그 위험한 도전

생명 복제 문제에 대한 신학적 한 견해

모든 인간은 하나님의 형상을 닮은 존엄한 존재입니다. 전 세계의 모든 사람들은 인종, 민족, 피부색, 문화, 언어에 관계없이 존귀합니다. 예영커뮤니케이션은 이러한 정신에 근거해 모든 인간이 존귀한 삶을 사는 데 필요한 지식과 문화를 예수 그리스도의 사랑으로 보급함으로써 우리가 속한 사회에 기여하고자 합니다.

인간 복제, 그 위험한 도전

초판 1쇄 펴낸 날 · 2003년 4월 19일 | 개정 1쇄 펴낸 날 · 2006년 4월 14일

지은이 · 이승구 | **펴낸이** · 김승태

편집장 · 김은주 | **편집** · 박지영, 윤구영 | **디자인** · 이승희, 이훈혜 | **제작** · 한정수
영업본부장 · 오상섭 | **영업** · 변미영, 장완철 | **홍보** · 주진호 | **물류** · 조용환, 송승철
드림빌더스 · 고종원, 노지현

등록번호 · 제2-1349호(1992. 3. 31.) | **펴낸 곳** · 예영커뮤니케이션
주소 · (110-616) 서울 광화문우체국 사서함 1661호 | **홈페이지** www.jeyoung.com
출판사업부 · T. (02)766-8931 F. (02)766-8934 e-mail: jeyoungedit@chol.com
출판유통사업부 · T. (02)766-7912 F. (02)766-8934 e-mail: jeyoungsales@chol.com

ISBN 89-8350-395-5 (03230)

값 11,000원

■ 잘못 만들어진 책은 교환해 드립니다.

인간 복제, 그 위험한 도전

생명 복제 문제에 대한 신학적 한 견해

이승구

예영커뮤니케이션

생명 신학을 위한 시론

    현대인들이 생명에 대해서 갖고 있는 생각은 다른 어느 시대의 사람들보다 더욱 이율배반적이다. 한편으로는 무엇보다도 생명을 존중하며, 특히 인간의 생명을 위해서는 무엇이든지 다 할 수 있다고 한다. 명목상으로는 오늘날의 많은 이들이 인도주의자(humanist)이다. 생명과 사랑에 관련된 이야기, 소설, 시, 영화가 우리 주변에 많이 있다. 그러나 또 한편으로는 많은 사람들이 생명을 무참히 살해하는 일을 거리낌 없이 하고 있다. 폭력과 살인, 피 흘림 일색의 소설과 영화, 그리고 그와 유사한 실제적인 일들이 우리 주위에 많다.

    그러나 대다수의 사람들은, 생명에 대한 극단적인 태도는 허구이거나 어떤 특별한 경우들에 국한된 이야기일 뿐 자신들은 생명을 위한 투사도 아니고, 생명을 우습게 여기는 살인자도 아니기에 실제적으로는 문제될 것이 없다고 생각하는 편협한 사고에 빠져 있다. 이런 사고는 구체적인 생명 문제에 대한 무관심 혹은 소극적 태도를 낳는다. 그래서 어떤 구체적인 생명 문제에 깊이 관여하기보다는 그저 대다수의 사람들이 생각하는 대로 생각하려고 하며, 복잡한 문제에 대해서는 깊이 고민하려고 하지 않는다. 조금만 깊이 생각하면 자신들이 이제까지 자명하게 생각했던 것들이 불투명하게 보이기 시작함을 느끼기 때문이다. 그래서 보다 깊이 있고 치열하게 생각하려 하지 않고, 그저 대중 매체와 주변 사람들의 생각을 따라 가는 일이 많은 것이다.

그런데 이 세상을 따라가지 말고 그 풍속을 본받지 말며, 이 세상에 있으되 세상에 속하지 않은 이들로 살아야 한다는 가르침을 받은 그리스도인들 역시도 이와 비슷한 것을 자주 볼 수 있다. 철저하게 성경의 가르침에 따라서 사고하고 그것에 자신을 온전히 헌신하는 그리스도인이 드물다. 오히려 그런 철저한 사고와 삶의 실천보다는, 개인적으로나 집단적으로 기독교적인 분위기에 둘러싸여 있기를 좋아하고 그것을 통해 자신이 기독교적으로 산다는 허위 의식을 키워 가는 이들이 많다.

특히 이 책의 주제인 생명, 인간 생명의 시작, 인간 생명 복제, 배아 복제 등의 문제는 그리스도인들이 그에 대해서 비교적 분명한 입장을 나타내 보일 수 있는 주제임에도 불구하고 실상은 그렇지 않다. 이 모든 문제에 대해서 철저히 성경의 가르침을 따라 사고하고 행동하며 다른 이들을 설득하려고 하는 이들보다는, 그저 나름대로 기독교적 기준만 고수한 채 이 문제에 대한 공적인 논의에서는 침묵하거나 아니면 우리의 노력으로는 아무 것도 할 수 없다는 철저한 패배주의에 사로잡혀서 다른 이들의 견해를 차차 따라 가는 이들이 더 많은 것 같다. 이 책은 바로 이런 우리의 상황에 대해서 고민하며, '어떻게 하면 이 땅에 사는 그리스도인들이 진정한 그리스도인답게 생명, 생명의 시작, 생명 복제, 체세포 복제 문제에 대해 생각하고 운동해 나갈 수 있을까?'를 염두에 두고 쓰여진 것이다. 따라서 이 책은 이 구체적인 문제들에 대한 필자 자신의 기독교적 이해를 표현하려고 한 시도이기도 하지만, 동시에 이것들을 기본으로 다른 문제들에 있어서도 동일한 움직임이 나타날 수 있도록 하기 위한 기본적 논의로 제시하는 것이기도 하다.

이 책을 출간하는 직접적인 동기는 근자에 국내외적으로 많이 제기되고 있는 생명 복제 문제에 대해 기독교적 시각에서의 분명한 입장 진술과 토론의 계기를 제공하고자 하는 일종의 운동적 의식이라고 할 수 있다. 또 하나의 계기는 필자가 섬기는 국제신학대학원대학교 신학 석사 과정의 학생들을 위한 '개혁파 생명 신학 연구'라는 강의이다.

그러나 이 책의 내용은 이미 오래 전부터 준비되었던 것이다. 필자는 1992년 말부터 거의 1년여에 걸쳐서 박상은 선생님, 안동일 선생님, 최응호 선생님 등 누가회에 속한 여러 분들과 함께 의료 윤리에 대한 세미나를 했다. 그 결과 중 하나로, 필자는 한국의 슈바이처라 불리는 성산 장기려 선생님을 기념하여 만들어진 성산생명윤리연구소 설립 1주년 기념 세미나에서 "생명의 시작에 대한 신학적 논의"라는 주제로 발제할 수 있는 영광을 얻었다. 그 내용을 성산생명윤리연구소 단기 의료 윤리 세미나의 발제 과정을 통해서 수정하고 발전시킨 것이 이 책 1장과 2장의 내용이다. 또한 1999년 기독교학문연구소에서 '생명 복제에 대한 여름 집담회'를 하면서 마리아생명공학연구소의 박세필 박사님과 전북대학교 철학과 김상득 교수와 함께 발제한 것이 3장의 토대가 되었다. 또한 역시 같은 연관성 가운데서 저자는 2002년 5월 18일 한국기독교의사회에서 주관한 '배아 복제와 생명 윤리'라는 세미나에서 김남형 교수님(충북대학교 축산학과)과 안동일 박사님(형사정책연구원)과 함께 발제하는 영광을 얻었다. 그 내용을 중심으로 국제신학대학원대학교 목회신학원에서 강의했으며(2002년 5월), 2002년 7월 12일에 연세대학교 의과대학 의학생명과학연구소 월례 발표회에서 발제했던 "배아 복제에 관한 신학적 고찰"을 좀 더 가다듬은 것이 3장의 내용이다. 그리고 얼마 전에 ≪빛과 소금≫의 요청에 따라 기고한 내용이 4장의 내용이다.

그러므로 이런 논문을 쓰고 발제할 수 있도록 초청해 주신 성산생명윤리연구소, 기독교학문연구소, 한국기독의사회의 여러 분들, 그리고 연세대학교의 민성길 교수님과 ≪빛과 소금≫의 편집자들에게 깊은 감사를 드리지 않을 수 없다.

이제 이 자료들을 통해 좀 더 많은 이들과 대화하기 위해서 책으로 내면서, 필자는 3장의 내용에 대한 독자들의 효과적인 이해를 위해서 생명 복제 과정에 대한 일반적인 정리를 <참고 자료>로 3장 앞에 제시하였다. 이 <참고 자료>는 독창적인 글이 아니고, 그동안 있어 왔던 생명 복제 문제에 대한 논의를 정리하고 상당 부분 그대로 옮기면서 이곳저곳의 사소한 내용만을 수정하여 제시한 것이다. 따라서 생명 복제에 대한 일반적인 이해를 가진 분들은 이 부분을 읽지 않아도 상관없을 것이다.

또한 그동안의 생명 복제 연구에 대한 현황 소개와 각국의 법적 규정 등에 대한 정보를 제시하게 위해서 그 내용들을 <자료 1>과 <자료 2>로 모아 보았다. 이는 각각의 문제를 일목요연하게 볼 수 있도록 정리한 내용에 불과한 것이므로 그저 참조를 위해 사용해 주시기 바란다. 그러므로 이 책의 내용으로 본 주제와 관련해 토론하고자 하는 분들은 1, 2, 3, 4, 5장의 내용을 중심으로 진행하면 될 것이다.

마지막으로 주님께서 이 부족한 글들을 주님의 나라와 교회를 위해

서, 그리고 공적 영역에서의 신학적 토론을 위해서 사용하여 주시기를
기도한다.

2003년 3월 1일
국제신학대학원대학교 연구실에서
이승구

생명 윤리 의식의 성숙을 향하여
-개정판에 붙여

2003년 4월에 발간된 이 책은 우리나라에서 인간 배아 복제 실험이 가장 활발하게 진행되던 (그러나 잘 이루어지지 않았던?) 지난 2년 동안 그리스도인들 사이에서 조금씩 읽혀진 것 같다. 이 복잡한 생명 윤리의 문제에 그리스도인들과 일반인들의 생명 윤리적 관심에 더 많이 진작되지 않은 것에 대해 매우 안타까운 마음이 있다. 작년 5월 이후로 절판된 이 책을 찾는 독자들의 요구에 따라 이 책의 개정판을 준비해 보았다.

이 개정판에서는 초판에서 <자료 1>로 제시되었던 생명 복제 기술의 발전 역사를 제3장으로 바꾸어 초판 이후에 나타난 동물 복제 실험과 인간 배아 복제 실험의 역사를 논의하였다. 또한 황우석 교수팀의 연구로 온 세상을 떠들썩하게 한 인간 배아 복제 실험의 현황과 그에 대한 윤리적이고 대안적 연구로 제시될 수 있는 성체줄기세포 연구의 현황을 있는 그대로 제시하는 제5장을 새로 마련하였다. 이는 2005년 10월 7일에 한국기독교 총연합회 신학위원회가 개최한 <인간 줄기세 포 연구에 대한 한국 교회의 입장>에 대한 세미나에서 박재현 교수님 과 신동일 박사님과 같이 발제하면서 신학적 측면에서의 의견을 제시 한 내용인데, <성경적 관점에서 본 인간 배아 복제 연구>라는 특집을 가진 『통합연구』 45(=18/2) (2005): 74-96에 길원평 교수님과 박재현 교 수님과 신동일 박사님의 글과 함께 발표된 내용이기도 한다. 제5장을 통해서 나는 이 글을 보는 이들은 누구나 과연 인간 배아를 파괴하지 않으면서(즉, 배아 파괴라는 윤리적 문제를 일으키지 않으면서), 지금 현재 과학 기술상 인간의 난치병을 치료할 수 있는 가능성이 실제로 더 높은 연구가 과연 어떤 연구인지를 파악하도록 하려는 데 가장 주안점 을 두었다. 이 문제들에 대한 모든 독자들의 공정한 판단이 있고, 그에 근거한 생명 윤리적인 판단과 활동이 나타날 수 있기를 바란다.

제6장은 이전에 언급했던 돌리의 안락사 소식에 대한 의견에 더하 여, 스너피의 복제 성공 소식과 황우석 교수 사태에 대해서 우리가 과 연 어떤 생각을 해야 하는지를 간단히 논의하였다. 또한 "생명 윤리 및 안전에 관한 법률안"만이 나온 때 나온 초판에서는 <부록>으로 그에 대한 의견을 제시하였으나, 지금은 이 법률이 이미 공포된 상황이므로 <부록 2>로 이 법 조문을 그대로 제시하고, 이에 대한 의견 제시를 <부 록 3>으로 제시하였다. 천주교와 개신교 공동으로 헌법재판소에 신청 한 이 법률안에 대한 헌법 소원에 대한 헌법 재판소의 판단과 모든 이

들의 윤리적 법적 사고에 도움이 될 수 있기를 바란다.

지난 2년 동안 이 책의 초판을 읽으시면서 진정한 생명지킴이로서의 의식을 강하게 가지게 된 모든 독자들에게 깊은 감사를 드린다. 사실 작년 5월부터 절판된 이 책을 다시 낼 것을 생각하고 있었으나 황우석 박사팀의 연구 사태가 거의 종료된 이 시점에서 이 개정판이 나오게 된 것은 이 모든 문제에 대한 확실한 시금석을 마련하는 일에 좀 더 안정된 기반을 조성하는 데 도움이 될 수 있는 일종의 섭리적 관여가 있는 것으로 여기게 된다. 모든 것은 우리의 생각 이상으로 이끌어 가는 섭리적 통치에 감사를 드리면서, 이 개정판이 우리의 생명 윤리 의식을 좀 더 성숙시키고, 더 성경적으로 하는 데 도움이 될 수 있기를 바란다. 주께서 그 일에 이 책을 유용하게 사용하여 주시기를 간절히 기원하면서 이 책의 개정판을 출판에 붙인다.

2006년 3월 14일
국제신학대학원대학교 연구실에서
이승구

차 례

제1장

인간 생명의 개념과
그 시작에 대한 이해

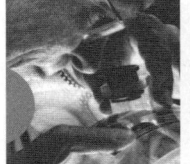

인간 생명의 개념과
그 시작에 대한 이해

인간 생명의 시작이나 생명 복제 등에 관한 논의는 결국 '생명이란 무엇인가?'의 문제로부터 시작해야 한다. 많은 사람들과 여러 학문들이 각기 이 질문에 답하기 위해 노력해 왔지만, 지금까지의 노력으로는 이 문제에 대한 결정적이고 궁극적인 대답을 찾을 수 없었다. 다른 모든 문제에 대해서도 그렇지만, 특히 생명과 관련된 문제에 대한 궁극적인 대답을 위해서는 규범적인 입장에서 접근해야 한다. 즉, 인간의 삶과 행위의 유일무이한 규범인 성경이 우리에게 제시하는 것에서 그 대답을 찾아야 한다는 것이다. 성경과 신학에 의하면 생명은 그 본래적인 의미에서 모든 것의 근원이신 하나님과 바른 관계에 있는 것이다. 따라서 하나님과 바른 관계에 있지 않은 것은 죽은 것이라 할 수 있다. 이는 모든 생명에 대해서 타당한 말이다. 그러나 이 글에서는 일단 이 생명을 인간의 생명에 국한해서 논의할 것이다. 인간의 생명은 인간을 창조하신 하나님과 바른 관계를 가져 나갈 때 그 온전함을 누릴 수 있는 것이라고 할 수 있다. 따라서 하나님의 창조를 받았어도 하나님과 바른 관계를 가지고 있지 않으면 온전한 생명을 가지고 있다고 할 수 없다.

그러나 아주 놀랍게도 하나님과 바른 관계에 있지 않은 사람들도 이 세상에서 일정한 기간 동안은 생명의 일부를 누려 나간다. 생물학적으로도 살아 움직이고, 생생한 심리적 작용도 있으며, 사람들과 더불어 사회 관계도 가진다. 그렇게 누리는 생명은 온전하고 충족된 생명이 아니라, 하나님께서 인간을 위해 배려하셔서 누리게 하신 제한된 생명의 한 측면일 뿐이다. 그러므로 우리는 생명이라는 개념에 대해 생물학적·심리적·사회학적 의미를 중심으로 생각해서는 안 된다. 생명은 그것의 가장 포괄적이고 본래적 의미에 의해 먼저 규정되어야 하는 것이다. 이는 하나님께서 인간을 창조하시기로 작정하셨을 때에 염두에 두셨던 가장 온전한 의미의 생명 개념에서 출발하는 것을 의미한다. 따라서 생명의 개념은 하나님께서 창조하신 상태의 인간 생명과 그들을 향해 요구하신 생명의 상태에 대한 고찰로부터 시작되어야 한다.

I. 생명의 과정에 관한 계시사적 고찰

1. 하나님께서 창조하신 생명

하나님께서는 인류 최초의 사람들에게 생명을 주셨다. 인간의 생명은 하나님의 창조와, 다른 창조물을 정복하고 다스리라는 사명에 의해 시작되었다(창 1:26-28). 처음에는 하나님께서 창조하신 그 흙('하아다마' [הָאֲדָמָה])으로부터 고은 흙('아파르' [עָפָר], 먼지)을 사용하셔서 남자의 형태를 만드시고, 그의 코에 하나님의 생기를 불어넣으시어 그로 생명을 갖게 하셨다. 이 때부터 아담이 '산 존재'('네페쉬 하야' [נֶפֶשׁ חַיָּה], 생물, living soul)가 되었다(창 2:7). 여기에 인간 생명의 기원이 있다. 하나님께서 주도권을 잡으시고 목적을 가지고 창조하신 것에서 인간의 생명이 기원한 것이다. 이처럼 인간은 모든 선한 것의 기원이신(약 1:17) 하나님께서 창조하셔서 그 생명을 가지게 되었다.

여기서 창조라는 말에 유의할 필요가 있다. 인간은 하나님으로부터 유출된 것도 아니고, 하나님께서 낳으신 것도 아니다. 본래 하나님은 이 세상과 인간을 창조하실 필요가 없으셨다. 그러나 하나님께서 그 기쁘신 뜻대로 인간을 창조하셨고 그로 말미암아 인간의 생명이 생겨난 것이다. 인간 생명의 근원은 인간을 창조하신 하나님이시다. 그러므로 모든 족보의 흐름을 거꾸로 말하면, 그 마지막은 항상 누가복음이 예수님의 족보에 대해서 말하는 대로 "…그 이상은 아담이요 그 이상은 하나님이시니라"(눅 3:38)일 수밖에 없다. 그러나 셋과 아담의 관계성과 아담과 하나님의 관계성의 차이를 분명히 해야 한다. 아담은 셋을 낳은 것이지만, 아담은 하나님에 의해서 그의 기쁘신 뜻대로 창조된 것이다.

하나님께서는 인간의 생명을 창조하실 때 재료를 사용하실 수도, 사용하지 않으실 수도 있었다. 그러므로 인간을 창조하실 때 하나님께서 재료를 사용하셨는지의 여부, 또 어떤 재료를 사용하셨는지 등의 문제는 그리 중요한 것이 아니다. 흙이라는 재료를 사용하지 않고도 인간을 만드실 수 있었기 때문이다. 그러나 하나님께서 최초의 인간을 만드셨을 때에는 흙('아다마' [אֲדָמָה])으로부터 만드시고 그 의미를 살려 그를 '아담' [אָדָם]이라고 하셨다. 그렇지만 이로부터 인간의 몸은 흙으로부터 나왔고, 인간의 영혼만이 하나님에게서 직접 나왔다고 추론하는 것은 옳지 못하다. 인간 전체가 다 하나님의 직접적 창조의 산물이기 때문이다. 그리고 하나님께서 창조하신 사람은 그 영혼과 몸이 분리되어 있거나 분리될 수 있는(즉, 죽을 수 있는) 존재가 아니라, 영혼과 몸이 함께 있는 '영혼과 몸이 단일체로 있는 사람'(psycho-somatic unity) 인 것이다.[1] 그는 가멸적(可滅的)이거나 가사적(可死的)인 존재가 아니었다. 고귀하신 하나님의 형상대로 그 모양을 따라 지어진 하나님의 대리 통치자였다.

아담의 통치 행위를 돕도록 그와 상응하게 돕는 배필로 지어진 여자는 하나님께서 이 남자의 갈비뼈를 사용하여 창조하셨다(창 2:21-22). 이 경우에도 여자의 몸은 남자에게서 왔고 그 영혼만을 하나님께서 창조하신 것이 아니라, '몸과 영혼의 단일체'로서의 또 한 사람인 여자를 하나님께서 남자의 갈비뼈를 사용하셔서 직접 창조하신 것이다. 그러므로 성경의 관점에서는 여자도 남자와 동등한 하나님의 형상이고, '남자에게 필적하며 그에게 상응하여 그를 돕는 자'('에제르 케네그도'[עֵזֶר כְּנֶגְדּוֹ])로 하나님의 고귀한 창조물이다.

이제 하나님께서는 이 남자와 여자의 한몸됨을 통해서 '생육'하도록, 즉 아이들을 낳도록 하셨다. 물론 이 '하나님의 창조를 받은 지위', 즉 '순전한 상태'(status integritatis)에서는 아직 인간이 아이를 낳지는 않았다. 이후에 하나님께서 명령과 축복을 통해 아이들을 낳도록 하셨다. 그렇게 태어난 아이들 역시 그 몸은 부모에게서 얻고 하나님께서 영혼만을 창조하신 것이 아니라, 하나님께서 '영혼과 몸의 단일체'로서의 인간을 이 생육의 과정을 사용하셔서 이 땅에 창조하신 것이다.

하나님의 계속적인 창조(creatio continuae)의 과정이 여기에 있다.

---

1 이 점에 대한 좋은 강조로 Anthony A. Hoekema, *Created in God's Image* (Grand Rapids: Eerdmans, 1986), 203-26을 보라.

인간의 생명은 이렇게 모두가 하나님의 직접적 창조의 산물이다. 그리고 그 인간의 생명은 영혼과 몸이 같이 있는 통일체이다. 최초의 창조 속에서는 이 영혼과 몸의 통일성이 깨어지지 않도록 되었던 것이다. 이 최초의 창조 속에 있는 생명을 <생명 1>이라고 해 보자.

2. 더 높은 단계의 고귀하고 충만한 생명을 향하도록 창조된 인간

그러나 창조된 인간은 그 상태를 영원히 유지하도록 의도된 것이 아니었다. 이 상태는 온전하고 거룩한 상태였다. 하나님께서는 사람들의 언약적 대표인 아담이 하나님의 명령과 뜻에 의존하여 온 땅을 다스리면서 일정한 기간을 잘 지내고 나면 아담뿐만 아니라 온 인류가 '더 높고 온전하며 생명의 의미로 충만한 상태'에 이르도록 계획하셨다(그래서 이 기간을 'probation period'라고 부른다). 즉, 하나님께서는 인간이 처음 창조된 상태보다 더 높은 단계에 이르도록 하셨던 것이다.[2] 이 것은 창조된 원상태에 있던 아담의 상태보다 더 높은 단계의 생명이 있음을 보여 주는 것이다. 하나님과 교제하며 하나님의 뜻에 따라 온 세상을 다스리던 아담의 원상태보다 더 높고 고귀하고 충만한 생명의 상태는, 더 이상 하나님과의 교제로부터 떨어지는 일이 있을 수 없는 상태이다. 이런 상태의 생명을 <생명 2>라고 하자.

그러나 이 원상태는 더 높은 상태로 올라갈 수도 있지만 또한 그로

---

[2] 이런 개념에 대한 좋은 설명으로는 Geerhardus Vos, *Biblical Theology* (Grand Rapids: Eerdmans, 1948), 32, 37-51, 졸역, 『성경신학』 (서울: 기독교문서선교회, 1985), 38, 43-56; Louis Berkhof, *Systematic Theology* (Grand Rapids: Eerdmans, 1941), 213-16; O. Palmer Robertson, *The Christ of the Covenants* (Grand Rapids: Baker, 1980), 55-57, 67-87; Hoekema, 117-21 등을 보라.

부터 떨어질 수도 있는 상태이다. 죄를 범할 수 있는 가능성이 있는 상태요, 따라서 그렇게 되면 죽을 수도 있는 상태인 것이다. 그러므로 하나님의 의도는 이런 가변적 상태 가운데 있는 인간들을 더 높은 상태로 올리셔서 그들로 하여금 더 이상 타락의 가능성이 없는 온전한 생명을 누리도록 하려 하신 것이다. 그 조건은 인간 전체의 대표인 아담의 개별적이고도 온전한 순종이었다. 이러한 관계와 정황을 종교개혁 시대 이후로 특히 개혁 신학계에서는 흔히 '행위 언약'(covenant of works)이라고 불러왔다. 이처럼 아담에게 자유의지를 허락하셔서 그 스스로 이런 순종의 길을 택하여 인격적이고 자발적인 관계를 누리도록 하시는 것은, 인간을 로봇이나 기계 장치처럼 다루지 아니하시고 진정한 독립된 인격으로 대우하시는 하나님의 배려와 사랑이었다.

3. 고귀한 생명에 오르지 못하고 타락한 인간과 그의 생명

그러나 아담은 하나님의 계시와 그에 나타난 하나님의 뜻을 잘 헤아리지 못하고 하나님의 교훈적인 뜻과는 정반대 되는 길을 선택하여 타락하였다. 이로부터 하나님과의 교제와 관계성을 상실한, 영적으로 죽은 생명이 있게 되었다. 이는 '죽음 아래 있는 생명'(life under death)이라고 할 수 있다. 하나님과 관련 없이 살아가는 인간의 생명은 모두 다 이런 타락한 상태에 있는 생명이다. 이를 <생명 3>이라고 해 보자. 지금 우리 대부분의 의료 행위는 이런 물리적 생명과 관련된 행위이다. 그러나 이렇게 영적으로 죽은 사람의 생명도 고귀하고 중요한 것이다. 성경은 이렇게 타락한 사람들, 즉 영적으로 죽은 사람들을 향해서도 계속 "하나님의 형상"이라고 한다(창 9:6; 약 3:9). 그러므로 우리는 영적으로 죽은 상태에 있는 사람들도 아주 고귀하게 여겨야 한다. 그리고 이는 다음 단계 생명을 위한 발판이기도 하다.

4. 구원받은 인간과 그의 생명

타락한 사람들에 대해서 하나님께서는 곧바로 그의 사랑과 은혜에 근거한 구원 사역을 시작하셨다. 타락한 인간에게 대해 '은혜 언약' (covenant of grace)을 세우시고, 이에 따라서 영적으로 죽은 사람들을 살리는 일을 하기 시작하신 것이다.[3] 그리고 이를 위해서 타락한 사람에게 친히 찾아 오셨다. "아담아 네가 어디 있느냐?"고 물으며 찾아 오시는 하나님은 죄를 문제 삼으시고 형벌만 선언하시는 것이 아니라, 그 정죄와 형벌의 선언 한가운데서 사람들을 구원하려는 뜻을 나타내 보이시고 인간들로 이 구원의 약속을 믿도록 하셨다. 그 최초의 뜻에 대한 선언이 뱀에게 내리신 형벌의 말 가운데 들어 있다. "내가 너로 여자와 원수가 되게 하고 너의 후손도 여자의 후손과 원수가 되게 하리니 여자의 후손은 네 머리를 상하게 할 것이요 너는 그 발꿈치를 상하게 할 것이니라"(창 3:15). '여자의 후손'과 '사단의 후손' 사이의 처절한 전투에서 여인의 후손을 통한 구원이 있을 것을 보이신 하나님의 말씀에[4] 대한 반응으로, 인간들은 하나님께서 준비하신 구원자를 통한 구원을 믿으며 기다려 왔다.

---

[3] 은혜 언약 개념에 대한 좋은 설명을 위해서는 Berkhof, 272-89; 이승구, "언약과 성경 신학"과 "언약에의 이해", in 『개혁 신학에의 한 탐구』(서울: 웨스트민스터출판부, 1995), 157-66과 그 곳에 인용된 글들을 보라. 언약의 여러 세대에 대해서는 Berkhof, 290-301; Robertson, Chs. 5-10, 12-13 등을 보라.

[4] 이 말씀에 대한 좋은 설명들로 Vos, 58-60; Berkhof, 293f.; Robertson, 김의원 역, 『계약 신학과 그리스도』(서울: 기독교문서선교회, 1983), 102-109; Walter C. Kaiser, *Toward An*

이 약속에 따라 역사의 한가운데서 예수 그리스도께서 여인의 후손으로 나시어 결국 그의 삶과 가르침과 십자가의 죽으심을 통해 구원을 이루셨다. 예수님께서 이루신 이 구원을 우리에게 적용하시는 성령의 역사로 말미암아, 타락하여 영적으로 죽은 사람들 가운데서 영적으로 다시 사는 일이 발생했다. 영적 생명이 다시 주어지고, 하나님께 대해 적극적으로 반응하며 하나님의 뜻을 좇아 사는 삶이 다시 시작된 것이다. 이를 중생이라고 부르며 영적인 부활이라고 부르기도 한다. 이 생명은 그리스도의 부활에 참여하는 생명이므로 '부활 생명'(resurrection life)이라고 할 수 있다.

이 때부터 '영생'이 주어진 것이다. 예수님께서 하신 다음 말씀 가운데 있는 생명이 이를 말하는 것이다. "내가 진실로 진실로 너희에게 이르노니 내 말을 듣고 또 나 보내신 이를 믿는 자는 영생을 얻었고 심판에 이르지 아니하나니 사망에서 생명으로 옮겼느니라 진실로 진실로 너희에게 이르노니 죽은 자들이 하나님의 음성을 들을 때가 오나니 곧 이 때라 듣는 자는 살아나리라"(요 5:24-25). 여기에 영적으로 죽은 자들이 살아날 것에 대한 언급이 있다. 그것을 생명이라 하시고 영생이라고 하신 것이다. 이는 원리상 아담이 처음 창조된 그 생명의 상태보다 더 고귀한 것인데, 이 영생은 아담이 행위 언약에 순종하여 이르러야 했던 그 고귀하고 높은 단계의 삶이기 때문이다. 아담이 불순종하여 얻지 못한 그 영생을 예수 그리스도의 순종을 통해 얻게 된 것이다. 이 때의 생명은 원리적으로는(in principle) <생명 2>와 같은 생명이나 '아직 아닌' 면을 지닌 생명이다.

Old Testament Theology (Grand Rapids: Zondervan, 1978), 최종진 역, 『구약 성경 신학』(서울: 생명의 말씀사, 1982), 53-55; 이승구, 『진정한 기독교적 위로』(서울: 여수룬, 1998), 105-13 등을 보라.

5. 극치에 이를 영적인 생명

우리가 예수님을 믿음으로서 이미 얻은 영생은 그 영생의 온전함을 다 얻은 영생이 아니라 아직은 '아직 아닌'의 측면을 가진 영생이다. 그 '아직 아닌'의 측면이 사라지고 우리에게 주어진 영생의 충만함이 그 극치와 절정(climax)의 모습으로 드러나게 되는 때는, 우리 주 예수 그리스도께서 재림하셔서 우리가 부활체를 가지고 새 하늘과 새 땅에서 살게 되는 때이다. 그 때에야말로 지금 우리가 그리스도 안에서 누리고 있는 영생의 참된 의미가 온전히 다 나타나게 될 것이다. 그 생명은 '아직 아닌'적인 측면이 제거된, 원리적으로나 실질적으로 영생에 온전히 부합하는 생명이다. 이는 위에서 살펴본 <생명 2>와 정확히 같은 생명이다.

II. 생명의 개념과 그 기원에 관한 논의

1. 생명의 개념들과 그 기원

이제까지 우리는 인간의 생명에 대해 그 역사적 과정을 살피면서 다양하게 분류해 보았다. 이를 다시 한번 정리하면서 그 각각의 기원을 말한다면 다음과 같다. <생명 1>은 처음 창조함을 받은 원상(原狀) 상태의 생명이다. 이는 우리가 경험하지 못한 것이고 인류 가운데서 아담과 하와만이 경험한 상태의 생명이다. 그러므로 이에 대해서는 성경이 아담과 하와에 대해서 묘사하고 있는 부분으로부터 알 수 있다. 이 <생명 1>은 하나님의 직접적인 창조를 통해 시작되었으므로 그 기원이 하나님에게 있다. 하나님께서 창조하시는 그 순간이 이 <생명 1>의 시작점이다. 이는 모든 생명의 기반이라고 할 수 있다. <생명 1>이 없으면 그 어떤 다른 생명도 없기 때문이다. 그러므로 인간의 생명은 근원적으로 하나님의 역사적인 창조에서 기원하는 것이다. 하나님의 역사적 창조를 부인하는 사람은 궁극적으로는 결국 생명의 기원을 설명할 수 없는 것이다.

<생명 2>는 아담이 그 원상의 상태에서 가야만 했던 생명이고, 결국 예수 그리스도 안에서 우리에게 주어지는 영생의 생명이다. 그 기원은 그리스도의 구속 사역을 성령께서 우리에게 적용하시는 최초의 일인 중생이라고 할 수 있다. 중생을 통해 우리는 <생명 2>에 참여한다. 중생은 우리의 의식 밖에서 발생하는 것이기에 우리가 명확히 그때와 시간을 말할 수 없으나, 중생한 사람은 반드시 하나님께 회개하고 그리스도의 구속만이 유일한 삶의 길이라고 믿게 된다. 이를 통해서 우리는 어떤 이가 중생했는지 여부를 알 수 있다. 그리고 그 중생한 생명의 극치는 그리스도의 재림 때에 있을 몸의 부활이다. 따라서 예수 그리스도의 유일하신 구속 사역과 성령의 중생하게 하시는 사역과 재림의 실재를 받아들이지 않으면 영생의 근거는 상실된다. 우리의 영생은 그리스도의 삶과 십자가의 죽으심과 부활, 그 사역을 적용시키시는 성령의 사역, 그리고 만물을 충만케 하실 그리스도의 재림에 달려 있기 때문이다.

<생명 3>은 타락한 인간, 즉 영적으로 죽은 인간의 생명이다. 그는 영적으로는 죽은 사람이므로 하나님께 대해서 적극적으로 반응하거나 그 뜻을 순종하고 그에게 경배하며 그를 영화롭게 하지 않는다. 그러나 하나님께서는 그의 물리적인 삶이 일정한 기간 계속 되도록 하셨다. 이 또한 하나님의 은총이므로 이를 '일반 은총(common grace) 때문에 사는 삶' 이라고 할 수 있다. 물론 이 때의 생명도 그저 물리적인 생명만

이 아니기 때문에 그 정신적인 삶, 사회적인 삶, 인격적인 삶에 대해 고려하고 배려해야 한다. 흔히 물리적인 측면 이외의 문제를 '삶의 질(quality of life)의 문제'라고 부르기도 한다.

이 <생명 3>은 아담과 하와의 경우에 있어서는 그들의 타락 직후에 시작되었다고 할 수 있다. 엄밀히 말해서 그들은 <생명 1>로부터 타락하여 <생명 3>에 이른 것이다. 아담과 하와 이외의 사람들은 처음부터 <생명 3>에 참여하고 있거나, 아니면 (언약의 자녀들의 중생을 전제로 한다면) <생명 2>에 참여하고 있다고 할 수 있다. 이 경우에 있어서 정확히 어떤 순간이 이 생명에 참여하는 순간인가 하는 것이 생명의 기원에 관한 이 논의의 쟁점일 것이다. 사람은 도대체 언제부터 인간의 삶을 가지는 것일까? 하나님께서는 언제 개별적인 인간을 창조하시는가?

2. 개별적 인간의 생명은 언제 시작되는가?

사람들은 개별적 인간 생명의 시작에 대해서 여러 이야기를 해 왔다. 필자는 여기서 개별적 인간의 생명이 그가 수태되는 순간부터 시작된다는 주장을 하고자 한다.

1) 이에 대한 가장 결정적인 논의는 예수 그리스도의 경우로부터라고 생각된다. 영원 전부터 신성을 가지고 계신 성자께서 정확히 언제부터 인성을 취하신 것으로 여겨야 하는가? 성경과 신학의 일치하는 대답은 성령의 능력으로 동정녀 마리아에게 수태되는 때부터 성자께서 인성을 취하신 것이라고 한다.

이에 대해서 그것은 성경이 그저 일상적인 언어로 말하기 위해 그렇게 표현한 것이라고 해석할 수 있을까? 장차 마리아의 몸에서 나실 이가 분명한 인성을 취하셨으니, 그저 마리아가 수태한 아기가 인성을 취한 것이라고 표현한 것일 뿐일까? 그러나 '성령으로 말미암은 수태' 라는 사실은 이런 대답을 불가능하게 한다. 성자께서 마리아에게 수태되는 그 순간부터 그는 온전한 인성을 가진 분으로 여겨진다. 성령으로 말미암아 수태된 지 14일 후, 혹은 3개월(12주) 후에야 인간적 생명을 가진다고 말하는 것은 얼마나 기괴한 것인가? 그리스도께서 수태된 때부터 인성을 취하신 것이라면, 다른 사람의 경우도 그와 같이 말해야 할 것이다.

2) 이런 기독론적 논의를 보충하는 것은 하나님께서 인간을 모태로부터 지으셨다고 말하는 성경 구절들에 근거한 논의이다. 그 대표적인 예로, 다음 시편 기자와 욥의 말을 들어 보자.

> 주께서 내 장부를 지으시며 나의 모태에서 나를 조직하셨나이다 내가 주께 감사하옴은 나를 지으심이 신묘막측하심이라 주의 행사가 기이함을 내 영혼이 잘 아나이다 내가 은밀한 데서 지음을 받고 땅의 깊은 곳에서 기이하게 지음을 받은 때에 나의 형체가 주의 앞에 숨기우지 못하였나이다 내 형질이 이루기 전에 주의 눈이 보셨으며 나를 위하여 정한 날이 하나도 되기 전에 주의 책에 다 기록이 되었나이다(시 139:13-16).

> 주의 손으로 나를 만드사 백체를 이루셨거늘 … 주께서 내 몸을 지으시기를 흙을 뭉치듯 하셨거늘 … 주께서 나를 젖과 같이 쏟으셨으며 엉긴 젖처럼 엉기게 하지 아니하셨나이까 가죽과 살로 내게 입히시며 뼈와 힘줄로 나를 뭉치시고 생명과 은혜를 내게 주시고 권고하심으로 내 영을 지키셨나이다(욥 10:8-12).

나를 태 속에 만드신 자가 그도 만들지 아니하셨느냐 우리를 뱃

속에 지으신 자가 하나가 아니시냐(욥 31:15).

이 구절들은 인간의 성 행위와 그로 말미암는 수태를 암시하면서 그 수태된 것이 주께서 지으시는 것이며, 생명과 은혜를 주신 것이라고 하고 있다. 모태 속에서 자라나는 태아들의 성장을 하나님이 그 아이를 지으시는 것이라고 보고 있음에 유의해야 한다. 이를 그저 모든 생명의 과정에 하나님이 관여하심을 문학적으로 표현한 것으로 치부해 버리는 것은 계시를 존중하지 않는 태도이다. 그러므로 우리는 수정되는 과정도 하나님께서 관여하시는 것으로 보아야 한다. 위에서 인용한 성경 구절의 관점에서도 이 수태를 명백히 하나님의 창조 행위의 한 측면인 것으로 보고 있다.[5]

3) 더구나 이 구절들은 다른 많은 성경 본문에서 말하는 바와 같이(렘 1:5, 엡 1:3ff.) 우리가 지음을 받기 전부터 하나님께서는 이미 우리를 아시고, 우리를 위한 계획을 가지고 계셨다고 말한다. 그러므로 우리가 수태되어 생물학적 생명을 부여받기 전부터도 이미 하나님의 관념 가운데서는 존재하는 것으로 여겨지는 것이다(하나님께서 존재하지도 않는 것을 아시는 것과 시간과 역사 가운데 있는 것을 아시는 것을 구별하지 못하신다고 오해해서는 안 될 것이다). 그러므로 모든 것을 이전부터 작정하시고 아시는 하나님께서 인간 생명을 수태시키신 그 때부터 생명이 시작된다고 보는 것은 지극히 당연한 것이다.

---

[5] 이 외에도 성경에서 아직 태어나지 않은 태 속의 아이들을 이미 태어나 성장하고 있거나 성장한 사람과 같은 말을 사용해서 언급하고 있는 예로 다음을 보라: 창 25:22; 욥 3:3, 31:15; 사 44:2, 24; 호 12:3; 시 51:5 등.

4) 이런 논의에서 흔히 임신한 태아의 생명적 가치를 다른 사람의 생명의 가치보다 낮추어 볼 수 있는 가능성을 시사한다고 오해되는 성경 구절이 하나 있다. 그것은 출애굽기 21:22-25이다. 더구나 우리말 성경은 이런 해석에 가깝게 번역되어 있어서 오해를 일으키기 쉽다. 기독교 윤리학자들은 흔히 이런 번역과 해석을 이 구절에 대한 '낙태 해석'(miscarriage interpretation)이라고 부른다.[6] 이 구절에 대해 우리말 성경에는 다음과 같이 옮겨져 있다.

> 사람이 서로 싸우다가 아이 밴 여인을 다쳐 낙태케 하였으나 다른 해가 없으면 그 남편의 청구대로 반드시 벌금을 내되 재판장의 판결을 좇아 낼 것이니라 그러나 다른 해가 있으면 갚되 생명은 생명으로 … 갚을지니라(출 21:22-25).

그러나 설사 이를 낙태를 함의하는 것으로 해석한다고 해도 이는 태아의 생명을 낮추어 보는 구절로 해석될 수 있는 것이 아니다. 왜냐하면 여기서는 낙태를 고의적이지 않은 살인으로 다루어, 그런 우발적인 경우의 살인에 대한 모세 율법의 규정에 따라 이를 처리하는 것이기 때문이다(출 21:13-14, 20-21; 민 35: 10-34; 신 19:1-13). 그러므로 이 경우에 벌금을 물게 한 것이 태아의 생명을 덜 가치 있게 여겼기 때문이라고 하기는 어려운 것이다.[7]

---

[6] 이런 해석의 대표적인 예로 다음을 보라. R.S.V., 한글 개역, Bruce M. Waltke, "Old Testament Texts Bearing on the Issues," *Birth Control and the Christian*, Walter O. Spitzer and Carlyle L. Saylor, eds. (Wheaton: Tyndale House, 1969), 10-11.

[7] 이와 같은 논의를 좀 자세히 제시하는 예로 John S. Feinberg and Paul D. Feinberg, *Ethics for a Brave New World* (Wheaton, Illinois: Crossway Books, 1993), 64를 보라(물론

더구나 22절은 사실 낙태가 유발된 것으로 해석되기보다는 살아 있는 아이를 조산케 한 경우로 해석해야 한다는 강한 논지가 있음을 잊어서는 안 된다.[8]

　프레임은, 첫째로 22절에 나오는 '옐레드' [יֶלֶד]란 단어가 성경의 그 어떤 곳에서도 인간의 형체를 갖지 않은 아이나 자궁 밖에서는 살 수 없는 존재를 지칭하는 데 사용된 일이 없다는 사실을 지적하고 있다. 더구나 그런 것을 말하기 원했다면 모세가 사용할 수 있는 다른 단어들이 있다고 한다. 즉, 태아(embryo or fetus)를 의미하는 '골렘' [גֹּלֶם]이라는 단어를 사용할 수도 있고(시 139:16), 또 사산된 경우를 지칭할 때 성경이 항상 사용하는 '네펠' (נֵפֶל], one untimely born)이라는 단어를 사용할 수 있었다는 것이다(욥 3:16; 시 58:8; 전 6:3). 그런데도 이런 단어들을 사용하지 않고 일반적으로 '아이'를 뜻하는 '옐레드' [יֶלֶד]라는 단어를 사용한 것을 보면, 이 구절을 태아가 낙태된 것으로 보지 않는 것이 더 자연스럽다는 말이다.

그들은 다음의 조산의 경우로 보는 것이 더 옳은 해석이라는 입장을 취한다).

[8] Cf. KJV, NIV. 이는 또한 프레임이 강하게 주장한 논의이다. Cf. John M. Frame, "Abortion from a Biblical Perspective," in Richard Ganz, ed., *Thou Shalt Not Kill* (New Rochelle, NY: Arlington House Publishers, 1978), 52-57; John M. Frame, *Medical Ethics: Principles, Persons, and Problems* (Phillipsburg, New Jersey: Presbyterian and Publishing Co., 1988), 96-102. 그리고 프레임을 따라서 파인베르크 형제들도 이런 해석을 한다(Feinberg and Feinberg, 64-65). 그리고 우리가 후에 논하겠지만 클라인도 이런 이 구절을 좀 다르게 해석하지만 기본적으로는 조산의 경우로 보는 해석을 제시한다(Meredith G. Kline, "Lex Talionis and the Human Fetus," *Journal of the Evangelical Theological Society* 20, 3 [1977]: 193-201). 이들 외에도 이런 조산으로 해석한 주해적 논의들로 다음을 참조하라: Jack W. Cottrell, "Abortion and the Mosaic Law," *Christianity Today* (March 16, 1973), 6-9; O. Wayne House, "Miscarriage or Premature Birth: Additional Thoughts on Exodus 21:22-25," *Westminster Theological Journal* 41 (1978): 108-23; Davis, 150f.

둘째로, 역시 출애굽기 21장 22절에 사용된 '야짜' [יָצָא]라는 동사는 일반적으로 정상 분만을 사용할 때 사용된 단어이므로(창 25:25, 26; 38:28-30; 욥 3:11; 10:18; 렘 1:5; 20:18), 이로 볼 때도 여기서 태어난 아이가 죽은 것이라고 볼 이유는 없다고 한다. 민수기 12장 12절 외에는 이 단어가 낙태를 지칭하는 데 사용된 일이 없음을 지적하는 것이다. 더구나 구약에서 자연적인 낙태를 지칭할 때 사용된 동사는 '샤콜' [שָׁכֹל]이라는 것이다(출 23:26; 호 9:14; 창 31:38; 욥 2:10; cf. 왕하 2:19, 21; 말 3:11). 그러므로 여기서 아이는 낙태된 것이기보다는 조산된 것으로 보아야 한다고 주장한다.

셋째로, 출애굽기 21장 22-23절에 나온 '해'를 뜻하는 '아손' [אָסוֹן]이라는 단어가 그 산모에게 미친 '해'라고 지정되어 있지 않다는 점을 지적한다. 그러므로 이 '해'는 그 아이에게 미친 해나 그 산모에게 미친 해 모두를 뜻할 수 있다는 것이다. 그러므로 22절은 비록 조산이기는 하지만 아이에게도, 산모에게도 다른 해가 없는 상황을 말한 것이고, 23절은 그 둘 중 누구에게든지 해가 있는 경우를 지칭하는 것이라고 해석하는 것이다.

이에 비해 클라인은 22절에서는 맞은 그 산모가 죽고 아이는 조산한 경우를 말하는 것이고 이 경우에는 벌금만 내면 되도록 규정된 데 비해서, 23절 이하에서는 아이에게도 해가 가해졌으면 탈리오 법칙에 따라야 한다는 것이라고 해석한다.[9] 이 점에서 해석이 다르지만 클라인의 해석도 결국 22절은 낙태를 함의하고 있지 않다고 해석하는 것이다.

따라서 이런 해석에 의하면 하나님께서는 태 속에 있는 생명에게 높은 가치가 있음을 분명히 하신 것이고, 사실 이는 우발적인 살인에 사형

---

[9] Kline, 194ff.

을 요구하신 유일한 경우가 된다는 것이다.[10] 이렇게 보면 이 구절은 복중에 있는 태아가 생명임을 분명히 천명하고 있는 구절의 하나가 된다.

그러므로 이 모든 점들을 고려할 때 우리는 성경의 관점에 의하면 모든 사람은 수태되는 그 순간 인간적인 생명에 참여하는 것이라고 결론지어야 한다. 이는 생명의 시작을, 태아(embryo)가 생성해 내는 호르몬 작용으로 인해 산모의 정상적 월경이 중지되며 소위 원시선(primitive streak)이 출현하는 14일째로 보는 입장이나, 심장이 형성되고 눈이 발달하기 시작하는 18일째로 보는 입장이나, 심장이 뛰기 시작하는 24일째, 혹은 혈관에서 피가 흐르고 산모의 혈액 공급으로부터 분리되는 30일째로 보는 입장이나, 뇌파가 관찰될 때인 43일째로 보는 입장이나, 산모가 태동을 느끼기 시작하는 4-5개월째로 보는 입장[11]보다 좀 더 자연스러운 것이라고 여겨진다. 즉 살아 있는 인간적 존재는 수태되는 순간부터 시작하는 것이다.[12]

그러나 여기서 '정확히 어느 순간이 수태되는 것으로 보아야 하는가?' 하는 문제는 의학자들이 결정해야 할 문제라고 생각한다. 정자가 난자에 들어가는 때(insemination)인가, 아니면 노르만 포드가 주장하듯 insemination 이후 22시간 정도 후에 그 둘의 염색체가 하나의 세포를 이루고 분열을 할 수 있게 준비되는 소위 syngamy의 시기(zygote)인가?[13] 그것은 의학자들의 결정일 것이다. 신학자 파인베르크

---

[10] 이 점은 다른 점에서는 프레임을 그대로 따르고 있는 파인베르크 형제들이 잘 지적한 점이다(Feinberg and Feinberg, 65).

[11] 이는 일반적으로 보고된 것들이나 필자는 이 정보를 Feinberg and Feinberg, 53-55으로부터 얻어 사용하고 있음을 밝힌다.

[12] John Jefferson Davis, *Evangelical Ethics: Issues Facing the Church Today* (Phillipsburg, New Jersey: Presbyterian and Reformed Publishing Co., 1985), 137.

[13] Norman Ford, "When Does Human Life Begin? Science, Government, Church,"

형제는 syngamy 이전에도 엄연히 "인간의 생명을 위한 모든 잠재력을 가진", "인간의 생명을 형성하는 과정이 이미 시작된 것"임을 지적하고 있다.[14] 이것은 그들이 잘 말하고 있듯이 실제적으로는 수정되는 순간에 생명이 시작된다고 말하는 것과 별 차이가 없는 것이다. 또한 그들이 로버트 벤베르크를 이용하면서 말하고 있듯이 수정이 된 후에는 그 아버지의 것도 아니고, 그 어머니의 것도 아닌 새로운 세포가 존재한다. 그 수정적 연합 가운데서 독립적 존재(distinct entity)가 생성된 것이다.[15]

그러므로 우리는 정자와 난자가 결합하여 수정되는 때부터를 인간의 생명이 시작된 때로 보아야만 하는 것이다. 기독교적인 관점에서는 이것이 매우 중요하다. 그러나 기독교적 관점을 떠나서 인간의 생명만을 중요시하는 관점에서도 이를 강하게 말하지 않을 수 없다. 우리 모두에게 있어서 인간으로서의 생명은 수정되는 순간부터 시작되는 것이다.

Pacifica 1 (1988), 304, 316-24, cited in Feinberg and Feinberg, 414, n. 33-35 and 441, n. 109.

[14] Feinberg and Feinberg, 58.

[15] Robert Wennberg, *Life in the Balance:* Exploring the Abortion Controversy (Grand Rapids: Eerdmans, 1985), 54-79, in Feinberg and Feinberg, 60.

제2장

개혁 신학적 생명론의 생명 옹호론적 함의

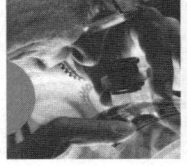

개혁 신학적 생명론의
생명 옹호론적 함의

우리가 앞장(章)에서 논의한 바와 같이 인간 생명의 시작이 수태되는 그 순간부터라고 한다면 그것은 과연 어떤 함의를 가지는 것인가? 그것은 한마디로 '생명을 옹호하는 입장'(pro-life position)이라고 할 수 있다. 최대한으로는 수정(fertili-zation)된 모든 수정란(zygote)은 다 인간으로서의 생명으로 여겨져야 한다는 것이고, 최소한으로는 수정되어 어머니 태에 착상된(nidation) 수정란부터 온전한 인간으로서의 생명으로 여겨야 한다는 뜻을 지닌다. 물론 이 최대치와 최소치의 차이는 상당히 큰 것이다. 인공 자궁을 만들어 태아를 그 안에서 키울 수 있는 의학적 발전 가능성을 생각하면,[1] 또한

---

[1] Frame, 86: John M. Frame, *Medical Ethics: Principles, Persons, and Problems* (Phillipsburg, New Jersey: Presbyterian and Publishing Co., 1988). 'It is more and more

수정되었으나 착상되지 않은 수정란들을 찾아 파괴하려는 이들과 그런 기능(mecha-nism)을 가진 다양한 피임 도구들을 생각하면 필자는 최대치를 주장하는 것이 옳고 안전하다고 생각한다. 그래야 결국 '신과 같이 되어 행동하려는'(play God) 인간의 모든 시도를 제어할 수 있기 때문이다.

그러나 현재의 상황으로는[2] 최소치의 접근으로도 어떤 부분에서는 최대치와 같은 주장을 할 수 있으며, 오히려 이렇게 보는 것이 몇 가지 난점들에 대해 좋은 해결을 제시할 수도 있다. 이런 최소치적 접근 방법은, 수정란 중 25퍼센트 정도가 월경시에 자연적으로 자궁에서 배출된다거나[3] 자연적으로 수정된 수정란 중 30퍼센트만이 아이가 되는[4]

---

evident that future technology will make it possible to raise children from conception entirely outside of the womb." 그러나 현재로서는 이런 가능성이 실재화 될 수 있지 않다고 한다. Cf. Davis, 147.

[2] 이는 아직은 인공 자궁(artificial placenta)을 만들어 여인의 자궁 외에서 온전히 태아를 양육할 가능성이 없다는 현재의 상황을 말하는 것이다. Cf. J. Kerby Anderson, *Genetic Engineering* (Grand Rapids: Zondervan Publishing House, 1982), 53ff.; Feinberg and Feinberg, 229. 또한 자궁 밖에서 태아의 생존 가능성 있는 시점(the commonly accepted point of 'viability')을 대개 28주 이후로 보고 있으나, 1970년대 이후에는 태아가 수정 후 22주 후에는 자궁 밖에서도 살 수 있는 것으로 보고되고 있다고 한다. Cf. Frame, 85. 그런데 1985년에는 500 그램 이하의 아이가 조산되어도 생존 가능할 것으로보았다고 한다. 이는 Lewis B. Smedes가 1979년의 Bernard Nathanson의 말을 인용하고 있는 것이다(B. Nathanson and Richard Ostling, Aborting America [New York: Doubleday, 1979], 281, cited in Smedes, *Mere Morality* [Grand Rapids: Eerdmans, 1983], 130).

[3] 필자는 이 정보를 Harmon L. Smith, *Ethics and the New Medicine* (Nashville: Abingdon Press, 1970), 김중기 역, 『현대 의학과 윤리』(서울: 대한기독교출판사, 1983), 13에서 얻었다.

[4] 이는 하버드의학대학원(Medical School)의 존 비걸스(Dr. John D. Biggers)의 통계를 반영하면서 David and Renee Sanford, "Test-tube' Babies," *Other Side* 19 (November 1983), 22에서 인용한 것이다(Feinberg and Feinberg, 227에서 재인용).

등 인공적으로가 아닌 자연적으로 착상하지 못하고 배설되는 경우에 대해 어느 정도의 여유를 줄 수 있기 때문이다. 사실 이런 경우는 본인 자신의 의도와 상관없이 일어난 것들이다. 그러나 이런 경우를 너무 강조하면서 이 상태의 수정란을 인간적 생명으로 여기지 않으려고 하는 것은 옳지 않다.

I. 낙태 문제와 관련한 함의

1. 기본적 입장

앞에서 말한 최소치적 접근을 예로 사용해서 '일란성 쌍둥이가 되는 일'(twining)과 '두 수정란이 합하여 한 태아를 만드는 일'(mosaic)이 가능한 단계의 수정란은 아직 생명으로 간주하지 말아야 한다고 주장해서는 안 된다. 예를 들어서, 람제이같은 이들은 이 단계의 수정란, 즉 포배 상태(blastocyst)가 되기 전의 수정란은 아직 개별적 인격(an individual person)이 아니라고 한다.[5] 그러나 이 때에도 분명히 인간적 인격이 존재하고 있다고 해야 한다는 파인베르크 형제들의 판단이 더 옳다.[6]

또한 RU-486과 같은[7] 약물을 사용해서 인위적으로 수정란의 착상을 방해하고 파괴를 유도하는 것은 큰 문제가 있는 행위이다. 따라서 이 최소치적 접근에 대해서는 매우 조심스럽게 생각해 보아야 한다.

---

[5] Paul Ramsey, "Sanctity of Life," *The Dublin Review* (1967), 4, n. 1, cited in H. L. Smith, 38.

[6] Feinberg and Feinberg, 62.

[7] Cf. Feinberg and Feinberg, 81-84.

그러므로 이 글이 취한 신학적 입장에 따르면, 수정란은 이미 생명이 부여된 것이므로 그 태아도 다른 인간과 동등하게, 아니 더 약한 존재이므로 세심한 배려와 보호 가운데서 다루어져야 한다. 그러므로 그 상태로는 산모와 태아의 생명이 위험한 극단적인 경우 외에는 인공 유산을 허용할 수 없다. 인공 유산이 허용되는 경우로 인정되는 것은 대개 자궁 외 임신의 경우와 암 치료, 종양 제거의 경우에 수반되는 유산이다.[8]

초기 단계의 수정란은 아직 생명이 아니라고 생각하는 이들은 대개 낙태는 신중히 해야 하는 일이기는 하지만 그것이 유아 살해 행위는 아니며, 사려 깊은 숙고를 거친 후의 결정이라면 결코 사악한 행위가 아니라고 말한다.[9] 그러나 이런 입장과 태도는 성경적이거나 기독교적인 것이라고 하기 어려운 것이다.

2. 다른 견해를 표명하는 복음주의자들의 견해 고찰과 비판

복음주의적 입장을 취하는 이들은 일반적으로 인공 유산을 허용할 수 없다고 생각한다. 그러나 그들 가운데서도 좀 모호한 입장을 나타내는 경우가 있다. 예를 들어서 달라스 신학교의 노르만 가이슬러(Norman L. Geisler)는 그의 『윤리학』[Ethics: Alternatives and Issues (Grand Rapids: Zondervan, 1971)]에서 태아의 생명은 잠재적 생명이

---

[8] Cf. Frame, 30f.; O. J. Brown, *Death Before Birth* (Nashville: Thomas Nelson, 1977); Paul B. Fowler, *Abortion: Toward an Evangelical Consensus* (Portland: Multnomah Press, 1987), 169-70; Feinberg and Feinberg, 74f.; Davis, 149f.

[9] 이런 주장의 대표적인 예로 Smith, 49; Fletcher, *Morals and Medicine* (Boston: Beacon Press, 1960), 150, 152를 보라.

라고 보고, 실제적인 생명이 잠재적인 생명보다 우선한다고 하며(p. 118), (기형이나 장애아 정도가 아닌) mongolism 같은 아기가 출생할 가능성이 있는 경우와 강간과 근친상간에 의한 임신의 경우에는 정당한 낙태의 근거가 있을 수 있다는 입장을 취한다(pp. 223, 225). 위거찬 교수도 같은 입장을 표한다(『기독교 윤리』[서울: 형설출판사, 1983], pp. 446, 451f.). 그러나 데이비스가 말하는 바와 같이 "태어나지 않은 아이들은 '잠재적 인간 생명'이라고 말하기보다는 큰 잠재력을 지닌 '실제적 인간 생명'(actual human life with great potential)을 뜻한다고 말하는 것"[10]이 더 정확하다.

Smedes는 그의 책 *Mere Morality* (Grand Rapids: Eerdmans, 1983)에서, 가이슬러의 입장에서도 더 나아가서 마치 도토리가 아직은 상수리나무가 아닌 것처럼 단지 잠재적이기만 한 것은 아직 인격이 아니라고 단언하고(p. 129), 처음 며칠 동안의 수정란은 인격으로 여기기 어렵다고 말한다(p. 133). 인공 유산도 처음 6주 동안에는 법적으로 허용해야 하고, 6주부터 12주 사이에는 엄격히 금하고, 3개월 이후에만 범죄가 되도록 해야 한다고 제안하고 있다(pp. 143f.). 일반적으로 개혁 신학적 입장에 충실한 그가 생명 윤리 문제에 있어서는 지극히 자유주의적 입장에서 논의를 갖는 것은 아주 의아스러운 일이다.

3. 낙태 문제에 대해 우리와 같은 입장을 가진 신학자들의 견해

이와 같은 다양한 배경에도 불구하고 많은 신학자들이 수정란을 생명체로 보아야 한다는 입장에 동의한다. 예를 들면, 1971년 5월 24~29

---

[10] Davis, 153.

일에 열렸던 미국의 정통 장로교회(Orthodox Presbyterian Church) 제39차 총회에 제출되고, 그 이듬해인 1972년에 총회의 재가를 받은 "낙태문제연구위원회의 보고서"(Report of the Com-mittee to Study the Matter of Abortion)에서는 이와 비슷한 입장을 취하고 있다.[11] 그 보고서의 일부를 인용해 보면 "태어나지 않은 아기도 하나님께 속하며 (p. 89)", "성경은 태어나기 전의 인간 생명(prenatal human life)과 태어난 후의 생명(postnatal human life) 사이의 인격적 연속성이 있음을 가정한다(p. 93)"고 하며, "인격적 연속성은 수태되는 때로까지 거슬러 올라간다(p. 94)"고 하고, "성경에서는 태어나지 않은 아이가 수태된 때로부터 인간 이하라는 최소한의 시사도 주고 있지 않다(p. 95)"고 말하고 있다.

또한 이 보고서는 이로부터 (1) 인구 조절을 위한 낙태나 (2) 가족의 경제적 상황을 고려한 낙태, (3) 산모의 정신적 건강을 보호하기 위한 낙태, (4) 원치 않는 아이를 출생을 막기 위한 낙태, (5) 산모의 건강을 보호하기 위한 낙태 (소위 '치유적 낙태', therapeutic abortion), (6) 강간이나 근친상간에 의해 수태된 태아의 낙태, (7) 기형아를 막기 위한 낙태 모두가 다 허용될 수 없다고 단언한다(pp. 112-117). 단지 산모의 생명에 위협이 있을 경우에 대해서는 좀 더 깊은 연구가 필요하다고 하면서 "일반적으로는 이것이 우리가 기독교적 근거에서도 정죄할 수 없는 낙태의 유일한 정당화의 경우(p. 119. Cf. p. 121)"라고 한다. 존 프레임이 중요한 집필자의 한 사람이었던 이 보고서는 전통적 개혁파의 입장을 잘 대변하고 있다. 프레임은 자궁의 악성 종양이나 자궁

---

[11] 이는 John M. Frame, Robert L. Malarkey, Joseph Memmelaar가 집필한 것으로 위의 인용한 Frame, 87-122에 그 전문이 실려 있다.

외 임신의 경우와 같이 인공 유산이 산모와 태아의 생명을 구하기 위해 필수적인 상황이라면 이를 허용할 수 있으며, 이는 인공 유산을 정당 방위로 인정하는 성경에 근거해서 추론될 수 있다고 한다.[12]

같은 개혁파 입장에 서 있는 해럴드 브라운과 고든콘웰신학교의 존 제퍼슨 데이비스의 입장도 이와 상당히 유사하다.[13] 예를 들어서, 브라운은 일반적으로 아이를 뜻하는 히브리어 '옐레드' [יֶלֶד]가 출애굽기 21:22에서는 태어나지 않은 아이에게도 사용되었으며, 바로가 죽인 아이를 '브레포스' [βρέφος]라고 표현했는데(행 7:19), 그 단어가 태중의 세례 요한에게도 사용된 것에 주목한다(p. 120). 그리고 하나님께서 태어나지 않은 사람들과 인격적인 방법으로 관계를 맺으신 예를 들면서 "하나님께서는 태어나지 않은 아이가 이미 하나님의 형상으로 만들어졌으며, 법의 보호를 필요로 하는 인간이라고 분명히 말씀하신다"고 결론 내린다(p. 127). 또한 데이비스는 "(태아가) 놀기(quicken-ing) 시작하는 순간이 생명이 처음 시작되는 증거가 될 수 없다"고 하면서 "살아 있는 인간은 수태되면서부터 존재하는 것이다"고 한다.[14] 또한 심지어 강간에 의해 임신된 경우(사례 분석에 근거한 조사 연구에 의하면, 강간에 의해 임신할 확률은 1/200에서 1/50 정도라고 한다)라도 "낙태를 하지 않는 것이 옳으며, 오랜 기간을 고려해서 판단하면 낙태하지 않는 것이 산모에게 더 유익이 된다"고 한다.[15] 데이비스는 또한 우생

---

[12] Frame, 30f.

[13] Cf. Brown, esp., 119-35; John Jefferson Davis, *Evangelical Ethics: Issues Facing the Church Today* (Phillipsburg, New Jersey: Presbyterian and Reformed Publishing Co., 1985), Chs 3, 6.

[14] Davis, 136f.

[15] Davis, 154f. 그가 언급하고 있는 조사 연구는 Sandra K. Mahkorn and William V. Dolan, "Sexual Assalt and Pregnancy," in Thomas W. Hilgers, Dennis J. Horan, and

학적 낙태에 대해서도 반대하면서 "성경적 전망은 '찾아 죽이는' 윤리에 정당성을 부여하고 있지 않고"(p. 155), "그리스도의 윤리는 '찾아 죽이는 것'(search and destroy)이 아니라, '찾아 구원하는 것'(to seek and to save)이었다"고 한다(p. 156). 아마 이런 입장이 개혁파 신학적 유산을 가지고 있는 사람들의 일반적인 입장일 것이다.

개혁파의 입장과는 다른 세대주의적 입장을 가진 파인베르크 형제도 생명의 기원에 대한 문제에 있어서는 위에서 언급한 이들과 거의 같은 입장을 유지한다. 그들도 수정되면서부터 생명이 시작된다는 분명한 입장을 취하고,[16] 이로부터 관련된 윤리적 문제에 대한 평가와 논의를 다양한 반대 논의들에 대한 적절한 논박과 함께 제시하고 있다. 그래서 그들은 "인간됨(personhood)이 수태에서 시작되므로" 낙태는 근본적으로 잘못된 것이라고 말한다(pp. 59f). 우생학적인 낙태에 대해서도 그런 입장을 취하고(p. 77), 심지어 강간이나 근친상간에 의한 임신의 경우에서도 동일하다(p. 79).

루터파 신학자 헬무트 틸리케(Hermut Thielicke)의 신학적 입장도 위에서 제시한 입장에서 멀지 않아 보인다. 그도 인간 생명의 신성함은 수태가 되면서 바로 주어진다고 하면서, "태아는 아무도 침해할 수 없는 그 자체의 생명을 가지고 있다 ⋯ 태아는 그 자체의 순환계와 뇌를 가지고 있으며 이 외의 기본 생물학적 사실은 그를 한 인간으로 취급하기에 충분할 것이다"고 말한다.[17] 그는 "인공 유산은 오직 산모의 생명

David Mall, *New Perspectives on Human Abortion* (Frederick, MD.: University Publications of America, 1981), 187ff.에 나오는 것이다(cited in Davis, 183, notes 85, 86, 87).

[16] Feinberg and Feinberg, 71-98, 207-98, esp., 71, 234.

[17] Helmut Thielicke, *The Ethics of Sex*, trans. John W. Doberstein (New York: Harper and Row, 1964), 227, 228. See also 237.

이 위험한 한계 상황에서 허용할 수 있다고 본다. 그러나 이런 때에도 우리는 오직 용서라는 조건에서만 결정을 내릴 수 있다"고 한다.[18]

바르트와 바르트의 신학적 정향에 동감하는 이들 가운데서도 이와 비슷한 입장을 천명하는 일이 많이 있다. 예를 들어서, 바르트는 이렇게 말한다. "태아의 생명을 죽이는 사람은 곧 한 인간을 죽이는 것과 같으며, 따라서 그와 마찬가지로 하나님으로부터 받은 생명과 그에게 속한 동료 인간의 생사를 판결하는 극악무도한 일을 감행한 것이다."[19] 그러므로 바르트에게 있어서 인공 유산은 "사람의 생명을 죽이는 것" (the killing of human life)으로 이해되는 것이다.[20] 맹용길 교수도 비슷한 입장을 잘 표현한다.

> 태아가 인간적이라는 것은 결코 부인할 수 없다. 그것은 태아가 분명히 인격적이기 때문이다. 태아는 적어도 인격이 가지는 질을 함축하고 있음이 확실하다. 그러므로 … 인간을 대하듯 태아를 대하여야 한다.[21]

> 이 모든 인간이 예외 없이 하나님의 피조물과 형상으로서 존엄성과 신성성을 가진다. 생물학적인 결함이 있고 판단 능력이 없다고 하더라도 '다른 어떤 것'이 아니라 '인간'이다. 인간은 자기 생명에 대한 통제력이 없고 하나님의 손에 달려 있다 … 태아의 생명을 돌보고 보호하여야 한다.[22]

---

[18] Ibid., 242.

[19] Karl Barth, *Church Dogmatics*, III/4, trans. A. T. Mackay et al. (Edinburgh: T. & T. Clark, 1961), 416.

[20] Barth, 415.

[21] 맹용길, 『생명 의료 윤리』 (서울: 장로회신학대학출판부, 1987), 58.

[22] Ibid., 63f.

일단 태아가 하나님으로부터 생명을 받은 것이라면 생존할 권리가 있는 것이고 그 생명은 보호를 받아야 한다 … 다시 말하면 이렇게 소리 없는 자들의 개체성과 생명이 보호를 받아야 한다는 것이다 … 우리는 성경에서부터 하나님 중심의 조망의 측면을 정당화하며 사회가 태아의 권리를 보호하는 분위기를 조성할 수 있도록 해야 할 것이다. 이것이 태아가 인격체로서 정상인으로 성장할 때까지 계속되어야 한다.[23]

인간의 생명의 시작은 여러 가지 논란에도 불구하고 수태시부터라는 사실이 점점 분명히 밝혀지고 있다.[24]

태아의 생명을 귀하게 여기지 않는 한, 사회에서 생명에 대하여 많은 불행한 일이 계속 일어나게 하는데 자극제가 될 것이고 태아의 생명도 하나님께서 허락하시는 생명인데 인공적으로 만든다는 의식을 심어 주어서는 안 될 것이다. 항상 사람의 생명은 사람이 직접 만드는 것 이상의 것임을 이해해야 한다.[25]

생명은 하나님의 영역이다. 함부로 손을 대지 않아야 할 것이다.[26]

그러나 그들의 논의는 한계 상황에서의 결단을 설명하는 점에서 모호성을 나타내기도 한다. 그래서 바르트는 태아가 죽지 않으면 산모와

---

[23] Ibid., 67.
[24] Ibid., 68.
[25] Ibid., 206.
[26] Ibid., 211.

태아가 모두 죽게 되는 두 생명 사이의 갈등을 내포하는 경우뿐만 아니라, 더 나아가서 산모의 건강과 태아의 생명 중에 양자택일을 하게 되는 경우에도 최후 수단으로(*ultima ratio*) "산모의 자궁 내에서 태아를 죽이는 것은 허용되거나 명령될 수 있다"고 한다.[27] 또 "그 때에 인간은 하나님의 명령을 듣고 그 앞에서, 그리고 하나님께 대한 책임 가운데서 결단해야 한다"고 덧붙인다.[28] 이는 아주 의미 있는 말로 들릴 수 있으나, 바르트의 역동적 계시 이해를 고려하면 매우 심각한 상황을 낳을 수도 있는 말이 되는 것이다. 더구나 그들은 개인 생명의 시작에 대해서는 우리와 입장을 같이 하는 것 같이 보일지라도, 인류 전체의 생명의 시작이 아담과 하와로부터라는 역사적 사실을 그대로 받아들이기 주저하고 있다는 점을 유념해야 한다. 이 점에서 발생하는 차이는 실제로 매우 크기 때문이다.

II. 시험관 아기(Test-Tube Baby) 문제에 대한 함의

인간적 생명의 시작이 수정되는 때부터라는 입장을 가진 이들은 시험관 아기 시술을 통해서 자녀를 얻게 되는 일에 대해서는 어떻게 생각해야 하는가? 1978년 7월 5일 루이제 브라운이 태어나 정상적으로 자라고 있고, 또 많은 이들이 이 방법을 통해 태어나 자라고 있는 현재 상황에서, 대다수의 사람들이 시험관 아기 시술을 사용하는 것에 대하여 낙관적으로 말하기가 쉽다.

그러나 지금까지도 이 방법 자체에 대해 다음과 같은 문제점들이 지

---

[27] Barth, *Church Dogmatics*, III/4, 421.

[28] Barth, 423.

적되고 있다는 사실을 유념하지 않을 수 없다.

1) 아직까지는 성공 확률이 낮다. 앤더슨에 의하면 최초의 경우인 루이제 브라운은 1퍼센트의 확률 가운데서 효과를 얻은 것이라고 하며,[29] 스웨덴, 독일, 프랑스, 영국, 오스트레일리아에서 2만 명의 여성들이 이를 시도하였으나 3건의 출산만이 있었다고 한다.[30] 놀포크 병원(Norfolk clinic)의 연구자들은 하나의 수정란을 사용할 경우 성공률이 20퍼센트, 두 개의 수정란을 사용할 경우에는 27퍼센트, 그리고 세 개의 수정란을 사용할 경우에는 39퍼센트라고 보고하였다.[31] 결국 될 수 있는 대로 많은 수정란을 만들어 놓고 시술을 하여, 높은 성공률을 얻으려고 하는 것이 일반적인 동향이다. 그러므로 이 점에 있어서 우리는 특별한 주의를 기울이지 않을 수 없다.

2) 수정란을 다루는 과정에서의 비정상적인 점들(abnormalies)이 나타날 가능성이 높다. 수정란을 다루는 과정 자체에서 손상을 줄 수 있을 가능성과 또 다른 이유들 (예를 들어서, 이와 관련된 뉴스 기사와 홍보 등의 과정에서 그 아이들에게 미칠 수 있는 심적 손상 가능성) 때문에 체외 수정에 대해서 반대 의사를 표하는 램지가 그 대표적인 지적자이다.[32] 따라서 램지는 이 기법이 알 수 없는 위험에 생명을 노출시키는 것이라고 본다.[33] 같은 입장에서 위험성을 의식하는 이들로 데이비

---

[29] Anderson, 59.

[30] Anderson, 59.

[31] "In Vitro Pregnancy Rate Rivals Nature," *Medical World News* (July 11, 1983), 40, cited in David, 86.

[32] Paul Ramsey, "Manufacturing Our Offspring: Weighing the Risks," *Hastings Center Report* 8 (October 1978): 8.

[33] Ramsey, *On In Vitro Fertilization* (Chicago: Americans United for Life, 1978), 10.

스(pp. 90-91), 파인베르크 형제들(p. 237)이 있다.

물론 이에 대해서 다음과 같은 통계를 제시하며 그 위험이 그리 크지 않다고 하는 사람들도 있다. 니브즈 등은 1978년 7월부터 1984년 1월까지 체외 수정으로 태어난 590명의 아기 중에서 한 아이만 염색체적 이상(chromosomal abnormalities)으로 인한 어려움을 경험했다고 한다.[34] 파인베르크 등은 산모들의 나이를 고려할 때 이것은 이상 발생률이 아주 낮은 것이며, 정상 수태의 경우보다 더 높지 않다고 주장한다. 샌포드는 1978년 7월부터 1983년 7월까지의 체외 수정되어 태어난 약 150명의 아이들 가운데서 오직 한 아이만이 심장의 문제를 가지고 태어났으나 그것도 수술로 해결되었다고 하면서, 이 경우의 이상 발생률은 "정상 분만아의 2-3퍼센트에 불과하다"고 한다.[35]

그러나 이 경우에는 선별된 수정란이 사용되었기 때문이라는 반론과 함께, 1978년 7월 25일의 루이제 브라운이 그 최초의 경우인 지금 상황에서는 아직 어떤 문제가 이 아이들에게 있을지 단언하기 어렵다는 반론이 있다.[36] 보스턴대학교의 공중건강대학원(School of Public Health)의 Joan Densberger와 매사추세츠대학교의 Sharon Schwartz도 같은 의견을 표한다.[37] 그래서 파인베르크 형제들은 그 모든 것을 알기까지는 더 이상의 시험관 수정에 대해서는 모라토리움을 선언하는

---

[34] William B. and Priscilla W. Neaves, "Moral Dimensions of In Vitro Fertilization," *Perkins Journal* 39 (1986), 15, cited in Feinberg and Feinberg, 440, n. 82.

[35] Sanford and Sanford, 22.

[36] S. J. Ludwig, "IVF, Cautions and Cheers," *Lutheran Forum* 21 (1987): 14; Feinberg and Feinberg, 230, 237.

[37] Joan Densberger and Sharon Schwartz, "In Vitro Fertilization Isn't Free of Risks," *Boston Globe*, May 13, 1983, cited in Davis, 90.

것이 옳다고 한다.[38]

더구나 수정란을 냉동했다가 녹여 사용하는 경우에는 그 얼리고 녹이는 과정에서 심각한 문제가 나타날 수 있다고 한다. 얼음 결정화(ice crystallization)에 의해서 수정란의 세포들이 손상된 예가 있다는 보고 때문이다.[39] 그러므로 시험관 아이 문제에 있어서 의학 기술적인 문제가 아직 다 해결되어 있다고 단언하기는 어려운 것이다.

이런 점들에 유의하면서 데이비스는 체외 수정(IVF)은 "아직 알려지지 않은 위험에 인간을 노출시키는, 도덕적으로 받아들일 수 없는 인간 존재에 대한 실험의 한 형태이다"고 결론짓는다.[40]

3) 이 모든 점으로 말미암아 조산과 유산 가능성이 높아 산모에게 위협적이라는 지적도 일반적으로 제시되고 있다.

그러나 이상의 문제는 의학의 발전과 함께 어느 정도 해소될 수 있는 위험이기 때문에, 시험관 아기 문제에 있어서 가장 심각한 문제는 다음 두 가지라고 할 수 있다.

1) 수정된 여러 수정란을 고의로 방기하고 파괴하게 되는 점이다. 조지타운대학교의 윤리학 교수인 리처드 맥코믹 신부에 의하면 IVF(In

---

[38] Feinberg and Feinberg, 237.

[39] Debra Braun, "Frozen Embryos Create Controversy," *National Right to Life News* (May 26, 1983), 8, cited in Davis, 87.

[40] Davis, 91. 조금 다른 신학적 입장에 서 있는 폴 람제이도 이 점에서는 데이비스에게 동의한다. Cf. Paul Ramsey, *On In Vitro Fertilization* (Chicago: Americans United for Life, 1978), 10: "A small risk of grave induced injury is still a morally unacceptable risk." 또한 초판, 179-80의 자료도 참조하라.

Vitro Fertilization)가 처음 시도되었을 때부터 Steptoe와 Edwards가 성공하기 전까지 대략 200-300개의 수정된 난자를 상실한 셈이며, 1982년에는 적어도 50퍼센트의 수정란이 사용되지 않아 자연적으로 낙태되었다고 한다.[41] 시험관 아기 시술 문제에서의 가장 큰 윤리적 문제가 바로 잉여 수정란이 많이 생긴다는 것이다. 때때로 정상적으로 수정된 수정란도 그 중 30퍼센트만이 성공적인 출산으로 유도된다는 것에 근거해서 잉여 수정란의 파기를 정당화하려는 시도가 있으나, 그 둘 사이에는 자연스럽게 이루어지느냐 아니면 고의성이 개재하느냐의 큰 차이가 있다. 그러므로 이와 같은 예를 IVF에서 수정란들을 고의로 방기하고 파괴하는 것을 정당화하는 근거로 제시할 수는 없는 것이다.[42] 이런 이유에서 파인베르크 형제들은 아무리 이른 시기에 자연 유산된 태아들도 아직 인격이 아닌 것으로 여겨서는 안 되고, 단지 태어나지 않은 인격들로 보아야 한다고 주장한다.[43] 그러므로 우리는 시험관 아기 시술에 있어서 잉여 수정란이 발생하지 않도록 하는 일에 최선을 다해야 할 것이다.

  2) 시험관 아기 시술을 위한 실험과 적용에 드는 엄청난 비용으로 인

---

[41] Richard A. McCormick, "In Vitro Fertilization," *Contemporary OB/GYN* 20 (November 1982): 227-32, reprinted in Stephen E. Lammers & Allen Verhey, eds., On Moral Medicine, 333-34.

[42] 이 의도성의 여부에 대한 좋은 지적으로 다음을 보라. James M. Childs, Jr., "In Vitro Fertilization: Ethical Aspects and Theological Concerns," *Academy* 36 (1979), 9-10, cited in Feinberg and Feinberg, 228: "The fact that all eggs fertilized normally by sexual intercourse do not implant is morally irrelevant because there is no human violation involved." See also Feinberg and Feinberg, 235.

[43] Feinberg and Feinberg, 61.

한 문제가 지적될 수 있다. 이와 관련해서는, 체외 수정과 같은 기술 개발보다는 보다 예방적이며 치유적인 기술 개발을 위해 국가와 개인적 경비가 사용되어야 하며, 결국 부자들만을 위한 이런 기술은 정의롭지 못하다며 공공 정책에 관해 강하게 지적한 Warren T. Reich의 논의를 지적할 수 있다.[44]

그리스도인들은 시험관 아기 문제에 관련된 모든 기술적 · 경제적 문제가 해결되는 경우에, 그리고 한 번에 오직 한 난자만을 사용해서 수정하고 그 부모가 시술이 잘못될 경우를 대비한 낙태 가능성에 동의하지 않아도 되는 경우에는 시험관 수정의 가능성을 좀 더 적극적으로 생각할 수 있을 것이라고 여겨진다.[45]

또한 어떻게 얻어진 것이든지 인간 수정란을 가지고 실험을 하는 것은 그 어떤 경우에도 허용될 수 없다(pace Warnock Report). 이 점에 대해서는 영국의 워녹 보고서에 나타난 다수파의 입장, 즉 아주 초기 단계라면 잠재적 생명을 창조하고 고의로 파기하는 것은 잘못된 것이라는 소수파의 원리를 극복할 수 있다는 입장에 대한 미첼 교수의 논의를 참고하면 좋을 것이다.[46] 그런가 하면, 플레처는 실험실에서 인간을

---

[44] Warren T. Reich, "In Vitro Fertilization and Embryo Transfer: Public Policy and Ethics," in Doris Teichler-Zellen and Colleen D. Clements, eds., *Science & Morality: New Directions in Bioethics* (Lexington, MA: Lexington Books, 1982), 121-22, 387-88. 또한 이를 긍정적으로 인용하면서 같은 입장을 취하는 Feinberg and Feinberg, 233도 보라.

[45] 이 모든 문제가 해결된다고 해도 시험관 아기는 생명을 가지고 실험하는 것이며, 치료이기보다는 장사에 가까우며, 생명은 소유이기보다는 남녀의 자기 헌신의 순간에 하나님께서 주신 선물이라는 것을 무시하는 것이므로 허용될 수 없다는 강한 논의로는 Donald DeMarco, "Health Care Ethics: In Vitro Fertilization and Implantation," in James Bopp, Jr. ed., *Human Life and Health Care Ethics* (Frederick, MD; University Press of America, 1985), 140-42를 보라. (이에 대한 좋은 요약은 Feinberg and Feinberg, 231에 있다.)

[46] Basil Mitchell, "Review-Article: Warnock," *Modern Churchman* 27 (1985): 47-48.

형성시키는 것이 자연적인 성 관계에 의한 수태보다 더 인간적이라는 입장을 취한다. 실험실에서의 재생산(laboratory repro-duction)은 고의적이고, 선택적이며, 유목적적이고, 통제되어 있으며, 이런 것이야말로 인간을 다른 피조물과 구별시키는 특성이라는 것이다. 이런 입장에서 플레처는 실험실에서의 통제된 재생산은 인간을 비인간화하는 것이 아니며, 오히려 인간과 도덕을 섬기는 것이라고 하면서 체외 수정을 적극 옹호한다.[47] 그러나 우리는 이런 입장이 지닌 문제를 지적하지 않을 수 없다.

III. 결론

이제까지 우리는 생명의 개념을 정리하고, '물리적이고 생물학적인 생명이 과연 언제부터 시작된다고 해야 하는가?' 하는 문제를 생각해 보았다. 우리는 이 논의에서 개개인의 생물학적인 생명은 수태되는 순간부터 시작된다고 보는 것이 바른 견해라고 결론지었다. 그리고 이런 입장이 낙태 문제와 시험관 아기 문제에 주는 함의를 이끌어 내었다.

'정확히 언제 개개인의 생명이 시작되는가?' 하는 것은 중요한 문제이고, 우리의 심각한 고찰과 논의를 필요로 하는 문제이다. 우리는 여러 정황을 다 살핀 후에 생명의 시작은 수정되는 순간부터라는 점을 강하게 주장하지 않을 수 없다. 그러나 이 문제에만 너무 집중하는 것은 온전한 기독교적 인간관을 가지고 있지 못한 것이라고 할 수 있다. 우

---

[47] Joseph Fletcher, "Ethical Aspects of Genetic Controls," *New English Journal of Medicine* 285 (1971): 781, cited in Childs, "In Vitro Fertilization: Ethical Aspects and Theological Concerns," 13.

리에게는 우리가 1장에서 <생명 3>이라고 부른 생물학적인 생명 외에 더 중요한 생명이 있기 때문이다. 물론 이 <생명 3>도 중요하다. 우리는 이 생명을 돌보고 치료하며, 마치 주님을 섬기듯이 우리와 다른 이들의 생명을 돌보아야 한다. 그러나 이 생명이 전부인 것처럼 여겨서는 안 된다. 우리는 더 고귀하고 높은 생명인 <생명 2>, 즉 그리스도 안에 있는 영생으로 사람들을 이끌어 가고, 그것을 제시하며, 그것을 희망하고 누리도록 해야 할 것이다. 의료인들도 궁극적으로는 이 영생의 생명을 위해 의료 행위에 참여해야 하는 것이다. 결국 우리의 진정한 생명이 그 영생에 있기 때문이다.

생명의 기원에 대한 우리의 논의는 결국 이런 온전한 생명을 진정한 생명으로 여기는 의식과 풍토를 만들어 내는 작업의 일부가 되어야 할 것이다. '생명'이라고 하면 그저 물리적이고 생물학적인 생명만을 생각하는 것으로부터, 더 포괄적이고 풍성한 생명을 생각하며 언어도 그에 부합하게 사용하는 분위기가 조성되어야 할 것이다. 그리고 생명의 진정한 의미는 영적으로 죽은 생명에서가 아니라 영적으로 산 생명에서 온다는 것을 말과 이론으로 제시하고, 우리의 의료 행위와 삶으로 증거해 나가야 할 것이다.

다음 장의 효과적 이해를 위한 참고자료

생명 복제의 이해와 일반적 문제점

생명 복제의 이해와 일반적 문제점

I. 생명 복제의 의미

일반적으로 동물의 개체 발생은 암수 생식세포 간의 수정에 의해서만 가능한 것으로 생각되어 왔다. 그런데 생명체 복제(cloning)라는 개념은 한 유기체와 동일한 유전자 정보를 지닌 새로운 유기체를 인공적으로 만드는 과정을 말한다.[1] 예를 들어서, 당근과 같은 일부 식물은 뿌리세포를 채취, 영양분이 들어 있는 배양액에서 배양하여 세포 덩어리까지 키운 다음 다시 완전한 식물로 재배할 수 있음이 알려졌다.[2] 이런 식으로 배양기에서 동물의 세포를 배양하는

---

[1] Cf. John S. Feinberg and Paul D. Feinberg, *Ethics for a Brave New World* (Wheaton, Illinois: Crossway Books, 1993), 249: "Cloning as a procedure is the artificial reproduction of an organism which is the exact genetic copy of a living organism."

[2] 1958년 미국의 스트워드의 실험을 소개하고 있는 주충노, 『생명 과학의 현대적 이해』 (서

것도 복제에 해당된다. 그런데 오늘날 문제가 되고 있는 것은 개체, 특히 인간 개체를 만들 목적으로 수정란이나 체세포(somatic cell)를 이용하는 기술이다. 근자에는 체세포를 이용한 복제가 특히 문제시 되고 있다.

II. 현황 이해를 위한 어떤 수의학자의 의견 듣기

실질적으로 세계와 우리 나라에서 배아 복제 문제가 어떤 상황에 이르렀는지를 알기 위해, 우리 나라에서 최초의 복제 송아지 영롱이와 지니를 복제한 서울대학교 수의학과 황우석 교수가 2001년 11월 29자 ≪조선일보≫ 사설에 "인간 배아 연구하고 싶다"는 제목으로 기고한 시론을 읽어 보기로 하자.[3]

> 생명체는 정자와 난자의 결합이라는 수정 과정을 통해 태어난다. 그런데 최근 미국 생명 공학 벤처 ACT사가 이런 수정 과정을 거치지 않고 체세포 복제 기술로 생명의 초기 단계인 '배아'를 만들었다고 발표했다. 인간 생명체가 새로운 방법으로 공식적으로 탄생한 것이다. 이로 인해 가톨릭 교황청은 우려를 표명하는 등 국내외에서 생명 윤리 논쟁이 다시 불붙기 시작했다.
>
> 배아 복제란 핵을 제거한 난자에 복제하려는 사람의 체세포핵을 이식, 이를 실험실에서 배양하여 배아로 키우는 것을 말한다. 여기에 이용되는 난자가 체세포와 같은 종이면 동종간 복제라 하고, 다른 종이면 이종간 복제라고 한다.
>
> 이번 연구 결과를 발표한 ACT사 연구진은 이미 3년 전 인간

울: 연세대학교출판부, 1990), 319f.을 보라.

[3] http://news.chosun.com/w21data/html/news/200111/200111290462.html.

체세포를 소의 난자에 결합시켜 초기 단계의 이종간 배아 복제에 성공한 바 있다. 일본 연구팀도 뒤따라 유사한 결과를 발표했다. 국내에서도 필자의 연구팀은 그와 같은 방법으로 인간 체세포를 자궁에 착상 직전 단계까지 복제한 바가 있다.

따라서 이번의 인간 배아 복제 발표는 기술적으로 전혀 새로운 것이 아니며 이미 예상된 일이다. 오히려 ACT사 연구팀의 능력이나 기술 수준으로 미루어 보아 당장 내놓기가 곤란한 충격적인 연구 결과 발표에 앞서 운을 떼려는 것으로도 보인다.

심장병, 당뇨병, 파킨슨병, 치매 등 수많은 난치병 환자들은 언론에 줄기세포란 단어만 나오면 눈을 크게 뜨고 지대한 관심을 보인다. 줄기세포는 배아 복제 등을 통해 얻어지는 세포로 실험실에서 인간의 모든 세포와 조직을 만들어 낼 수 있는 꿈의 세포를 말한다. 그래서 난치병 환자들은 자신에게 필요한 세포를 줄기세포를 통해 만들어 이식 받는 것에 마지막 희망을 걸고 있다. ACT사도 이번 배아 복제는 줄기세포를 만드는 데 목적이 있다고 했다.

문제는 이것이 배아 복제라는 생명 윤리와 상충한다는 데 있다. 생명의 인위적 창조와 폐기라는 근본적인 윤리 문제를 수반하는 것이다. 따라서 이번 논란은 생명 복제의 유·무죄를 결판내는 최종 라운드로까지 이어질 가능성이 높다.

이와는 별도로 이미 국내의 몇몇 불임 센터에서는 냉동 잉여 수정란을 이용하여 줄기세포를 만들었다. 또 여러 대학의 연구진은 탯줄, 혈액 등 성체세포를 이용해 줄기세포를 만드는 데도 박차를 가하고 있다. 우리 나라 연구진의 수준은 세계 어디에 내놓아도 손색이 없을 정도로 우수하다는 뜻이다.

그러나 배아 복제를 통한 줄기세포 연구에 있어서는 첨예한 견해차로 인해 어떠한 진전이나 후퇴의 양상 없이 그대로 멈춰 있다. 필자도 사회적인 상황을 감안해 배아 복제 연구를 잠시 멈추고 있다. 순수 학문 연구의 자유가 침해받아서는 안 된다는 주장과 생명 현상은 인간이 절대 손대서는 안 되는 신성한 영역이라는 신념이 서로 대립하고 있는 가운데, 이성적 판단과 합리적 결정을 못 내리고 있는 상황이다.

그렇다면 이러한 대립을 완화시키고 중용의 미덕을 살리는 좋은 방안은 없는 것인가? 우선 과학자들은 과학 기술의 현주소와 지향점을 시민 사회에 정확하고 쉽게 알리는 사회적 소명을 다해야 한다. 동시에 자체적인 생명 윤리 강령을 정하여 자발적으로 지켜나가는 실천 의지와 노력을 보여야 한다.

그러한 바탕 위에 종교계나 시민 단체도 생명 과학계를 신뢰하고 그 가치를 인정해 준다면 어떨까? 현미경을 들여다보고 데이터를 분석하는 것이 생활의 전부인 우리 과학자들이 비록 세상에 대한 시야는 좁을지 몰라도, 난치병 치료와 정복이라는 순수한 목표와 정신은 다들 지니고 있다.

우리 사회가 이 정도의 실천과 서로간의 신뢰도 없다면, 21세기 생명 공학 강국의 꿈은 남의 나라 얘기로 그치게 될 것이다.

III. 인간 복제

그렇다면 이제 이 문제를 보다 구체적으로 고찰해 보기 위해 인간 복제 문제를 생각해 보기로 하자. 일반적으로 인간 복제라고 하면 우리는 어떤 인간과 모든 면에서 같은 인간, 즉 유전형질뿐 아니라 외모, 성격, 감정, 취미, 능력, 기억 등이 똑같은 인간을 만드는 것을 생각한다. 많은 공상 과학 소설들과 영화들이 소재로 삼고 있는 것이 바로 이런 의미의 복제이다. 그러나 이것은 현재로서는 불가능한 일로 여겨지고 있다.

현재 문제가 되고 있는 인간 복제는 생물학적인 인간 복제, 즉 한 개체와 유전적으로 동일한 또 다른 개체를 만드는 것을 의미한다. 이런 의미에서 인간 복제(human cloning)라 함은 유전적 형질이 동일한 개체를 탄생시킬 수 있는 복제 기술을 인간에게 적용하는 것을 말한다. 그러나 후에 논의되겠지만 100퍼센트 같은 유전 형질을 가진 존재를 복제하는 것은 불가능한 것으로 여겨진다. 그럼에도 불구하고 그와 비슷한 존재를 만들려는 것이 다음에 설명하려는 생산적 복제, 또는 개체 복제이다.

1. 생산적 복제(reproductive cloning), 또는 인간 개체 복제

인간 개체 복제(human individual cloning)는 한 인간과 유전적으로 동일한 다른 인간을 만드는 방법(the production of genetically identical humans)이다.[4] 현재 인간을 대상으로 시행 가능한 복제 기술은 생식세포를 이용한 복제 기술, 즉 할구 분할 방법(blastomere seperation)이 있고, 체세포를 이용한 복제 기술, 즉 핵치환 복제술(nuclear transfer cloning)이 있다.

수정란 분할법은 수정란이 4-8개의 세포로 분열한 상태에서 각각의 할구(세포)들을 여러 물리·화학·생물학적인 수단을 사용하여 분리해 내는 기술이다. 이렇게 갈라진 세포들은 다시 완전한 개체로 분화할 수 있는 능력이 있으므로 각각을 자궁에 착상시킨다면 인공적인 일란성 다태아(genetically identical monozygotic twins, 쌍둥이)들이 나오게 되는 것이다.

체세포핵 이식법은 복제 양 돌리를 만드는 데 사용된 것과 마찬가지

---

[4] Cf. James A. Byrne & John B. Gurdon, "Commentary on Human Cloning," in http:// www.reproductivecloning.net/cgi-bin/ikonboard/ikonboard.cgi?s=3c9bd7006cc 1ffff;act=ST;f=1;t=57.

로 성체의 체세포를 이용하는 방법이다. 즉, 성체의 체세포핵을 분리해 내어서 여러 가지 처리를 거쳐 재프로그래밍 시킨 후 수핵 세포질(사람, 혹은 다른 동물의 난자)과 수정시켜 새로 분화하게 만드는 방법이다.[5] 이 수정란을 자궁에 착상시킨다면 핵을 떼어낸 성체와 유전적으로 동일한 새로운 아기가 탄생하게 된다.

핵치환 복제 기술은 특정 세포로 분화를 끝낸 체세포의 핵이 난자의 세포질이라는 환경에 의해 재프로그램되어 다시 분화될 수 있음(re-differentiation)을 보여 준 것이다. 이 기술은 생명 공학과 의학 분야에 획기적인 진전을 가져 올 수 있는 잠재적인 영향력이 있는 반면에 심각한 윤리적 · 법적 문제점을 발생시키며 사회적 혼란을 야기할 수 있다고 평가되고 있다.

2. 치유적 복제(therapeutic cloning), 또는 핵치환술의 치유적 이용

일반적인 발생학의 관점에서 많은 의학자들은 인간의 수정란은 수정 후 대략 14일에 원시선(primitive streak)이 나타나면서 배아 단계로 들어간다고 한다.[6] 이때부터 8주째까지는 각종 기관이 형성되고, 이후로는 이미 형성된 기관과 신체 부위가 자라는 태아기(fetal period)

---

[5] 이 과정에 대한 좀 더 기술적인 설명은 황우석, "체세포 복제 기술의 특성 및 산업적 이용", 생명 복제 기술에 관한 합의회의 전문가 Workshop (1999년 4월 16일 / 유네스코회관 회의실): 3-6을 보라.

[6] 일반적으로 그렇게 말할 수 있지만 이것이 결정적인 것은 아니라는 주장으로 박병상, "배아 복제에 따른 생명 윤리 판단 근거", in http://www.sangeun.co.kr/wwwboard-3.0.1/CrazyWWWBoard.cgi?db=gcolumn&mode=read&num=8을 보라. 또한 14일 이전의 수정란을 전배아라고 부르는 것의 자의성에 대한 좋은 지적으로 박상은, http://www.sangeun.co.kr/lifb1.htm 내용 중 다음을 보라: "수정 후 14일째까지를 '전배아'

로 넘어간다. 이 배아의 형성 과정은 임상 의학과 기초 생물학의 발전에 매우 커다란 의미가 있기 때문에 많은 학자들이 여기에 관심을 보이고 있다.

배아 복제란 '핵을 제거한 난자'(the enucleated egg cell)에 복제하려는 사람의 체세포핵(the doner nucleus)을 이식, 이를 실험실에서 배양하여 배아로 키우는 것을 말한다. 그 복제된 배아를 성장시켜 줄기세포를 추출, 배양함으로써 이식 치료에 필요한 뇌조직, 근육, 피부 등의 세포나 조직을 만들기 위한 연구인 배아줄기세포 연구(embryonic stem cell research)를 의미하기 때문에 이를 비생식적 복제, 또는 치료적 복제라고도 말한다.

여기에 이용되는 난자가 체세포와 같은 종이면 동종간 복제라 하고, 다른 종이면 이종간 복제라고 한다. 이 때 배아 자체를 사용하는 것이 아니기 때문에 배아 복제라는 용어 자체가 사실 적절한 것은 아니며, 치료적 복제(therapeutic cloning)라는 표현도 사실은 '핵치환 기술의 치료적 이용'이라고 표현하는 것이 더 적절하다는 지적도 있다(영국의 Human Fertilisation Embryology Authority 1998년 보고서).[7]

초기 배아에서 분리한 '배아줄기세포'(embryonic stem cell)는 인간을 구성하는 모든 종류의 세포로 분화, 증식할 수 있는 잠재력이 있으며, 과학자들은 치료용 세포를 얻기 위해 줄기세포를 연구하고 있다. 줄기세포는 인체의 어떤 조직으로도 성장할 가능성이 있는 '만능 세포'라고 할 수 있으며, 성공적으로 배양될 경우 손상을 입거나 병든 조

라고 부르나 이 역시 인체 실험을 허용하기 위한 인위적 개념일 따름이지 본질인 인간 생명에는 차이가 없는 것이다."

[7] 이인영(한림대 법학부 교수), "생식적 복제와 치료적 복제에 관한 쟁점 사항과 입법 제안," 『보건 복지 포럼』(2001. 7). Cf. http://www.hospitallaw.or.kr/cloning-legislation. html.

직을 대체할 수 있어 파킨슨병이나 알츠하이머병, 암, 뇌졸중, 척추 부
상 등의 난치병 치료에 획기적인 전기가 될 것으로 전망되고 있다. 또
줄기세포에 대한 연구는 이 세포의 작용 과정을 규명해 줌으로써 질병
에 이르는 원인을 밝혀내는 데 결정적인 도움이 될 것으로 분석된다.
줄기세포는 여분의 인간 배아나 치료 목적으로 복제된 배아로부터 만
들어질 수 있다. 인간 개체 복제는 금지되어 있으나, 일부 비판론자들
은 이 구분이 점점 더 모호해지고 있다면서 연구 대상은 충분히 배양돼
쉽게 형태를 바꾸지 않는 성체줄기세포로 한정되어야 한다고 주장하고
있다. 배아세포의 경우에는 그것을 자궁에 착상할 경우 복제 인간이 태
어날 수 있기 때문에 윤리적으로 논란이 될 수 있다. 그러므로 사실상
생식적 목적의 복제와 치료적 목적의 복제를 엄격하게 구분한다는 것
은 무리이다.[8]

IV. 일반적으로 생명 복제 연구의 이점으로 언급되는 점들[9]

1. 수의학 및 축산학 분야

1) 우량 동물의 번식과 보전
우리 나라 젖소는 하루 평균 20킬로그램 정도의 우유를 생산한다.

---

[8] 이 점에 대한 좋은 논의들로 박병상, "배아 복제에 따른 생명 윤리 판단 근거", in
http://www.sangeun.co.kr/wwwboard-3.0.1/CrazyWWWBoard.cgi?db=gcolumn
&mode=read&num=8; 그리고 박상은, "인간 배아 복제, 허용해선 안 된다" in http://
www.sangeun.co.kr/wwwboard-3.0.1/CrazyWWWBoard.cgi?db=pcolumn&mode=
read&num=17을 보라. 또한 박상은, "인간 배아 복제, 과연 윤리적인가?"『성산생명의료 윤리
단기연수과정 자료집』(서울: 성산생명의료윤리연구소, 2002), 94.
[9] 이 항의 내용은 유네스코 제2차 합의회의 홈페이지에 실린 "생명 복제 기술과 쟁점"의 틀

그러나 젖소 가운데는 하루에 70킬로그램의 우유를 생산하면서 면역력도 강한 것이 있다. 이런 소는 선천적으로 뛰어난 형질을 가진 소인데 국내에서 이런 젖소의 새끼를 받으려면 마리당 1백만 원 정도가 든다고 한다. 그러나 수정란을 복제한다면 훨씬 저렴한 가격으로 새끼를 얻을 수 있다. 젖소뿐 아니라 뛰어난 경주용 말, 우수한 애완견 등도 새끼를 얻으려면 상당한 금액을 지불해야 한다. 또한 그렇게 한다 하더라도 자연적인 생식 방법으로는 양친(혹은 그 중 하나)과 똑같이 우수한 형질을 지닌 새끼를 얻을 것이라 장담할 수 없다. 수정 과정에서 배우자의 유전 인자가 섞이면서 무엇이 어떻게 변형될지는 아무도 모르기 때문이다.

그러나 체세포 복제 방법을 사용하면 어느 모로 보나 똑같은 형질을 가진 개체들을 얻을 수 있기 때문에 우량 동물의 대량 번식이라는 면에서 엄청난 이점이 있다고 생각하는 이들이 많이 있다.

2) 멸종 종들의 보전

시베리아 호랑이나 중국의 판다곰과 같이 현재 멸종 위기에 처해 있는 많은 동물 종들이 있다. 특히 판다곰 같은 어떤 동물들은 동물원에서도 교배를 시키기가 무척 까다롭기 때문에 자칫하면 후손을 얻지 못할 수도 있다. 그러나 인공 수정 방법, 나아가 체세포 복제 기술을 사용한다면 멸종 위기에 처한 동물 종들을 대량으로 번식시키고 보전할 수가 있다. 호주에서는 130여 년 전에 멸종된 태즈마니아 호랑이의 DNA를 추출하여 비슷한 호랑이의 난자에게 심어 부활시키려는 계획을 추진 중이라고 한다.

을 의존하여 진술했다. Cf. http://www.unesco.or.kr/cc/1stmaterial.htm.

3) 특정 영양 물질의 생산

우유는 송아지에게는 이상적인 영양 물질이지만 인간의 유아에게는 반드시 그렇다고 할 수 없다. 따라서 유아에게 제공되는 조제 분유는 여러 가지 특수한 처리를 거치게 된다. 그러나 유전자 조작된 소는 인간의 모유와 유사한 우유를 제공할 수 있다. 이제까지 이런 소를 만든다고 해도 한 번에 단 한 마리밖에 만들 수 없었으며 시행착오를 되풀이해야 했지만, 체세포 복제 기술을 통해 같은 형질을 가진 소를 얼마든지 만들 수 있게 되어 상업적인 대량 생산도 기대할 수 있게 되었다. 아울러 정상적인 모유 이외에도 특정 단백질을 소의 우유 단백질과 함께 전환시켜 특별한 소비자에게는 영양 성분이 변경된 우유를 공급할 수도 있다. 사람들 중에는 우유의 특별한 단백질에 면역 반응을 나타내거나 락토오스를 분해하지 못하는 경우가 있는데, 이들을 위해 문제가 되는 성분이 결여되거나 특정 성분이 함유된 우유를 분비하는 소를 대량으로 만들 수 있는 것이다.

그러나 현재까지는 유전자 조작된 소가 어떤 문제를 일으키는지를 확인하지 못했으므로 이는 선결 문제를 안고 있는 설명인 셈이다.

2. 의학 분야

1) 기초 의학: 개체 발생 과정의 이해

개체 발생은 하나의 수정란으로부터 개체가 만들어지는 과정을 의미한다. 이는 곧 세포의 기능 분화 과정(differentiation)이다. 이 기능 분화 과정의 이해는 암, 당뇨병 등 각종 퇴행성 질병, 심지어 노화 현상을 이해하고 해결하는 데 있어 가장 핵심적인 부분이다. 나아가 '생명이란 무엇인가?'에 관한 본질적인 물음에 대한 해답도 제공해 줄 수 있다.

지금까지의 분화 이론은 세포가 분화하기 시작하면 세포의 핵 내 유전자(DNA)에 어떤 돌이킬 수 없는 비가역적 변화가 생겨 이를 거꾸로 돌릴 수 없다는 것이었다. 그러나 윌머트의 실험 성공은 이 이론을 허물어뜨렸으며 세포의 기능 분화 과정에 관한 이해를 한 단계 더 높였다. 또 이런 실험들을 통해 개별 유전자가 어떻게 생체 내에서 전개되며 발현하는가에 대한 정보도 얻을 수 있다. 이런 정보는 미래 생물학의 가장 핵심적인 사항이 될 것이다.

　2) 치료용 생체 물질의 생산
　알부민, 인터페론, 인터류킨 등의 치료용 단백질과 생체 활성 물질들은 질병의 치료에 유익한 수단으로 이용되고 있으나 그 공급은 부족한 상태이다. 이들 중 일부는 인간의 혈액으로부터 정제하기도 하나 많은 비용이 소요되며 그 원료가 되는 혈액이 AIDS, C형 간염, 광우병 등의 감염성 질병에 오염되었을 가능성도 있다.
　세포 배양 기술로 이런 단백질을 생산할 수는 있으나 생산량이 극소량에 불과하며, 세균이나 효모를 유전자 조작 기술로 변형시켜 대량 생산하는 방법도 있으나 그렇게 생성된 단백질은 정제가 쉽지 않다.
　이에 비해 형질 전환 동물의 유즙에서는 이런 치료용 생체 활성 물질을 저렴한 가격에 대량으로 생산이 가능하다. 다만 이런 치료용 단백질 등은 외래 유전자를 도입한 형질 전환 젖소에서는 원래 소의 것과 분리해내기가 쉽지 않아 이를 분비한다 해도 많은 양을 정제하기가 곤란할 수도 있다. 이는 유전자 적중(gene targeting) 방법에 의해 소의 동등한 유전자 부위를 인간의 알부민 유전자로 대치하는 방법으로 해결할 수 있을 것이다.
　그러나 이 점도 형질 변환된 동물이 과연 어떤 문제를 일으킬지 모른다는 문제점 위에 서 있는 논의임을 유의해야 한다.

3) 장기 이식용 동물 생산

인간의 장기 이식술은 불치·난치의 질환을 치료하는 확실한 수단으로 수십 년 전부터 사용되어 이제는 일반 치료술로 인정받고 있다. 그러나 현실적으로는 장기 공급원이 절대적으로 부족하지만 이를 해결할 만족스런 방법은 없는 형편이다. 장기 부족 문제를 해결하는 데는 의·공학적 접근법에 의한 인공 장기의 개발과 형질 전환 동물의 생산 등이 있다. 일반적으로 돼지 등 이종 동물의 장기를 이식하면 이종 항원에 의한 거부 반응이 일어나 이식에 실패하게 된다. 따라서 문제가 되는 이종 항원을 유전자 조작 기법으로 사전에 파괴하거나, 이식 후 인간 면역세포와 반응하는 장기세포의 반응도를 떨어뜨리는 유전자를 주입해서 인간에게 이식해도 별 문제가 없는 형질 전환 동물을 만들 수 있다. 마찬가지로 이렇게 만든 동물을 체세포 복제 기법으로 복제한다면 많은 수의 이식 가능한 장기를 손쉽게 얻을 수 있는 것이다.

4) 질병 모델 동물의 생산

인간을 대상으로 한 질병 연구는 한계가 있으므로 연구자들은 각종 동물 모델을 만들어 그 병을 연구하려는 노력을 오래 전부터 해 왔다. 지금까지는 돌연변이나 우연에 의지해 왔지만 유전자 조작 기법을 적용하면 우리가 원하는 동물에서 원하는 질병 모델 동물을 얻을 수 있다. 예컨대, 특정 암이나 당뇨병, 파킨슨병을 가진 생쥐 등을 만들어 이를 체세포 복제 기법으로 대량 생산한다면 연구에 쓸 수 있는 질병 모델을 얼마든지 얻을 수 있으며 이는 해당 질병의 연구와 치료제의 개발에 엄청난 가치를 지닌다. 또 동물을 대상으로 실험을 할 때에는 각 개체간의 다양한 유전 형질의 차이로 인해 결과에 있어 문제가 발생할 수 있다. 지금까지는 근친 교배로 순계 혈통의 실험 동물을 얻어 이런 문제를 해결해 왔지만, 체세포 복제 기술은 한결 쉽고 간단하게 동일한 유전 형질을 가진 실험 동물을 대량 생산함으로써 보다 정확한 실험과 연구를 가능하게 할 것이다.

그러나 이 점에 대해서는 많은 이들, 특히 동물 보호론자들이 이는 너무 인간 중심적으로 동물을 이용하는 것이라는 지적을 하고 있다. 따라서 언제나 제한된 환경과 엄격한 감독 아래서 실시되어야 한다는 점을 먼저 강조해야 할 것이다.

3. 인간 복제의 목적

1) 인간 개체 복제의 이점으로 주장되는 것들[10]

① 인간 개체 복제술의 이점은 무엇보다도 불임 부부에게 최후의 가능성을 제공한다(another reproductive option)는 점에서 찾을 수 있다. 즉, 성세포(정자)에 문제가 있어서 정상적인 방법으로는 수정이 불가능한 부부를 위해 여러 가지 방법들이 강구되어 왔지만, 체세포핵 이식술을 이용하면 정자 없이도 수정이 가능하므로 이 문제를 완전히 다른 차원에서 해결할 수 있는 길이 열린다. 수핵 세포질로 어머니의 난자를 이용하고 세포핵으로 어머니 혹은 아버지의 체세포를 이용한다면, 어머니와 유전자적으로 동일한 딸 혹은 아버지와 유전자적으로 동

---

[10] 이하 논의는 주로 미국의 찰스 C. 틸링하스트 주니어대학 교수인 Dan W. Brock, 『인간 복제: 윤리적 찬반 논쟁의 평가』(*Cloning And Cloning*, 2000)에서 온 것임을 밝힌다. Cf. http://www.hospitallaw.or.kr/cloning-positive.html.

일한 아들을 낳을 수도 있는 것이다.

착상에 필요한 배의 수를 늘리고 임신 성공률을 높이기 위해, 배도 핵 이식이나 배 분할 과정을 통해 복제될지 모른다. 불임의 짐을 덜기 위해 인간 복제를 이용함으로써 얻는 이익은 다른 모든 수단을 쓴다고 해도 불임을 극복할 수 없는 사람들에게는 훨씬 더 크다.

또 수정란의 배 분리 기술을 이용하면 자궁에 이식하기 전에 수정란을 검사하여 결함이 있는 것을 걸러 내거나(유전자 선별) 혹은 그 유전자만을 교정하여(유전자 치료, gene therapy) 원하는 건강한 아기를 얻을 수 있다고 생각하는 이들도 있다. 이는 현재의 산전 진단 기술이 착상 전까지 확장되는 것을 의미한다.

② 인간 복제는 부부 중 한쪽이 심각한 유전병을 앓고 있을 때, 그 병의 유전에 대한 위험 없이 번식할 수 있게 해 준다. 지금도 기증된 정자나 난자를 이용하면 인간 복제를 이용하지 않고서도 그런 유전적 위험 정도는 피할 수 있다. 그러나 그것은 아이에게 부부 중 한쪽의 유전자가 아닌 제3자의 유전자를 물려주는 것이기 때문에, 이를 받아들일 수 없다거나 그보다는 차라리 건강한 쪽의 체세포를 사용하여 복제하는 것이 더 낫다고 생각하는 부부도 있었다. 따라서 인간 복제는 유전병이 자손에게 이어지는 것을 막는 합리적인 수단이 될 수도 있다.

③ 인간 복제는 이식용 장기나 조직을 제공할 수 있다. 인간 복제는 이식 받을 사람에게 맞는 장기나 조직을 가진 제공자를 찾아야 하는 문제를 해결하고 이식 거부 반응이 일어날 위험을 아예 없애거나 현저하게 줄여 줄 것이다.[11] 이러한 목적의 인간 복제는 특정 치료를 가능하게 해 주는 일종의 보험에 해당한다. 그러나 물론 시간이 너무 급박해서

---

[11] Cf. Feinberg and Feinberg, 250.

이식용 조직이나 장기를 얻기 위한 복제, 임신, 성장의 과정을 기다릴 여유가 없는 경우도 있을 수 있다. 또한 심장이나 간 등 복제된 인간 자신에게도 반드시 필요한 장기를 취하는 것은 그의 권리를 침해하기 때문에 용납될 수 없을 것이다.

④ 인간 복제는 죽은 아이처럼 특별한 의미를 가진 누군가를 복제할 수 있다. 인간 복제가 가능해지면 이런 목적으로 사용하려는 사람들이 틀림없이 나타날 것이며, 그들의 욕망이 대개 심각한 정신적 혼란을 기반으로 하고 있으리라는 것은 부인할 수 없다.

그러나 복제된 아이가 부모가 사랑했던 과거의 아이를 대체하지는 못할 것이다. 복제는 단지 같은 유전자를 지닌 다른 아이를 제공할 뿐이다. 그들이 사랑했던 과거의 아이는 단지 유전자만으로 형성된 것이 아니라, 자신의 환경과 선택 과정을 통해서도 형성된 유일한 존재다. 더 중요한 것은 그 아이가 자신들과 특별한 관계를 형성했다는 점이다. 설사 나중에 복제된 아이가 같은 유전자를 갖고 같은 환경에서 자란다 해도 그 아이는 그들이 사랑했던 과거의 아이와는 다른 아이로 남아 있을 것이다. 그 아이는 부모와 함께 자신만의 역사를 만들어갈 것이기 때문이다. 잃은 아이의 복제는 부모가 상실감에서 벗어나는 데 도움을 줄 수 있겠지만, 그 역할은 이미 있는 다른 형제나 나중에 태어날 복제되지 않은 정상적인 아이도 충분히 해 줄 수 있다. 복제된 아이는 항상 잃은 아이를 생각나게 할 것이므로 오히려 다른 형제나 새 아이가 더 나을 수 있다.

그렇지만 인간 복제가 특별한 의미를 지닌 사람을 복제할 수 있게 해 주고 그렇게 해서 깊은 만족감을 줄 수 있다면, 인간 복제를 원하는 이유와 그들이 얻은 만족감이 혼란에 바탕을 둔 것이라고 해도 그것은 그들에게 가치 있는 것이라고 생각하는 이들도 있다.

2) 인간 배아 복제의 이점으로 주장되는 점들

현재 백혈병, 파킨슨병, 당뇨병 등에 걸린 환자에게 장애가 생긴 세포를 대신하는 정상 세포를 외부에서 배양, 주입하여 치료하려는 시도가 행해지고 있다. 그러나 면역학적 거부 반응의 문제 때문에 주입하는 정상 세포는 배아줄기세포(embryonic stem cell)로부터 얻은 것을 사용한다. 이 단계의 세포는 아직 면역 반응을 일으킬 만큼 성숙하지 않았기 때문이다. 그러므로 배아 복제를 이용하는 경우에는 자신의 체세포에서 치료에 필요한 세포나 조직을 배양한 후 자기에게 이식하게 되므로 이식 치료와 관련된 면역 거부 반응을 해결할 수 있는 확실한 효과가 있으며, 세포 차원의 난치병, 파킨슨 질환을 비롯한 신경계통 질환, 척추 손상, 골관절염 등 현대의 난치병을 극복할 수 있는 새로운 대안으로 떠오르고 있다.

더구나 인간 배아 복제 연구를 통하여 인간 세포가 난자 없이도 재프로그래밍 되는 과정을 이해하면, 환자 자신의 세포를 역분화시켜 사용할 수 있으므로 면역학적 거부 반응의 문제나 배아세포를 사용하는 데 대한 윤리적인 문제를 줄일 수 있다. 아울러 이 과정을 더욱 완벽하게 이해한다면 심지어는 손상된 장기나 신체 부분을 세포 하나로부터 재생시킬 수 있다는 기대도 할 수 있다. 이처럼 복제 기술의 치료적 목적에의 이용은 환자 치료에 필요한 세포, 조직, 장기를 확보하려는 노력과 관련되어 있다.

V. 생명 복제의 문제점

1. 일반적 문제점[12]

1) 복제 기술 자체의 불완전성[13]

2) 특허 및 산업과 관련된 과학 기술의 비민주성

유전자의 특정 염기 서열이나 혹은 유전자 조작을 통해 얻은 동물에 대해 특허를 주장할 수 있는가의 문제는 여전히 논란거리이다. 특허의 한계를 어디까지 볼 수 있느냐의 문제 외에도, 만약 특허가 광범위하게 인정된다면 유전자 조작 기술을 가진 일부 선진국이나 대기업에게만 유리하며 그렇지 못한 대부분의 국가들에게는 불리하기 짝이 없으므로 경제적 불평등이 더욱 심화될 것이라는 주장도 있다. 또한 이런 기술이 거대 기업이나 권력의 의도에 맞게끔 진행되며 일반 시민들은 그로부터 소외되고 있다는 시각도 있다.

이런 실험과 연구로 인한 유익을 엄청난 액수의 돈을 지불할 수 있는 극소수만이 독점하게 되는 것이라면, 이 일을 위해 막대한 예산을 써야하는지의 문제가 반드시 논의되어야 한다.

3) 종교 · 윤리적인 문제

동물의 복제는 인간의 복제만큼 광범위하고 진지한 종교 · 윤리적 논란을 불러일으키지는 않았다. 대부분의 종교에서는 인간의 복지를 위한 동물의 활용은 있을 수 있는 것으로 여기고 있다. 그러나 지금까

---

[12] 이 항의 내용은 기본적으로 유네스코 제2차 합의회의의 홈페이지에 실린 "생명 복제술과 쟁점"의 틀을 의존하여 진술했다. Cf. http://www.unesco.or.kr/cc/1stmaterial.htm.

[13] 이에 대해서는 본서의 77-78, 118-122를 보라.

지 절대자의 영역에 속했던 생명의 탄생과 그에 관한 일들에 인간이 직접 개입하게 되면서, 그것이 신성한 영역을 침범하는 것이 아닌가 하는 우려의 목소리가 높다. 이 때문에 이런 작업을 절대 하지 말아야 한다는 입장과 책임 있게 사용해야 한다는 입장으로 나뉘어 논쟁이 벌어지고 있다. 이에 대한 신학적 입장은 다음 장에서 구체적으로 논의될 것이다.

2. 동물 복제의 문제[14]

1) 유해 돌연변이의 문제

체세포핵을 이식하기 위해서는 그 준비 단계로 세포를 저농도 영양 배지에서 배양하여 유전자의 기능을 인위적으로 정지시켜야 하는데 이 과정에서 돌연변이가 생길 확률이 높아진다. 또 전기 자극을 통한 핵 이식 과정이나 그 후의 활성화 과정에 있어서도 핵과 세포질의 세포 주기가 서로 적합하지 않을 수 있기 때문에 염색체 이상이 발생할 가능성도 있다. 생존이 불가능한 기형 종이 발생한다면 문제가 없겠지만 만에 하나 인간에게 유해한 돌연변이가 태어날지도 모르며 이것이 세대를 이어 전해질 수도 있다.

2) 동물권의 문제

일부 동물 보호론자들은 동물에게도 인간과 마찬가지의 고유한 권리가 있다고 주장한다. 인간이 마음대로 그들의 유전자를 변형시키고

---

[14] 이 항의 내용도 유네스코 제2차 합의회의의 홈페이지에 실린 "생명 복제 기술과 쟁점"의 해당 부분을 그대로 옮겨 진술했다. Cf. http://www.unesco.or.kr/cc/1stmaterial. htm.

복제하며 실험할 권리는 없다는 뜻이다. 이런 주장은 모든 생명은 그 나름대로 고유한 가치가 있으며 존중받아야 한다는 것을 전제로 하고 있다.

3) 복제된 동물의 자연 수명의 문제

1996년에 탄생한 복제 양 돌리가 다른 양들에 비해 빨리 늙고 노화에 따른 질병에 걸릴 가능성이 높다는 연구 결과가 나온 바 있다. 이 주장에 따르면 돌리는 본래 6년생 양으로부터 복제되었기 때문에 실질적인 생리적 나이는 출생 때부터의 나이 더하기 6년으로 계산하여야 한다는 것이다. 모든 동물의 염색체에는 텔로미어(telomere)라는 부분이 있는데 세포가 나이를 먹을 수록 이 부분의 길이가 짧아진다. 돌리의 텔로미어는 같은 연령의 다른 양들에 비해 짧다는 것이다. 그러므로 장년의 부부가 복제 기술을 이용, 아이를 낳는다 해도 태어난 아이와 그 부모가 신체적으로 비슷하게 늙게 되는 비극이 발생할 수도 있다.

이런 우려가 실제로 나타나고 있음을 보여 주는 현상으로 2002년 1월 4일에는 복제 양 돌리가 관절염을 앓고 있다는 이언 윌머트 박사의 발표가 있었다. 윌머트 박사는 "돌리가 상대적으로 어린 나이임에도 왼쪽 뒷다리의 궁둥이와 무릎 부분에 관절염을 앓고 있다는 사실은 문제점이 있을 가능성을 암시하는 것"이라고 말했다. 그는 돌리의 관절염이 복제 과정에서 비롯된 것인지, 아니면 우연의 일치인지 알 수 없다면서 돌리가 현재 수의사들의 보살핌 속에 소염제 치료를 받고 있다고 말했다. 윌머트 박사는 돌리가 이미 새끼 6마리를 낳는 등 다른 건강 상태는 양호한 편이지만, 관절염의 원인에 대한 추가 연구가 필요하다고 덧붙였다. PPL 세러퓨틱스는 1999년 5월에도 돌리의 유전자 연구 결과 텔로미어라는 세포 조직이 정상적으로 태어난 같은 나이의 양들보다 짧아 돌리가 보통의 양들보다 일찍 죽을 가능성이 있다는 연구 결과를 발표했었다. 평균 13년을 사는 보통의 양에 비해 돌리가 얼마나 수명을 유지하는지에 대해 많은 관심이 그와 같이 집중되던 중, 돌리의 노화 현상이 심각하게 나타나 결국 안락사 시켰다는 소식을 통해 우려하던 바가 현실로 드러난 것을 보게 되었다.[15]

3. 인간 개체 복제의 문제

1989년 노벨 생리·의학상 수상자로 미국 국립보건원(NIH) 원장을 6년 동안 역임했으며, 암 발생의 원인을 처음으로 규명한 미국 최고의 생명 과학자이자 뛰어난 과학 행정가 중 한 사람으로 꼽히는 해럴드 버무스(H. Vermus) 박사는 생명 복제에 대해서 다음과 같이 말했다고 한다.

> 너무 걱정이 많은 것 같습니다. 인간 복제는 기술적으로도 먼 길을 가야 하지만 설령 완벽하게 할 수 있더라도 매우 선택적인 경우에나 사용될 것입니다. 물론 교통 사고로 죽은 아들을 재현하고 싶다거나 레즈비언 부부가 아이를 갖고 싶을 때 모르는 남자의 정자보다는 자기들 체세포를 이용해 아기를 만들려 하는 등 특수한 경우가 있을지 모릅니다. 많은 사람들은 인간 복제를 하면 영원히 사는 것으로 착각하고 있습니다. 그러나 예를 들어 당신이 75세인데 당신을 복제하여 다른 사람을 만들면 결국 75살 차이나는 일란성 쌍둥이가 나오는데 이게 무슨 의미가 있겠습니까? 또 인간 복제는 행동 복제가 아닙니다. 75년 차이로 태어난

---

[15] 본서 183-86을 참조하라.

이 두 사람은 듣는 음악, 보는 영화, 읽는 책이 모두 다릅니다. 유
전적 배경은 같으나 다른 사람들입니다. 복제가 합법화되더라도
인간 복제를 바라는 사람은 극히 소수에 불과할 것입니다.[16]

그러므로 문제가 있어도 그렇게까지 치명적이지는 않을 것이라고
낙관하는 과학자들의 의견에 반해서 우리는 다음과 같은 문제에 주목
하지 않을 수 없다.

1) 기술적인 문제

동물 복제 분야 전문가와 일부 학자들은 만약 인간 복제를 100차례
시도할 경우 대부분 유전적 또는 물리적 이상으로 인해 자연 유산되고,
대리모들의 건강과 생명도 심각한 위협을 받을 것이라고 우려했다. 설
사 극히 일부가 성공한다 해도 태어난 복제 인간은 태반이나 장기가 비
대해지면서 정상아 체중의 2배가 넘는 8킬로그램의 거대 체중을 가지
게 되고, 출생 1-2주 후 심장 또는 혈관 문제, 폐 발달 부진, 면역 체계
이상 등으로 숨지고 만다는 것이다.

복제 소 영롱이를 만든 서울대 황우석 교수팀의 경우, 대리모의 자궁
에 성공적으로 착상된 복제 배아 가운데 출산 뒤까지 정상적으로 자란
경우는 25퍼센트 정도로 비교적 높은 수준이었지만 나머지는 유산
(33%), 기형(12%), 급사 증후군(22%), 거대 체중 증후군(8%)으로 복
제에 실패했다. 학자들은 100건의 인간 복제 가운데 기껏해야 1건 정
도가 성공할 가능성이 있는 것으로 보고 있다. 복제 양 돌리를 탄생시
켰던 해리 그리핀 박사 등 일부 과학자들은 "현재의 기술 수준에서 인

---

[16] http://news.chosun.com/w21data/html/news/200012/200012310095.html.(2000년
12월 31일자 ≪조선일보≫).

간 복제의 성공 가능성은 1-2퍼센트 정도에 불과하다"면서 "더구나 복제 아기나 산모 모두 자칫 생명을 잃을 수도 있다"고 경고했다. 또한 황우석 교수는 동물 복제에 대해서 말하면서 "현재 전 세계적으로 동물 복제 성공률이 2.5-5퍼센트 수준에 달한다"고 말했다.

이탈리아의 세베리노 안티노리(Antinori) 박사가 최근 "인간 복제 프로젝트에 참여한 한 여성이 임신 8주째를 맞았다"고 밝히자(2002년 4월 7일), 미국 매사추세츠 공과대학(MIT) 화이트헤드 생의학연구소의 루돌프 재니쉬(Jaenisch) 박사는 "지금까지의 복제 동물은 상당수가 일찍 죽고, 설사 살아남는다 해도 유전자 결함으로 대부분이 비정상"이라고 말했다. 미국 다트머스(Dartmouth)대학의 윤리 · 종교학 교수인 로날드 그린(Green) 박사는 "지금까지의 동물 복제는 그 심각한 결함으로 인해 '재앙'이었다"고 하면서, "이번 임신이 출산으로 이어져야 할 필요가 있을지 의문"이라고 했다는 사실은 오늘날의 기술 수준이 어떤 것인지를 잘 보여 주는 것이라고 할 수 있다.

2) 개인적 피해[17]

① 인간 복제는 복제 인간(소위 '늦게 태어난 쌍둥이')에게 심리적 압박감을 줄 것이다. 앞서 태어난 쌍둥이가 어떤 인생 길을 걸었는지 알았을 때, 그것이 복제 인간에게 정신적으로 나쁜 영향을 미칠 수 있다는 것은 분명하다. 설령 그것이 오해라 해도 복제 인간은 자신의 운명과 인생을 자유롭게 누리고 그것에 책임을 져야 한다고 느끼기 어려울지도 모른다.

---

[17] 이하 논의는 주로 미국의 찰스 C. 틸링하스트 주니어 대학 교수인 Dan W. Brock, Clones & Clones, 2000)의 "인간 복제: 윤리적 찬반 논쟁의 평가"에서 온 것임을 밝힌다. Cf. http://www.hospitallaw.or.kr/cloning-negative.html.

복제 인간은 자신이 유일한 존재라거나 고유의 개성을 지닌 존재라는 자긍심과 그로 인한 자유를 느끼기 어려울 수도 있다. 특히 복제 인간이 어떤 특별한 능력과 업적을 지닌 인물에게서 복제되었다면, 그는 앞선 쌍둥이에 버금가는 높은 수준의 능력과 업적을 보여 주어야 한다는 과중한 압력을 받을 수도 있다. 이렇게 가해지는 다양한 정신적 영향은 복제 인간에게 과중한 희생을 강요하고 심각한 부담을 줄 것이다.

인간 복제가 이러한 정신적 피해를 낳을 가능성을 갖고 있는 것은 확실하다. 그러나 우리는 아직 인간 복제와 그 결과인 쌍둥이의 출산을 경험하지 못했기 때문에, 현재 그것은 단지 추측으로만 존재한다. 그렇지만 만일 인간 복제 결과 복제 인간에게 심각하고 피할 수 없는 정신적 피해가 보편적으로 나타난다고 확인된다면, 그것은 인간 복제 행위를 하지 말아야 하는 아주 심각한 윤리적 이유가 될 수 있다. 만약 하나의 원형에서 수많은 일란성 쌍둥이가 복제되어 거리 곳곳에서 자신의 일란성 쌍둥이들과 마주치는 시대가 오면, 그 중에서 정신적 부담과 피해를 유독 심각하게 그리고 예민하게 받아들이는 쌍둥이도 있을 것이다. 복제를 근본적으로 반대하지 않는 이들도 이와 같은 점이 하나의 원형에서 복제될 수 있는 쌍둥이의 수를 엄격하게 제한할 타당한 이유가 될 수 있다고 논하기도 한다.

② 인간 복제 과정은 특히 복제된 인간에게 용납될 수 없는 위험을 끼칠 것이다. 더구나 기술이 아직 불완전한 지금 상황에서 인간을 복제하려고 시도한다면, 이 과정에서 복제 인간에게 큰 위험이 가해질 것은 분명하다. 예를 들어서, 미국 국립보건연구소의 소장인 해럴드 버무스(H. Vermus) 박사는 복제 인간의 몸을 이루고 있는 해묵은 세포들은 원형의 몸 속에 있었던 기간만큼, 암이나 노화 관련 질병을 일으킬 수 있는 유전자 돌연변이를 축적하고 있을 수 있다고 우려한다. 또한 난자

제공자, 핵 제공자, 그리고 배를 착상시킬 여성에게 일어날 수 있는 위험도 있다.

어떤 이들은 이런 위험을 그 사람들에게 미리 알려 주고 동의를 얻으면 윤리적으로 그다지 어려움은 없을 것으로 보나, 우리가 일어날 수 있는 모든 위험에 대해 충분히 알지 못하는 상황에서는 그렇게 쉽지만은 않은 이야기가 될 것이다.

그러므로 복제를 해야 한다고 주장하는 과학자들도 복제 과정을 인간에게 적용하는 행위가 윤리적으로 받아들여지려면, 인간에 대한 안전성과 효과성을 확립하기 위한 연구뿐 아니라 동물을 대상으로 한 연구도 더 많이 필요하다고 주장한다. 대다수의 사람들이나 인간 복제에 관한 법이 복제된 인간을 윤리적 또는 법적 보호를 받아야 할 인간으로 생각하는 시대가 오려면, 앞으로도 오랫동안 무수한 배들이 죽거나 파괴되어야 할 것이다. 더구나 이는 복제 인간 자신의 동의를 전혀 받지 않은 상태에서 이루어지는 일이다.

3) 사회적 피해

① 인간 복제는 개인을 대체 가능한 존재로 생각하게 함으로써 우리가 인간의 삶에 부여해 온 가치와 존엄성을 훼손할 것이다. 인간 복제는 인간을 공장에서 제작될 수 있는 것으로 여겨지게 함으로써, 개인의 가치나 존엄성을 훼손하는 결과를 낳는다는 것이다. 그렇게 되면 결국 다른 사람에 대한 존중심, 그리고 인간의 생명과 그것의 자연적인 창조를 바라보면서 느끼는 경이로움도 줄어들 것이다. 평등한 도덕 가치와 존엄성이 개인에 따라 달라지게 되는 변화는 어떤 일이 있더라도 피해야만 한다.

예를 들어서, 부모는 아이들의 내재적 가치와 그들의 특징에 바탕을 둔 도구적 가치를 잘 구별할 수 있다. 인간으로서 만인이 지니고 있는 평등한 도덕 가치와 존엄성은 서로 다른 개인들의 상이한 도구적 가치와 양립될 수 없다. 즉, 아인슈타인과 한 재능 없는 물리학과 대학원생은 과학자로서는 상당히 다른 가치를 지니지만, 인간으로서는 평등한 도덕 가치와 존엄성을 공유하는 것이다. 도구적 가치로 인간의 내재적 가치를 평가하는 것은 잘못이다. 한 명의 원형에서 대량의 복제 인간을 만드는 일이 그런 잘못된 인식을 부추긴다면, 그것은 한 사람에게서 만들어질 복제 인간의 수를 제한하는 또 다른 이유가 되는 것이다.

② 인간 복제는 상업적 이익을 얻을 목적으로 사용될 가능성이 있다. 인간 복제를 반대하는 쪽과 지지하는 쪽 둘 다 복제된 배를 매매하는 행위가 허용되어서는 안 된다는 점에서는 동의한다. 과학 소설의 관점에서 보면, 상업적 이익이 유전적으로 인증되고 보증된 판매용 배, 즉 다양한 재능, 능력, 기타 바람직한 특성을 지닌 개인들로부터 복제한 다양한 배의 상품 목록이 시장을 통해 제공될 수 있을 것이라고 상상할 수 있다.

이것은 모든 사람들을 시장에서 서로 다른 가격으로 매겨지고 매매되는 대상으로 취급함으로써, 그들이 소유한 평등한 도덕 가치와 존엄성을 근본적으로 침해할 것이다. 그것들은 매매될 것이며, 그것들이 앞으로 어떤 사람으로 자랄 것인가에 따라 그 가격이 매겨질 것이다. 인간 복제에 대한 공공 정책이 어떤 식으로 수립되든 상관없이 배의 시장에 반대하는 이 도덕적 합의는 법으로 강화되어야 한다.

③ 처음에는 개별적 복제가 이루어지겠지만, 후에는 우생학적 고려에 의한 대량 생산이 나타날 가능성에 대한 우려가 있다.[18] 즉, 정부나

---

[18] 이인영, "생식적 복제와 치료적 복제에 관한 쟁점 사항과 입법 제안." Cf. http:// www.

다른 집단에 의해 비도덕적·착취적 목적으로 인간 복제가 사용될 수 있는 것이다. 『멋진 신세계』(1932)에서 올더스 헉슬리(Aldous Huxley)는 한정된 능력과 조건을 지니도록 인위적으로 가공함으로써, 사회에 필요한 천한 일을 기쁜 마음으로 수행할 사람들을 복제한다는 상상을 했다. 복제될 사람들을 고르고 통제하는 기준은 복제되는 사람들의 이익이 아니라, 사회의 이익과 그들을 창조하는 데 드는 비용이다. 뿐만 아니라 번식과 양육도 개인의 이익과는 상관없이 이루어진다. 인간 복제를 그런 목적으로 사용하는 것은 복제 인간을 오직 타인의 이익을 위한 수단으로 착취하는 것이며, 완전한 개인으로서 지니고 있는 평등한 도덕적 가치와 존엄성을 침해하는 것이다.

④ 유전자 풀(the gene pool)의 다양성 감소와 쇠퇴의 문제가 동반된다. 인간의 복제를 규칙적으로 실시할 경우, 아주 소중한 유전자 변이가 불가역적으로 사라지게 되고 이로 인하여 유전자 풀의 다양성이 차츰 감소되어 인류의 생존에 해악이 될 수 있다는 점이 자주 지적된다.[19] 그러나 이는 대규모로 복제가 시행되고, 다른 생식 수단을 대체할 경우에 생기는 문제이므로 그렇게 되는 경우가 아니라면 그리 크게 염려하지 않아도 된다는 논의도 있다.[20]

이와 연관된 문제로 복제된 사람들이 많아지면 대부분의 사람들이 반은 형제요 반은 자매인 상태가 되게 되는데, 그렇게 된 상황에서 기록을 정확히 남기게 되지 않게 되면 결국 근친혼적 사태를 낳을 수 있

---

hospitallaw.or.kr/cloning-legislation.html. 또한 구영모의 글도 보라.

[19] 이에 대한 정리로 이인영, "생식적 복제와 치료적 복제에 관한 쟁점 사항과 입법 제안," 『보건 복지 포럼』(2001. 7). Cf. http://www.hospitallaw.or.kr/cloning-legislation.html을 보라. 또한 Feinberg and Feinberg, 250도 보라.

[20] Cf. Feinberg and Feinberg, 250.

으므로 궁극적으로는 우생학적 문제와 사회적 문제를 제기하게 될 것이라는 지적도 있다.[21]

4) 생명 윤리의 논리적 문제: 미끄러운 경사길 논의(구영모 교수의 주장)[22]

여러 논자들과 함께 구영모 교수는 인간 개체 복제를 반대하기 위해 여러 가지 논거들, 즉 의무론적 논거로서 ① 유일성 또는 개성의 권리 침해 ② 인간 존엄성의 침해 ③ 복제 인간의 동의 결여 ④ 인간의 신 (神) 노릇 ⑤ 복제의 비자연성 ⑥ 복제 인간의 자유 박탈 등을, 결과주의적 논거로서 ⑦ 미끄러운 경사길 ⑧ 부모 자식 관계의 파괴 등을 언급한 후에, 미끄러운 경사길 논증에 주목하면서 하나를 허용하면 앞으로 점점 더 심각한 문제로 나아가게 된다는 것을 언급한 바 있다. 이 논의를 요약하자면 다음과 같다.

만약 인간 개체 복제가 허용된다면 장기적으로 이 기술은 대규모의 우생학적 목적에 오용될 위험이 적지 않다. 복제 기술이 구현되면 그 지배권이 과학자들로부터 관련 기업이나 국가로 넘어갈 것이라는 예상을 부인하기 어렵다. 만약 이런 불길한 예상이 적중된다면 생명 복제 기술은 개량된 유전적 조건의 속성을 지닌 인간의 대량 복제에 남용될 위험이 있다.

그래서 구영모 교수는 다음과 같이 제안하고 있다. "인간 배아 복제 연구에 대한 허용 여부 판단을 위한 제안은 좀 더 시간을 갖고 논의하는 것이 필요하다. 윤리적 관점에서 인간 배아 복제 연구에 관한 처방

---

[21] Feinberg and Feinberg, 250.

[22] 구영모, "윤리적 관점에서", 서강대학교 개교 40주년 기념 심포지엄: 인간 복제와 생명의 존엄성 (2000년 11월 16일), 2000년 11월 20일자 ≪문화일보≫ Cf. http://biozine.kribb. re.kr/study/kis2000-11-19.html. 구영모 교수는 울산대 의대 인문사회의학교실 교수이다.

을 제안한다면, 이런 경우에는 안전한 쪽으로 실수하는 편이 도덕적으로 안전하다고 생각된다. 다시 말해 인간 배아가 인간인지 아닌지 분명하지 않은 이같은 상황에서는 인간 배아에 대한 산업적·상업적 이용은 물론, 연구 목적의 실험조차도 자제하는 편이 윤리적으로 더 나은 선택이 될 것 같다."

이제 이와 같이 일반적으로 지적되는 문제들을 염두에 두고, 생명 복제 문제에 대해 신학적 관점에서는 어떤 논의를 해야 하는지 다음 장에서 살펴보기로 하자.

제3장
생명 복제 기술 발달의 간략한 역사

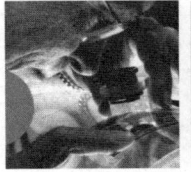

생명 복제 기술 발달의
간략한 역사

생 명 복제 기술은 그리 오랜 역사를 지니고 있지 않은 매우 새로운 기술이라고 할 수 있다. 인간 개체 복제 그리고 인간 배아 복제 등과 관련된 복잡한 여러 문제들을 직시하기 위해서 이 장에서는 먼저 동물 복제 기술의 역사를 살피고(Ⅰ), 인간 배아 복제 연구의 역사를 간략히 살핀 후(Ⅱ), 이런 기술을 과연 어떻게 사용해야 할 것인가에 대해서 간단한 논의를 해 보도록 하겠다(Ⅲ).

I. 동물 복제 시도들

1. 수정란을 이용한 복제

동물 복제의 경우, 처음에는 "수정란을 이용한 복제"(embryo

drived cloning)가 시도되었었다. 이미 1950년대에 개구리 수정란의 핵을 개구리 난자에 다시 이식하려는 시도가 있었으니, 1952년에 미국 워싱턴의 카네기 연구소의 브릭스 박사와 킹 박사(Dr. Briggs and Dr. King)는 개구리 수정란 할구핵을 다른 개구리의 난자에 주입하여 배발생 유도에 성공한 사례를 발표했으며, 1970년에 영국 옥스포드의 존 거든 박사(Dr. John Gurdon)는 개구리의 각질화 된 피부 세포핵을 무핵 난자에 이식하여 올챙이까지 발생시킨 일이 있었다.

그러나 복제된 올챙이들은 대부분 발생 초기에 죽었으며, 살아남은 것들도 모두 비정상적이었고, 생식 능력이 없었다고 한다. 그리고 이때까지만 해도 (1) 양서류가 아닌 포유동물에는 이 기술이 적용 불가능하다고 생각되었고, (2) 분화를 마친 체세포는 원시 세포로 되돌아가지 못하는 '비가역적 특성' 가진다고 논의되었었다. 따라서 이 시기에는 주로 생식 세포인 수정란 할구의 핵을 공여 세포원으로 이용하였다. 그리고 1983년에 맥그라드(McGrath)와 솔터(Solter)가 미세 기법 개발하여 쥐의 1세포기 수정란의 전핵을 치환하여 새끼를 얻는 데 성공하였으며, 이후 체세포 및 2세포기 이후의 수정란 할구를 이용한 동물에서의 핵이식 연구가 가속화되었다. 또한 1984-86년에는 윌라드센 박사(Dr. Willadsen)가 면양에서 8-16세포기 수정란의 할구를 공여핵으로 첫 새끼를 얻었으며, 쥐, 소, 토끼 등에서도 같은 결과를 얻을 수 있었다. 1994년에는 같은 방법으로 닐 퍼스트 박사가 소를 복제하였고, 1995년 7월에는 영국의 한 연구진이 배아 세포 분리 방법으로 복제 양 미건(Megan)과 모래그(Morag)를 탄생시켰었고, 한국에서도 수정란 할구 방법으로 쥐(93년), 소(95년), 토끼(96년)가 복제된 바 있다. 그러다 1996년 8월에 미국 Oregon 영장류 연구 센터의 울프(Wolf)가 배아 세포를 공여핵으로 하여 벵골산 원숭이 복제에 성공하여 영장류의 복제로는 처음으로 배세포 핵치환 원숭이인 네티(Neti=Nuclear Embryo Transfer Infant)와 디토(Ditto)를 얻었었다. (이후에는 많은 이들이 체세포 복제 방법에 의해 동물 복제를 하였으므로 많은 이들이 신경 쓰지는 않았지만 이 연구소에서는 2000년에는 붉은 털 원숭이 [레서스 원숭이]의 배아 세포를 이용하여 초기 단계의 배아 세포를 분리하여 대리모에 이식하는 방법으로 암수 한 마리씩을 얻는 데 성공하기도 했다.)

2. 체세포 복제

그러다 1996년 7월에 동물 복제에 있어서 그야말로 획기적인 사건이 일어났으니, 그것은 "체세포를 이용한 복제(somatic-cell derived cloning)가 성공한 일이다. 1996년 7월 5일 오후 4시에 영국 에딘버러의 로슬린 연구소(Roslyn Institute)에서 체중 6.6kg의 핀도셋종 새끼 양 한 마리가 태어났다. 이안 윌머트(Ian Wilmut) 박사가 탈핵 난자와 유선 세포의 융합 시도의 결과로 277회 만에 "성숙한 세포의 비가역성을 극복해 냄으로써 분화를 마친 세포도 원시 세포로 리프로그래밍 될 수 있음을 증명하고 세계 최초의 포유류 체세포 복제 동물인 돌리(Dolly)를 얻은" 것이다(1997년 2월 ≪네이처≫(*Nature*) 385호에 발표).[1] 같

---

[1] 로슬린 연구소는 체세포 복제에 의한 동물 복제에 대한 특허권을 1996년 8월에 미국과 영국에 신청해서 2000년 1월에 특허권을 얻었다고 2000년 1월 19일 영국 《BBC》가 보도한 바 있다. 이 특허 기술은 성숙한 양에서 추출한 세포의 핵이 탈핵 난자에 주입될 때까지 세포 분열을 멈추게 하는 기술로 세포 배양액의 혈청 농도를 낮추는 소위 '혈청 기아 배양'이라고 불리는 기술이다. 혈청 농도를 0.5%까지 낮추어 더 이상 분열하지 못하게 한 뒤 탈핵 난자에 주입해 그 후에 다시 세포 분열을 유도하는 방법이다.

은 방법을 사용해서 미국 화와이대 류죠 야나기마치 박사 팀은 생쥐("큐뮬리나")를 복제하고, 원본 생쥐로부터 3세대에 걸쳐 50마리의 복제 성공하였고(1998), 일본 긴키대 쓰다노 유키오 박사팀에서는 성숙한 소의 체세포로 쌍둥이 송아지 출생시킨 바 있고(1998), 뉴질랜드에서도 소 복제에 성공했고, 1999년 4월에는 미국 터프츠대에서 심장 발작과 뇌졸중 치료 물질을 생산할 수 있도록 유전자가 조작된 형질 전환염소 3마리를 복제하였다.

한국에서도 1999년 2월에 황우석 박사가 이끄는 서울대 수의대 팀은 체세포 복제 방법으로 복제 젖소 '영롱이'를 복제하였다고 미디어를 통해 발표했으며, 그해(1999) 4월에는 한우 복제('진이')에 성공하였다고 발표했다. (그러나 이 일은 논문으로 발표된 일이 없고, 후에 이 문제를 심층적으로 취재한 사람들은 이것이 실제로 체세포 복제에 성공한 것인가를 의문시한다.[2] 또한 황우석 교수는 서울 의대의 서정선 교수와 함께 세포 표면 항원 유전자를 제거하여 인간에게 이식 가능한 장기를 가진 돼지를 생산하는 연구를 1997년부터 진행하였었으며, 1999년 5월에 한국 과학 기술원(KAIST) 의과학 센터팀은 인간의 '백혈구 증식 인자(G—CSF)'를 젖에서 분비하는 형질 전환 흑염소 '메디'를 탄생시켰었다. (그러나 이런 형질 전환 복제 실험의 위험성이나 그 문제들을 한국 사회 일반에서는 직시하지 않고 전혀 문제시하지 않는 분위기가 일반적이었다.)

그러다 1999년 8월에는 최초의 복제 수컷 소인 "세컨드 찬스"(Second Chance)가 태어났다. 이 복제 소의 출산 직후 송아지에서는 보기 드문 1형 당뇨병 증세가 나타났으나, 2~3개월 동안 매일 인슐린

---

[2] 2006년 1월 10일자 "PD 수첩"을 참조하라.

주사를 맞고 완치됐다고 한다.[3]

  그런데 이때까지의 체세포 복제된 동물들은 조로 현상을 나타내 보이고 있었다. 그런데 미국 매사추세츠주 소재 생명 공학 기업 어드밴스드 셀 테크놀러지(ACT) 연구팀은 과학 잡지 ≪사이언스≫(*Science*) 2000년 4월 28일자에 실린 논문에서 세포의 나이가 일반 소에 비해 훨씬 젊은 복제 소를 만들어내는데 성공했다고 밝혔다. 연구팀은 송아지 태아에서 세포를 채취, 이 세포가 정상적인 노화 지표를 보일 때까지 여러 달 동안 세포 분열되도록 배양한 뒤, 이 세포의 핵을 자체 핵이 제거된 소 난세포에 이식해 6마리의 송아지를 탄생시켰다. 이 복제 송아지들은 출생 당시에는 돌리 이래 여러 복제 생물들에서 나타난 것과 같이 고혈압이나 호흡 곤란 등의 노화 징후를 보였으나, 생후 2개월이 되자 노화 과정은 저절로 역전되어 송아지는 건강하고 정상적인 발달을 보이고 있다. 조사 결과 생후 5~10개월인 이 송아지들의 혈액 세포 염색체에 있는 텔레미어가 같은 연령대 보통 송아지들은 물론 갓 태어난 정상 송아지 것보다 훨씬 더 길었다고 한다.

  또한, 2000년 8월 18일에는 영국 스코틀랜드의 <PPL 세라퓨틱 연구소> 팀과 일본 국립 동물 산업 연구소에서 각각 돼지 복제에 성공했다고 발표하였고, 같은 해인 2000년에 중국 서북농림 과학기술대 장용 교수팀은 염소("위앤위앤") 복제에 성공했다. 2001년 2월 17일에는 파킨슨병이 걸린 쥐에게 줄기세포를 이식하여 완치했다는 발표가 있었다.[4] 또한 2002년 1월 29일에는 미국의 ACT사의 과학자들은 소의 신장을 실험실에서 완벽하게 복제하는 데 성공했다는 ≪BBC≫ 방송의

---

[3] 2002.03.13. http://service.joins.com/asp/search_article.asp?aid=230989 &history=-2.

[4] 그러나 오늘날 배아줄기세포 연구 결과들이 암을 많이 발생시킨 예들을 볼 때 이때의 완치 발표가 어느 정도인지 계속적인 후속 연구가 필요한 사례라고 보아야 한다.

보도가 있었다. 약 5㎝ 크기의 축소형으로 복제된 신장을 귀에서 체세포를 떼어낸 암소(A)의 원래 신장에 이식한 결과, 이 복제 신장은 정상적으로 소변을 만들어내기 시작했다고 밝혔다.

2001년 11월 22일에 포천 중문 의대 차병원 세포 유전자 연구소(소장 정형민 교수) 연구팀은 국내 처음으로 쥐의 배아줄기세포를 살아 있는 쥐의 뇌에 이식하여 손상된 뇌신경의 기능을 회복시킬 수 있는 뇌신경세포를 만드는데 성공했다고 발표했다. 쥐의 배아줄기세포를 살아 있는 쥐의 뇌에 이식하여 손상된 뇌신경의 기능을 회복시킬 수 있는 뇌신경세포를 만드는데 성공했다고 밝힌 것이다. 정 교수팀은 생쥐의 수정란을 3.5일 가량 키워 만든 배반포에서 세포 덩어리를 분리, 체외에서 배양한 뒤 배아줄기세포주를 확립하고 이를 증식시켜 파킨슨병에 걸린 생쥐의 뇌에 이식하는 방법을 사용했다. 정 교수팀은 이 결과, 실험 3주 뒤 생쥐의 뇌에 이식한 배아줄기세포가 파킨슨병을 유발하는 것으로 알려진 도파민성 신경세포와 이를 수송해주는 신경세포가 생성되는 것을 확인했다고 설명했다.

그리고 2002년 1월 3일에는 미국 미주리대학교 연구진이 인체 거부 반응 유전자를 제거한 돼지를 복제·생산하는 데 성공했다. 그러나 장기 이식 때의 거부 반응이 <GATA> 유전자 이외에도 다른 많은 유전자들과도 연관이 있기 때문에 여전히 문제가 되며, 돼지에게 감염되어 있는 바이러스가 장기 이식의 과정을 통해 인간에게로 전염되는 문제도 큰 난제이다. 돼지에게는 아무런 문제를 일으키지 않는 바이러스들이 인간에게는 질병을 유발할 수 있기 때문이다.

2001년 12월 22일에는 신태영 박사를 제1저자로 하는 미국 텍사스 A&M 대학 연구팀이 미국의 자선 사업가 존 스펄링(81) 씨와 애완동물 복제 전문 업체인 GSC (Genetic Savings & Clone)의 재정적 자원 하에서 고양이를 복제했다고 한다. 난자를 둘러싸고 있는 난구 세포와 탈핵 난자를 결합시켜 만든 87개의 복제 배아를 8마리의 대리모의 자궁에 착상시킨 중에 유일하게 복제에 성공한 고양이(Cc)를 제왕 절개로 출생시켰다는 연구 결과가 2002년 2월 14일자 ≪네이처≫(Nature) 인터넷 판에 발표되었다. 그런데 이 복제 고양이 Cc는 흰색 바탕에 갈색과 금색 얼룩을 가진 원본 고양이인 '레인보우'(Rainbow)와는 외피 무늬 모양이 다른 흰색 바탕에 회색 줄무늬를 지닌 복제 공양이로 출생했다. 그리고 2002년 3월 29일에 ≪BBC≫ 방송은 프랑스 경종학 연구소(IRNA) 소속의 장 폴 르나르 박사팀 과학자들이 토끼 복제에 성공했다고 생명 공학 저널인 ≪네이쳐 바이오테크놀로지≫를 인용하여 보도했다.

또한 2002년 1월에는 미국의 ACT에서 소의 신장을 복제하는 데 성공했다고 1월 29일자로 발표하였다. 한 암소의 귀에서 채취한 세포를 다른 암소의 탈핵 난자에 주입하여 전기 충격을 가해 분열되도록 하여 복제 배아를 만들고, 그로부터 배아줄기세포를 만들고, 이를 화학 처리해 신장 세포로 성숙시키고, 이를 하버드 의과 대학 연구팀이 고안한 생물 분해가 가능한 신장 모양의 틀에 붙여 배양함으로 5cm 크기의 축소 신장을 만드는 데 성공했다고 보고했다. 그리고 이 복제된 신장을 체세포를 제공한 원래 암소의 신장 옆에 나란히 이식한 결과 이 복제 신장이 아무런 거부 반응 없이 정상적으로 가능하여 소변을 만들어 내기 시작하였다는 것이다.

또한 2002년 6월 3일에는 미국 ACT사의 로버트 랜저 박사가 복제 암소 실험을 통해 거부 반응 없이 치료용 신장과 심장을 복제하고, 이식하는데 성공했다는 보도가 있었다. 암소의 복제 배아로부터 추출해 배양한 초기 형태의 신장과 심장을 복제 배아의 DNA를 제공한 암소에 이식한 결과 거부 반응 없이 신장과 심장 기능을 발휘했다는 것이다.

랜저 박사는 체세포 핵이식 방식으로 복제 배아를 만든 다음 이를 대리모 암소의 자궁에 착상시켜 약 6주 동안 자라게 했다. 랜저 박사는 6주 된 복제 배아를 꺼내 그로부터 심장, 골격, 신장 세포를 채취한 다음 시험관에서 더 자라게해 미니 신장, 심장, 골격을 만들었다. 이어 미니 신장을 앞서 피부 세포를 제공했던 암소에 이식했다. 이식된 미니 신장은 아무런 거부 반응 없이 계속 자라면서 소변과 같은 노란 액체를 만들어냈다. 이 미니 신장은 혈액으로부터 노폐물(소변)을 정상 수준의 80%까지 걸러냈다고 랜저 박사는 밝혔다.[5]

2002년 6월 20일에 한국-미국 공동 연구진이 쥐의 배아줄기세포에서 배양한 신경세포를 파킨슨병 쥐의 뇌에 이식, 쥐의 생체 내에서 신경세포의 정상기능을 복원하고 파킨슨병을 치료하는데 성공했다고 발표했다. 미국 신경 질환, 뇌졸중 연구소(NINDS) 김종훈(34) 박사와 로널드 매케이 박사, 한양대 의대 이상훈(41) 교수 등은 ≪네이처≫(Nature) 온라인판에 이 논문을 발표하고 쥐 실험을 통해 배아줄기세포가 파킨슨병과 다른 뇌질환 치료에 유용하다는 사실을 처음으로 확인했다고 밝혔다. 연구팀은 쥐의 배아줄기세포에 신경세포의 분화에 관여하는 '너르 1'(Nurr 1)이라는 유전자를 첨가하고 여러 가지 성장 인자를 이용해 신경 전달 물질인 도파민을 만드는 중뇌 도파민성 신경세포를 80% 이상의 순도로 배양해냈다. 연구팀은 이렇게 만든 신경세포가 실제 동물 몸에서 제 기능을 하는지 알아보기 위해 도파민 생산 세포가 일부 없어진 파킨슨병 모델 쥐의 뇌에 이 신경세포를 이식했다. 그 결과 쥐의 뇌에 이식된 신경세포는 주변 뇌세포와 연결(시냅스 형성)되면서 도파민을 생산했으며 파킨슨병 증상도 점차 호전됐다고 한

---

[5] http://www.donga.com/fbin/searchview?n=200206030098.

다. 김 박사는 "배아줄기세포에서 다른 세포를 배양할 때 원치 않는 세포가 만들어지는 것이 세포 이식 치료의 걸림돌이었다"며, "이 연구는 배아줄기세포로 원하는 특정 세포를 만들 수 있음을 증명했다는데 의미가 있다"고 말했다.[6]

2002년 7월에는 미국 UCLA 이기영 박사와 동료들이 제브라 피쉬라는 열대어를 복제 하였다고 발표하였고, 2002년 7월 19일에는 박세필 박사팀이 화학 물질을 이용, 생쥐의 난자를 배아로 전환시키는 '단성생식(單性生殖)'을 일으켜 배아줄기세포를 추출한 뒤 이를 기능성 심장 근육 세포로 만드는데 성공하였다고 발표했다.

2002년 8월 5일에는 서울대 황우석 교수팀이 복제한 유전자 변형 돼지를 국내 처음으로 출산시켰다고 발표했다. 그러나 이 돼지는 불과 하루도 안 돼 죽었다.[7] 황 교수팀은 800마리 대리모에 인공 수정을 시도해 40마리가 임신됐고, 이 중 1마리만 간신히 분만에 성공했으나 그것마저 바로 죽어버린 것이다. 2002년 7월에는 경상대 김진희 교수팀에서 첫 복제 돼지 두 마리가 탄생했지만, 이들도 2주 만에 죽고 말았다. 1999년에 오줌에서 적혈구 생성을 촉진하는 조혈제를 만든다고 발표된 축산기술연구소의 유전자 변형 돼지도 9개월 만에 죽었고, 젖에서 조혈제를 만드는 돼지 역시 아직 상업성이 검증되지 않았다. 복제 동물이 자주 유산되거나 태어난 직후 일찍 죽는 것은 어른 세포를 다시 태

---

[6] http://www.donga.com/fbin/searchview?n=200206210015.

McKay, R. et al. "Dopamine neurons derived from embryonic stem cells function in an animal model of Parkinson's disease." *Nature*, 417, published online 20 June; doi:10.1038/nature00900 (2002).

http://www.nature.com/cgi-taf/DynaPage.taf?file=/nature/journal/vaop/ncurrent/full/nature00900_fs.html.

[7] http://www.donga.com/fbin/searchview?n=200208180066.

아 세포로 만들다 보니 화학 물질을 처리하는 등 "무리"를 하게 되고 결국 어디선가 세포 사이클에 "부조화"가 생기기 때문이다. 생명공학 연구원 한용만 박사는 지난해 "복제 동물의 세포는 정상 세포보다 DNA에 메틸기가 많이 달라붙고 태반 세포가 잘 자라지 않아 유산이 많이 된다"는 논문을 발표했다. 유전자 변형 동물도 마찬가지다. 생명의 초기 단계부터 외부에서 다른 동물의 DNA를 주입하는 등 스트레스를 많이 받다 보니 복제 동물처럼 임신이 잘 안 된다. 외부 유전자를 갖고 태어나도 동물의 몸 안에서 유전자가 제대로 작동하지 않을 때가 많다. 값비싼 단백질을 많이 만들라고 유전자 앞에 강력한 스위치를 만들어 줬지만 유전자가 끼어 들어간 위치에 따라 스위치가 자꾸 꺼지거나 성능이 떨어지곤 한다.[8]

이와 비슷하게 2002년 8월 19일에 경상대 농대 축산과학부 김진회 교수팀과 조아제약이 자연 분만을 통해 1마리의 대리모에서 6마리의 복제 돼지를 한 번에 출산시키는데 성공했다.[9] 또한 2002년 8월 21일에는 경기도 수원시의 농촌 진흥청 축산 기술 연구소에서 유전자 복제 기술로 한우 송아지가 제왕 절개 수술을 통해 태어났다. 그러나 이 송아지는 생후 30분 만에 죽었다.[10]

2002년 2월 14일에는 최초의 복제 동물인 돌리가 진행성 폐질환 때문에 안락사 되었다는 보고가 있었다. 최초의 복제 동물인 돌리는 6마리의 새끼도 낳았으나 다른 양들과는 달리 조로 증세를 보이다 양의 평균 수명인 12년의 절반 정도 되는 6년 만에 죽게 된 것이다. 돌리와 같은 방식으로 200년 4월에 세상에 나온 호주의 최초 복제 양 '마틸다'는

---

[8] http://www.donga.com/fbin/searchview?n=200208180066.

[9] http://www.donga.com/fbin/searchview?n=200208190149.

[10] http://www.donga.com/fbin/searchview?n=200208210376.

속성 번식 기술에 의해 생후 9개월 말인 2001년 1월 세 쌍둥이를 낳았고, 그 새끼들도 생식에 성공했지만 뚜렷한 이유 없이 2003년 1월 2일에 갑자기 죽었다고 애들레이드 북부에 위치한 <터랫필드 연구 센터>의 롭 루이스 국장이 6일에 발표했고, 이것이 ≪시드니 모닝 해럴드≫ 인터넷판에 보도 되었다(2003년 2월 7일자). 또한 2003년 12월 10일에 발표된 '인간 장기 이식용으로 형질 전환된 무균 돼지'도 6마리 모두 최대 이틀을 넘기지 못하고 폐사했다.[11]

이런 문제점이 나타나고 있는데도 인간과 동물을 결합한 이종 복제의 시도까지도 여러 곳에서 시도되었다. 2002년 10월 31일에 박세필 박사팀은 유전자 조작을 거친 인간 배아줄기세포를 파킨슨병에 걸린 쥐에 이식하여 정상 쥐와 같은 수준의 운동 능력을 회복하는 데 성공했다고 발표했다.

2003년 1월 27일에는 박세필 박사팀이 인간 배아줄기세포를 생쥐의 배반포기배(수정 후 4일째)에 주입한 뒤 대리모 자궁에 착상시키는 방법으로 모두 11마리의 '키메라 쥐'를 탄생시킨바 있다.

2003년 5월 2일에는 미국 펜실베이니아대의 한스 쵤러 박사가 이끄는 연구진은 쥐의 배아줄기세포를 이용해 인체 바깥에서 최초로 난자를 키워내는 데 성공, 이를 ≪사이언스≫(Science)에 발표했다. 이는 이론상으로는 폐경기가 지난 여성도 난자를 생산할 수 있다는 뜻이어서 불임 치료에 획기적인 전기를 마련한 것으로 평가된다. 또 수컷에서 떼어낸 세포로도 난자를 만들 수 있는 것으로 밝혀져, 남성 동성애자 커플도 대리모만 있으면 양측의 유전자를 모두 가진 아이를 가질 수 있다.[12]

---

[11] http://www.donga.com/fbin/output?search=1&n=200312100349.

[12] http://www.donga.com/fbin/output?search=1&n=200305030011.

2003년 미국 아이다호 대 고든 우즈 박사팀은 노새(아이다소 젬) 복제에 성공하였다고 발표했으며, 2003년 5월 28일에는 이탈리아에서 이탈리아 스파란트니 축산 연구소 체사레 갈리 박사팀이 말("프로메테이야")을 복제했다.[13] 암말의 피부 세포의 핵을 난자에 주입하는 체세포 복제 방식으로 850개의 수정란을 배양하고, 이중 세포 분열 단계까지 배양된 22개의 수정란을 다시 피부 세포를 제공한 암말의 자궁에 차례로 착상시켜 4마리를 성공시켰다고 한다. 이중 3마리는 유산되고 한 마리만이 살아남은 것이다. 또한 같은 해인 2003년 미국 텍사스 A&M대의 신태영 박사팀은 사슴("듀이") 복제에 성공하였고, 역시 2003년에 중국과 프랑스 공동연구팀은 쥐(rat, "랄프") 복제에 성공하였다.

2004년 4월 22일에는 도쿄 농대의 고노 도모히로(河野友宏) 교수 등 3명과 한국의 바이오 벤처기업인 마크로젠 박은성, 서울대 의대 서정선 교수 등 5명이 난자(卵子)만으로 쥐 탄생시킨 연구 결과를 《네이처》 (Nature) 온라인 판에 발표했다. 한일 공동 연구팀은 미성숙 단계에서는 난자와 정자의 유전자 구조가 거의 같다는 점에 착안, 쥐의 난모 세포 유전자를 조작해 정자에 가깝게 만들었다. 이 난모 세포를 성숙시켜 다른 쥐의 난자에 정자 대신 이식한 다음 화학 물질로 자극, 세포 분열을 일으켰다. 연구팀은 이어 배아를 성숙시키는 실험을 460회 실시한 끝에 쥐 10마리를 태어나게 하는데 성공했지만 제대로 자란 것은 한 마리에 불과했다. '아버지 없이' 태어나 건강하게 자란 15개월 된 쥐는 이후 정상적인 수정을 통해 12마리의 새끼를 낳았다고 한다.[14]

---

[13] http://www.donga.com/fbin/output?search=1&n=200308070049.

[14] http://www.donga.com/fbin/output?search=1&n=200404220160.

2002년 8월부터 시작된 한국에서의 개 복제 실험에서 스너피 (Snuppy)는 다른 개들과 같이 63일의 임신 기간을 거쳐서 2005년 4월 24일 제왕절개로 출생된 지 3개월째 되는 2005년 8월 4일 오전 2시(한국시간) ≪네이처≫(*Nature*)지에 발표되었다. 123마리의 암캐로부터 한 마리당 평균 12개의 난자를 채취하여 수캐의 체세포와의 융합을 하여 생성된 1,095개의 복제 수정난을 다시 난자를 제공한 여러 암캐들의 자궁에 주입하여 오직 3마리에게서만 임신되었다. 그런데 그 중 한 마리는 유산하고, 두 마리만 출산된 중에서 그 중 한 마리가 생후 22일째에 죽고 오직 스너피만 살아남은 것이다. 그러므로 이 경우의 복제 성공률은 0.09%(=1/1,095)이다. 이것은 개의 복제가 양의 복제나 다른 동물들의 복제보다 얼마나 힘든 것인지를 잘 보여 준다. 황우석 교수의 다른 연구에 대해서 상당히 부정적인 견해를 제시한 서울대 조사 위원회의 발표에서 이 복제 개의 복제 사실은 입증 가능한 것이라고 했으니, 동물 복제의 최신 연구가 생물 종으로는 13번째 복제로 언급되는 '개 복제'라고 할 수 있다.

II. 인간 복제(Human Cloning)와 관련된 시도들

1. 수정난을 이용한 인간 배아 복제의 시도

인간에 대한 수정란을 이용한 배아 복제의 시도는 1993년에 있었다. 미국 조지 워싱턴대학교(Univ. of George Washington)의 로버트 스틸만 박사(Dr. Robert J. Stillmann)와 게리 홀 박사(Dr. Gerry Hall)는 시험관 아기 시술 과정에서 인간의 배아가 4개의 세포로 분열됐을 때 이들을 인위적으로 갈라놓는 배아 분할(embryo bisection) 방법으로 똑같은 유전 정보를 가진 수십 개의 배아들을 2-8세포기까지 배양 복제하는 데 성공하였다.

그러다가 동물에서 체세포 이용한 복제의 방법이 1996년 7월에 성공하자 이를 성공시킨 영국의 로슬린 연구소에서는 1997년 7월에 양의 피부 세포를 이용해서 DNA 속에 인간 유전자를 삽입한 형질 전환 양을 복제하는 데 성공하여 사람 유전자를 지닌 양 '폴리'를 탄생시킨 바 있다.

본격적인 인간 배아줄기세포 연구는 1998년에 시작되었다고 할 수 있다. 제론사(Geron Cooperation)의 지원을 받은 위스콘신 대학교의 제임스 톰슨(James A. Thomson) 교수 팀이 1998년 11월 6일자 ≪사이언스≫(Science)에 시험관에서 수정해낸 인간 배아로부터 배아줄기세포를 배양해 내는 데 성공한 것을 발표한 일로부터 이 일 전체가 시작되었다고 해도 과언이 아니기 때문이다.[15]

존스 홉킨스 대학교의 존 기어하트(John Gearhart)도 인간 태아 조직으로부터 배아줄기세포를 배양해 내는데 성공했다는 연구 결과를 1998년 11월 *Proceedings of National Academy of Sciences*에 발표했다.[16]

같은 해인 1998년 12월에 경희대학교 불임클리닉의 이보연 교수팀은 시험관 아기 시술 때 폐기된 인간 난자에 인간 체세포 핵을 이식한 뒤, 4세포기까지 배양했다고 보고했다. 그러나 이 실험은 구체적인 증거가 부족한 것으로 여겨졌고 일반 매체에 발표하고 과학 전문지에서

---

[15] http://www.sciencemag.org/cgi/content/full/282/5391/1145. J. A. Thomson, et al., "Embryonic Stem Cell Lines Derived from Human Blastocysts," *Science* 282 (1998), 1145-1147, available at: http://www.sciencemag.org/cgi/content/full/282/5391/1145.

[16] http://www.achievement.org/autodoc/page/gea0bio-1

발표하지 않았으므로 다른 나라 연구자들에 의해서 무시되었다.

2. 핵치환 체세포 복제를 이용한 배아 복제의 초기 시도들

1999년 5월에 영국 로슬린 연구소의 윌머트 박사팀은 미국의 제론 사와 환자 이식용 세포 복제 기술을 개발하기로 하고 연구 중에 있으 며, 체세포를 이용하여 인간 배아를 여러 개 복제한 것으로 알려졌었 다. 또한 1999년 6월에 미국 ACT사는 인간의 체세포를 소의 난자에 주 입하여 이종 복제 배아를 만들고, (수정 후 5~6일이 지난 상태에 해당 하는) 배반포 단계까지 배양했다고 한다. 한국에서도 소의 난자를 이용 한 인간 배아 세포는 1999년 황우석 교수에 의해서 성공하였지만, 황 교수는 윤리적 논쟁이 일자 연구를 중단했다. 그러나 그는 2000년 8월 9일 당시 36살의 한국인 남성에게서 채취한 체세포를 이용한 복제 실 험을 통해 배반포 단계까지 배양하는 데 성공하고 이 기술을 미국 등 세계 15개국에 국제 특허를 출원했다고 발표한 바 있다.

2000년 8월 30일에 마리아생명공학연구소 박세필 박사는 시험관 아 기 프로그램에서 이식하고 남은 잔여 배반포 배아를 이용한 배아줄기 세포를 배양하여 심장 근육 세포로 분화시키는 데 성공하였다고 발표 했다.

2001년 9월 4일에는 미국 위스콘신대 의과 대학의 제임스 톰슨 박사 등 연구팀은 인간 배아줄기세포를 이용해 원시 혈액 세포인 조혈 전구 세포를 생성하는 데 성공했다고 했다.

2001년 11월 25일 미국 매사추세츠주 우스터의 어드밴스트 셀 테크 놀러지(ACT)사는 핵치환 체세포 복제 방법을 사용하여 최초로 인간 배아 복제를 하였다고 밝혔다. 이 회사의 로버트 랜자(Lanza) 의과학

개발담당 부사장은 "우리의 목적은 인간 (개체) 복제가 아니며, 생명을 구할 수 있는 다양한 기술을 개발하는 것"이라고 주장했다. 그들은 이렇게 자궁 착상 이전 상태의 인간 배아를 만들어내는 데 성공했으나 세포가 6개로 분열된 상태에서 폐기했다고 밝혔다.

2002년 3월 7일에는 마리아 생명 공학 연구소의 박세필(朴世必) 소장은 핵이 제거된 소 난자에 사람의 체세포 핵을 이식하는 "이종(異種) 간 핵 치환" 방법으로 사람의 유전 형질을 99% 이상 가진 배아 세포를 만들었다고 밝혔다.

3. 체세포 복제 방식을 이용한 인간 개체 복제의 시도들

2002년 4월에 이탈리아의 세베리노 안티노리(Antinori) 박사는 아시아 내 모처에서 세포가 20개로 분열된 복제 인간 배아를 만들어냈다고 《사이언티픽 아메리칸》지(誌) 4월호에서 주장했다. 그러나 이 같은 인간 배아를 인간 여성의 자궁에 착상시켰는지 여부는 밝히지 않았다. 얼마 후 그는 아랍 에미리트 연합(UAE)의 한 학회에서 복제 인간 배아를 자궁에 이식한 한 여성이 임신 8주째라고 발표했다. 이미 1994년 체외 수정을 통해 62세 할머니가 아이를 낳도록 했던 그는 2001년 말에 "2002년 3월 복제된 인간 배아를 자궁에 착상시킬 계획"이라고 공언했었다. 안티노리 박사는 미국의 파노스 자보스(Zavos) 전 켄터키대 생식 의학과 교수와 인간 복제 국제 컨소시엄을 구성하고 인간 복제 프로젝트를 추진해 왔다. 미 켄터키주 렉싱턴 소재 남성불임 전문 병원 <미국 남성병학 연구소> 소장인 자보스 박사는 2002년 5월 15일 의회 소위원회의 증언을 통해 "[인간 배아 복제] 기술이 현재 매우 급속도로 발전하고 있으며, 개인적 소견상 올해에는 힘들지만 내년에는 복제 아기가 태어날 수 있을 것"이라고 밝혔었다. 그는 자신이 미국 밖에서 운영하는 비공개 병원 중 한 곳에서 2002년 연말까지 한 여성에게 인간 배아를 임신시키고, 2003년에는 아기를 출산할 수 있을 것이라고 말했었다. 그러나 자신의 연구 활동 진척에 대한 구체적인 질문에 대해서 "나는 아직 인간 배아를 만들거나 배아 임신을 시키지는 못했다"고 설명했다.[17] 그는 또한 2004년 초에 암소 난자를 이용해 이종 교잡에 의한 인간 배아를 만들어 여성의 자궁에 착상시켰었다고 주장했으나 실패했다고 했다. 지금까지 그들이 이런 방법으로 복제 인간을 출생시켰다는 보고가 없는 것을 보면 아직까지 복제 인간을 출생시키는 시도는 성공하지 못한 것으로 보인다.

2002년 12월 26일에 라엘리안 집단에 속한 클로네이드 사의 브리지트 부아셀리 박사는 《AFP》통신과의 전화 인터뷰에서 미국 마이애미에서 인류 최초의 복제 아기 '이브'(Eve)가 제왕 절개로 태어났으며, 또한 곧 4명의 다른 아이들도 태어날 것이라고 주장했다. 이어서 그녀는 2003년 1월 3일에 네덜란드의 동성애자인 여자가 두 번째 복제 아기를 출생시켰다고 주장했으며, 22일에는 일본인 여인이 남자아이를 출생시켰다고 주장한 바 있다.[18] 또한 그해(2003년) 3월 25일에는 브라질에서 일본에서 태어난 아기에 대한 사진도 공개한 바 있다.[19] 그러나 그 아이들이 복제 인간임을 증명하는 증거들을 내어놓지 못했고, 이에 대한 그 어떤 보고도 과학적 증거 제시도 있지 않았다. 이와 같이 지금까지 인간 개체 복제를 해보려는 이들의 시도는 성공하지 않았고, 상당

---

[17] http://news.chosun.com/w21data/html/news/200205/200205170068.html.
http://www.donga.com/fbin/searchview?n=200205170052.

[18] http://www.donga.com/fbin/searchview?n=200301230028.

[19] http://www.donga.com/fbin/output?search=1&n=200303250148.

히 많은 생명 공학자들은 이런 인간 개체 복제 시도를 위험하고 무모한 것으로 여기고 한다.

4. 체세포 복제를 이용한 치료용 배아 복제의 최근 시도들

그러나 소위 치료 목적의 "배아줄기세포" 연구에 대한 관심은 계속해서 점점 늘어가고 있다. 2002년 10월 31일에 박세필 박사팀은 유전자 조작을 거친 인간 배아줄기세포를 파킨슨병에 걸린 쥐에 이식하여 정상 쥐와 같은 수준의 운동 능력을 회복하는 데 성공했다고 발표했다. 또한 2003년 1월 27일에는 인간 배아줄기세포를 생쥐의 배반포기배(수정 후 4일째)에 주입한 뒤 대리모 자궁에 착상시키는 방법으로 모두 11마리의 '키메라 쥐'를 탄생시킨 바 있다.

그리고 배아줄기세포 연구에 반대하던 미국 부시 대통령이 배아줄기세포 연구에 대한 연방 정부의 제한적 재정 지원을 승인한 뒤 처음으로 배아줄기세포 연구를 위한 지원금을 2002년 4월 26일에 지급했다고 한다. 줄기세포주(株)를 전세계 과학자들에게 나눠주고 줄기세포를 처리, 재생산 방법을 훈련시키도록 4개의 연구 기관에 3백 50만 달러를 지급했다고 토미 톰슨 미국 보건 복지부 장관이 밝혔다. 당시 미국 국립 보건원(NIH)의 지원금을 받은 연구 기관들은 조지아주 아테네의 브레사겐 자회사인 셀사우르스, 호주 멜버른의 ES 셀 인터내셔널, 샌프란시스코 캘리포니아 대학교, 매디슨의 위스콘신 졸업생 연구 재단 등 4 곳이었다.[20]

그리고 2004년 2월 12일에 서울대 황우석 · 문신용 교수팀은 미국

---

[20] http://www.joins.com/it/200204/29/200204291043525072500053005313.html.

피츠버그대 연구진과 공동으로 체세포를 복제한 배아를 이용하여 10여명의 난자 공여자로부터 기증받은 242개의 난자를 사용해서 하나의 인간 복제 배아를 형성했다고 보고하였다.[21] 그러나 2006년 1월 10일자로 발표된 서울대 조사 보고서에서는 이것이 체세포를 이용한 줄기세포주 수립이 아니고, 체세포 배아 복제 실험 과정 중에 아주 우연히 그리고 독특하게 일어난 난자의 처녀 생식의 경우라고 밝혔다.[22]

사실 미국 뉴욕의 코넬대 연구팀은 2004년 독일 베를린에서 열린 유럽 인간 생식-태생학 학회 연례 회의에서 쥐 실험 결과를 발표하며 쥐를 이용한 복제 실험에서 복제 배아가 발육상 심각한 장애를 갖고 있는 것으로 드러났다는 보고하면서 인간 복제의 위험성을 경고했다고 영국 ≪BBC≫ 인터넷 판이 2004년 6월 30일에 보도한 바 있다. 코넬대 연구팀은 시험관 수정과 같은 기존 인공 수정 방식과 배아 복제 방식의 두 가지를 이용해 생쥐 68마리의 난자를 수정시킨 후 발육 상태를 관찰했다. 그 결과 복제 배아는 수정 후 3~5일 경과한 배반포 단계까지 거의 도달하지 못했고, 유전적으로 비정상적인 패턴을 드러냈다. 연구팀장인 다케우치 다쿠미 박사는 "일반적인 인공 수정 방식을 이용한 배아에 비해 복제 배아가 발육 과정에서 현저한 손상이 나타난다는 사실을 발견했다"면서 "이를 통해 생식용 복제가 안전하지 않으며, 인간에 적용해서는 안 된다는 것을 더욱 확신하게 됐다"고 말했다. 유럽 인간 생식-태생학 학회 집행 위원장인 안드레 반 슈테어테그햄 박사는 "아기를 출산하기 위한 생식 복제를 금지해야 한다는 데는 절대적인

---

[21] Hwang et al., Science 303 (2004), 1669; Richard Mollard, "The First Report of Successful Human Nuclear Transfer for Stem Cells," accessed on June 6, 2005, available at: http://www.isscr.org/public/successful.htm.

[22] 2006년 1월 10일자 발표.

합의가 이뤄져 있다"면서 "지금까지 실험 결과들로 볼 때 인간 복제가 너무나 위험하다는 것은 명백하다"고 강조했다.[23]

2004년 4월에 미국 노스웨스턴 대학교(Northwestern University)의 리처드 버트(Richard K. Burt) 박사와 그의 동료들은 쥐의 배아줄기세포를 골수 세포와 혈액 세포로 변환시켜 면역력을 결여한 다른 쥐에게 주입하여 면역 기능을 갖게 하였다는 보고를 하였다.[24] 그런가 하면 스탠포드 대학교(Stanford University)의 떼오 코피디스(Theo Kofidis)는 인간 배아로부터 추출하여 배양해낸 심장 근육 세포들(heart muscle cells)을 쥐의 심장에 주입하여 별 거부 반응 없이 자라나고 쥐의 심장 세포와 조화롭게 자라나는 것을 확인했다고 2004년 5월 13일에 발표했다.[25]

또한 2004년 9월 23일에는 인간 배아줄기세포로 망막 세포를 만들었다는 연구 보고가 발표되었다. 미국의 생명공학회사 어드밴스트 셀 테크놀러지 사의 로버트 랜저 박사는 하버드 대학 연구팀이 인간 배아에서 채취한 줄기세포를 이용하여, 이를 시험관에서 망막 세포로 분화하도록 유도하는 데 성공했다고 발표했다.[26]

2004년 11월 19일 유엔 법제 사법 위원회격인 총회 6위원회는 19일 인간 배아 복제의 금지 여부를 둘러싸고 회원국내 갈등이 심각해짐에 따라 인간 배아 복제 문제에 대해 구속력 있는 조약 대신 형식적인 선언문만 채택하기로 최종 결정했다고 한다. 이탈리아의 중재안에 따르면, 유엔은 인간 복제에 대한 선언문을 만들기 위해 실무 그룹을 형성

---

[23] http://www.donga.com/fbin/output?search=1&n=200407010090.

[24] http://www.sciencedaily.com/releases/2004/04/040401081637.htm.

[25] http://www.eurekalert.org/pub_releases/2004-05/ama-esc050704.php.

[26] http://www.donga.com/fbin/output?search=1&n=200409240070.

하며, 실무 그룹이 작성한 인간 복제 선언문은 유엔 법제위의 승인을 받아 선포된다. 이 선언문에서 유엔은 개별 국가적 차원에서 인간 복제 대책을 마련할 것을 각국 정부에 촉구한다는 방침이다. 법제위는 선언문을 통해 각국 정부에 대해 "복제 과정 혹은 복제 연구를 통해 복제 인간을 만들려는 시도를 금지할 수 있도록" 독자적인 결정을 내리라고 촉구할 것이라고 말했다. 각국 정부는 생명과학 분야에서 언제나 인간의 존엄성을 존중하고, 특별히 여성이 수단으로 사용되지 않도록 보장해야 한다고 법제위는 말했다. 각국 정부는 인간의 존엄성에 반하는 생명공학기술을 금지하는데 필요한 조치를 취해야 한다고 법제위는 덧붙였다고 한다.[27]

미국 위스콘신 대학교의 쟝서천(Su-chun Zhang) 박사를 비롯한 연구자들은 인간 배아줄기세포에서 신경줄기세포를 분화시키고, 그로부터 운동 신경계(motor neurons), 그리고 그로부터 척추 운동 신경세포를 분화시키는데 성공하였다고 2005년 1월 30일자 ≪네이처 바이오테크놀러지≫(*Nature Biotechnology*)에서 보고하였다.[28]

호주에서 2005년 4월 13일에 기존의 인간 배아줄기세포로부터 3개의 배아줄기세포주를 얻는데 성공하였다는 보고가 있었다.[29]

2005년 5월에 벌코브스키(A. Bukovsky), 스베틀리코바(M. Svetlikova), 그리고 코우들(M.R. Caudle) 등은 배아줄기세포로 인간 난자를 만드는 데 성공했다는 보고하였다.[30] 이 난자는 핵치환술에 의해 다시 복제 배아를 만드는 데 사용되게 된 것이다.

---

[27] http://www.donga.com/fbin/output?search=1&n=200411200018.

[28] Cf. http://www.news.wisc.edu/packages/stemcells/10648.html.

[29] http://www.medicalnewstoday.com/medicalnews.php?newsid=22771

[30] A. Bukovsky, M. Svetlikova, and M. R. Caudle MR,. "Oogenesis in Cultures

영국 뉴카슬 대학교(Newcastle University)의 알리슨 머독(Alison Murdoch) 교수와 연구팀은 11명의 여성들로부터 기증된 난자를 이용해서 인간 배아를 형성했다고 2005년 5월 20일에 보고했다.[31] 그렇게 복제된 인간 배아 4중에서 3은 실험실에서 3일 동안 살아 있으면서 분화되었었고, 하나는 5일 동안 그리했다고 한다. 같은 해 5월 19일에 《사이언스》(Science)지에 발표된 황우석 박사 등의 연구가 조작된 것으로 밝혀지고 철회된 이 시점에서는 영국 뉴카슬 대학의 이 연구 성과가 인간 배아 복제 연구에서 가장 앞선 연구라고 할 수 있을 것이다.

III. 이런 기술을 어떻게 사용할 것인가?

그러나 이후에 자세히 논의되겠지만 모든 과학 기술은 우리가 그런 기술을 사용할 수 있다고 해서 다 사용하면 되는 것은 아니다. 생명 공학이 제기할 수 있는 여러 가지 문제를 다면적으로 생각하면서 윤리적 논란을 일으키지 않는 기술을 사용해야 한다. 지금으로서는 윤리적 문제와 의학적 문제를 일으키지 않으면서 인간들의 난치병을 치료하는 데 도움을 줄 수 있는 가능성이 가장 큰 것이 바로 성체줄기세포 연구이다. 그러므로 우리는 성체줄기세포 연구에 집중하여 과학 기술을 인류에게 참으로 유용하게 사용할 수 있는 과학 기술을 발전시키며, 그것을 적용시켜 나가야 할 것이다.[32]

Derived from Adult Human Ovaries," *Reprod Biol Endocrinol* 3/1 (2005 May 5):17, cited in John C. Martin, "Scientista Produce Human Eggs from Stem Cells," available at: http://fertilityneighborhood.com/content/in_the_news/archive_1212.aspx.

[31] http://news.bbc.co.uk/1/hi/health/4563607.stm. Cf. Reproductive and BioMedicine Online.

이와 같은 주장의 강하게 하기 위해서 다음 장에서는 인간 개체 복제와 배아 복제의 문제점들을 윤리적 입장과 신학적 입장에서 좀 더 구체적으로 논의해 보도록 하겠다.

---

[32] 이에 대한 좀 더 자세한 논의는 이 책의 제 5장인 "인간 줄기세포 연구의 현황과 기독교적 반응"에서 자세히 하기로 한다.

제4장

인간 복제 문제에 대한
신학적 한 의견

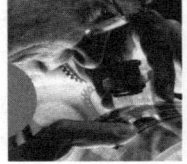

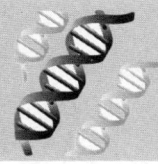

인간 복제 문제에 대한
신학적 한 의견

1997년 2월호≪네이처≫(*Nature*), vol. 385에, 1996
년 7월 5일 오후 4시에 영국 에든버러의 로슬린
연구소에서 체세포 복제 방식으로 태어난 체중 6.6킬로그램의 핀도셋
종 새끼 양 돌리에 대한 보고가 실렸다.[1] 이후 온 세계가 관심을 기울이

---

[1] 이에 대한 설명과 분석으로 초판의 <자료 1>로 실린 "생명 복제 연구의 현황: 생명 복제
기술의 간략한 역사", 134-35; 조인래, "인간 복제의 방법과 역사", 박상은 편, 『생명 의료 윤
리』, 제2판 (서울: 한국누가회 문서출판부, 1999), 269-70 등을 보라. 또한 체세포 복제술에 대
한 일반적 기술적 설명으로는 다음을 보라. James A. Byrne & John B. Gurdon,
"Commentary on Human Cloning," in http://www.reproductivecloning.net
/cgibin/ikonboard/ ikonboard.cgi?s=3c9bd7006cc1ffff;act=ST;f=1;t=57; 황우석, "체세포
복제 기술의 특성 및 산업적 이용", 생명 복제 기술에 관한 합의회의 전문가 Workshop (1999
년 4월 16일 / 유네스코회관 회의실): 3-6.
　"성체의 체세포핵을 분리해 내어 여러 가지 처리를 거쳐 재프로그래밍 시킨 후 수핵 세포질

게 된 체세포 복제 방식을 이용한 복제 연구가 지금까지 여러 사람의 관심의 대상이 되고 있다.

영국에서는 연구와 실험을 위한 인간 배아줄기 복제를 허용하는 법안이 통과되었고(2001. 1. 22)[2], 상원 특별위원회의 보고도 나와(2002. 2. 27)[3] 인간 배아 복제가 현실적으로 가능하게 되었다. 이에 뒤질세라 독일에서는 의학적 · 유전 공학적 연구 목적으로 인간 배아줄기세포의 제한적 수입을 허용하고(2002. 1. 30)[4], 캐나다에서도 실험을 위한 인간 배아줄기세포 연구를 허용하려 한다는(2002. 3. 3) 소식이 들리고 있다.[5] 한동안 연방 정부의 재정적 지원을 중단하고 있던 미국에서도 인간 배아 복제 연구에 제한적 재정 지원을 시작하였다(2002. 4. 26).[6] 또한 학문적으로 아직 검증되지 않아 많은 과학자들은 의심의 눈초리로 바라보지만, 이탈리아의 산부인과 의사인 세베리노 안티노리(Severino Antinori) 박사는 아랍에미리트 연합(UAE)의 한 학회에서 "인간 복제 프로젝트에 참여한 한 여성이 임신 8주째를 맞았다"고 2002년 4월 7일에 밝혔다.[7] 그는 2002년 4월 24일에 이탈리아 공영 TV 방송의 한 토크쇼에서 증거를 제시하지 않은 채 3명의 복제 배아가 옛 소련에 속했던 공화국 여성 2명과 이슬람권 여성 1명의 자궁에 착상되

(사람, 혹은 다른 동물의 난자)과 수정시켜 새로 분화하게 만드는 방법"인 체세포 복제 문제에 대한 가장 일반적인 설명으로 필자의 "생명 복제 문제에 대한 신학적 한 고찰"(2002년 국제신학대학교 목회신학원 강의안)을 보라.

[2] 본서, 249f 참조.

[3] 본서, 256, 257 참조.

[4] 본서, 255, 256 참조.

[5] 본서, 258, 259 참조.

[6] 본서, 260f 참조.

[7] http://www.newscientist.com/news/news.jsp?id=ns99992138.

어 속에서 자라고 있다고 했다.[8] 그러나 지금까지 그와 관련된 그 어떤 개체 복제도 성공했다는 보고는 없다.

한국에서도 과학기술자문회의 산하 생명윤리위원회가 2001년 5월 18일에 시안을 마련하여 여러 번 공청회를 열고 논의되었던(엄격한 입장에서 보면 그다지 만족스럽지도 않지만 어느 정도의 규제를 포함하고 있는) 생명 윤리 기본법의 제정이 연기되었다.[9] 또 이와 같은 상황에서 2002년 6월부터 향후 10년간 줄기세포 연구를 위해 1000억 원을 투자하겠다는 정책을 결정했다는 소식[10]과 이 일을 주관할 "줄기세포 이용 기술 개발 사업의 단장에 서울대학교 의대 산부인과 문신용 교수를 임명했다"는 소식이 들리고 있다.[11]

또한 미국 부시 행정부가 인간 배아줄기세포 연구에 대한 연방 정부의 제한적 재정 지원을 2002년 4월 26일에 승인한 뒤 4월 29일에 4개

---

[8] http://www.donga.com/fbin/searchview?n=200204240118. 이에 대한 그의 동료 자보스 박사의 비평에 대해서는 http://www.joins.com/it/200204/28/ 200204280831578732500053005313.html, 그리고 http://news.chosun.com/w21data/html/news/200205/200205170068.html을 보라. 자보스 박사는 자신의 팀 외에도 "이탈리아 부인과 의사 세베리노 안티노리의 연구팀, 프랑스 화학자 브리지트 보아셀리에의 연구팀 등 미국, 이탈리아, 프랑스, 러시아, 중국 등 5개국 과학자들이 인간 배아 복제 경쟁을 벌이고 있다"고 하면서 아마 2003년에는 최초의 복제 아기가 나올 것이라고 했다고 한다.

[9] 이에 대한 박상은 선생님의 논평으로 다음을 보라: http://www.sangeun.co.kr/wwwboard-3.0.1/CrazyWWWBoard.cgi?db=pcolumn&mode=read&num=6; http://www.sangeun.co.kr/wwwboard-3.0.1/CrazyWWWBoard.cgi?db=pcolumn&mode=read&num=9.

또한 이승구의 논평: http://www.sangeun.co.kr/wwwboard-3.0.1/CrazyWWWBoard.cgi?db=gcolumn&mode=read&num=4.

[10] "기독교생명윤리위원회 5차 회의 자료," 2002년 2월 23일, 6. 또한 5월 16일자 과기부의 발표를 참조하라. http://www.donga.com/fbin/searchview?n=200205170108.

[11] 초판, 169를 참조하라.

연구 기관에 350만 달러의 연구비를 지급하자,[12] 한국의 생명 공학 연구팀들도 미국 보건원(NIH) 줄기세포등록원에 줄기세포주를 등록하고, 미국 보건원(NIH)으로부터 연구비를 공식 신청하려고 한다는 소식[13]을 접하면서 모든 의식 있는 이들은 생명 복제 문제를 좀 더 심각하게 반성하고 검토해야 할 필요성을 느끼게 된다. 따라서 이 글에서는 인간 복제와 관련한 몇 가지 문제를 논의의 기초 마련을 위한 확인된 사실들로 정리하고, 인간의 복제 시도에 대한 신학적 · 목회적 의견을 제시해 보고자 한다.

I. 논의를 위해 확인해야 할 몇 가지 사실들

1. 복제 인간과 원본 인간의 동일성 · 차별성 문제

인간 복제에 대한 현재까지의 연구에 의하면, 동일한 유전적 정보를 가진 개체를 출생시키려고 한다고 해도, 한 개체를 규정하는 데는 체세포핵의 유전자 정보만이 아니라 난자의 세포질(cytoplasm)도 영향을 미칠 수 있으므로 그 개체는 엄밀하게는 원개체와는 다른 사람이 된다. 따라서 그 개별성(individuality)이 부인되는 것은 아니라고 할 수 있다.[14]

---

[12] http://www.joins.com/it/200204/29/20020429104352507250005313005313.html.

[13] http://www.joins.com/it/200205/02/20020502090508020250005313005313.html.

[14] Cf. John S. Feinberg and Paul D. Feinberg, Ethics for a Brave New World (Wheaton, Illinois: Crossway Books, 1993), 445, n. 142. 또한 이승구, "생명 복제 문제에 대한 논평과 신학적 고찰", 기독교학문연구회 1999년 여름 집담회 발제문, 『신앙과 학문』 제4권 3호 (1999년 가을호), 48-49.

다시 말하자면 복제된 인간은 핵 제공자인 원형 인간과 그 유전자는 거의 동일하지만, 일반적인 경우에는 공여 난자의 세포질 내에 존재하고 있는 유전자, 즉 미토콘드리아(mitocondria) DNA도 함께 전해지기 때문에 이는 시간차를 가진 독립된 실체라고 할 수 있다.[15] 특히 포유류의 경우에는 99퍼센트의 미토콘드리아 유전자가 모계로부터, 즉 난자로부터 유전된다고 한다.[16] 또한 일반적으로 인간 개인의 발달에 미치는 환경적 요인도 고려하면, 복제된 개체의 개별성은 전혀 부인될 수 없다.[17]

특히 원개체의 기억 등 경험적 정보가 복제되는 것은 아니므로 결국 포괄적인 의미에서 다른 존재를 생성시키는 것이 된다는 것을 거의 모든 사람들이 인정한다.[18] 이에 대해서는 최초의 체세포 복제 양 월머트에 대한 논의가 시작되었을 때에 미국 생명윤리자문위원회가 빌 클린턴 대통령에게 제출했던 보고서를 참조하면 될 것이다. 이 보고서에서는 "마이클 조던들로 구성된 농구팀, 아인슈타인들로 구성된 물리학 연구팀, 파바로티들이 출연하는 오페라는 있을 수 없다"고 하면서, 영

---

[15] 김상득, "윤리학적 관점에서 본 생명 복제," 기독교학문연구회 1999년 여름 집담회 발제문, 『신앙과 학문』 제4권 3호 (1999 가을), 29. 비슷한 논의로 이상원, "인간과 유전 공학: 유전자 치료와 인간 복제에 대한 비판적 탐구", 제39차 한국 복음주의신학회 정기 논문 발표회 윤리분과 발제문 (2002년 4월 26일), 자료집, 91, 81f. 또한 오일환, "이종간 배아 복제 넘어야 할 산 첩첩", 오일환의 줄기세포 이야기, 《동아일보》, 2002. 3. 17일자: http://www.donga.com/fbin/searchview?n=200203170128.

[16] 오일환, in http://www.donga.com/fbin/searchview?n=200203170128.

[17] 특히 개별성이 부인될 수 없음을 강조하는 예로 Martin Labar, "The Pros and Cons of Human Cloning," Thought 59 (1984): 324-25; Kenneth Ferking, "Biomedical Ethics: A Sociological Response," Acad 36 (1979), 43을 보라.

[18] Cf. Ronald Cole-Turner, "At the Beginning," in Ronald Cole-Turner, ed., Human Cloning: Religious Issues (Louisville: Westminster/John Knox Press, 1997), 122-26.

국 로슬린연구소가 개발한 복제 양 돌리를 탄생시킨 기술은 유전자만 복제할 수 있을 뿐, 100퍼센트 똑같은 양이나 사람은 만들어 낼 수 없으며, 현재 생명 복제 연구는 비약적으로 발전했지만 기술의 한계점이 여전히 존재한다는 것을 분명히 했다.[19]

2. 복제 기술의 현재 수준과 이에 따른 문제점

아직까지 체세포를 이용한 복제 기술은 기술적으로 대단히 어렵고 실패율도 높다. 복제 동물 한 마리를 만들기 위해서는 난자 수백 개가 필요하며, 핵치환을 하여 수정란과 같은 상태를 만든다고 해도 그것이 제대로 세포 분열을 시작해 배아 단계로 들어가는 것은 수십 개에 불과하다.

황우석 교수는 복제 돼지의 경우를 예로 들면서 "통상 복제 돼지를 생산하기 위해서는 수십만 개의 복제 배아 생산과 수백 회 이상의 대리모 이식이 필요하다"고 설명한다.[20] 또한 그 배아를 자궁에 착상을 시킨다고 해도 많은 수가 임신 기간 중에 유산되거나 사산되며, 무사히 태어난다고 해도 기형이 많다.

쥐를 복제했던 미국 하와이대의 야마구치 교수팀의 경우, 274개의 복제란을 시도했으나 그 중에서 실제로 태어난 복제 쥐는 겨우 3마리였고, 이 중 2마리는 즉시 죽어버렸다. 또한 복제 양 돌리는 똑같은 실험을 거친 난자 277개 중에서 유일하게 성공한 경우다. 즉, 돌리를 성

---

[19] Cf. 진교훈, "생명 복제 기술의 윤리적·사회적 쟁점", 생명 복제 기술에 관한 합의회의 전문가 Workshop 제2발표문 (1999년 4월 16일 / 유네스코회관 회의실), 4-5.

[20] 황우석, "동물 장기 인간 이식 연구 어디까지 왔나?" 《중앙일보》 2002년 3월 27일자. http://service.joins.com/asp/article.asp?aid=1713908&serv=it&sect=science.

공시키기 위해 276개의 수정란이 파괴된 것이다. 2002년 2월 태어난 세계 최초의 복제 고양이 'Cc'의 경우만 보더라도 연구진은 188차례의 복제 시도 끝에 82개의 배아를 얻었지만 결국 태어난 것은 단 한 마리 뿐이었다고 한다.[21] 지금까지 시도된 동물 복제 실험에서는 일반적으로 말해서 자궁에 착상된 복제 동물 태아 6마리 중 5마리가 자연 유산되고 있다.[22] 이는 핵의 수정과 리모델링, 재프로그래밍 등의 과정에 있어 우리가 아직 모르는 부분이 많다는 것을 시사한다.

예를 들어서, 영국 에든버러의 로슬린연구소 연구원인 이안 윌리엄스(Ian Williams)는 1997년 7월 27일 영국의 ≪선데이 타임스≫(*The Sunday Times*)와의 회견에서 로슬린연구소의 실험에서 출생한 복제 양들의 대부분이 정상 체중인 4.75킬로그램의 2배에 달하는 9킬로그램이었다고 하고 "종종 몸체가 너무 커서 어미와 새끼의 건강을 모두 위협하는 사례를 본다"면서, 그같은 문제를 해결하기 위한 모든 시도가 실패했다고 말했다. 이처럼 세계 최초로 복제 양 돌리를 탄생시킨 영국의 과학자들은 복제 과정에서 몸체가 기형적으로 큰 데다가 그 생명이 오래 못 가는 동물이 종종 출현한다고 말한 것이다. 또한 우리는 바이오 해저드(Bio-hazzard) 문제, 즉 복제된 후 자라면서 원치 않는 유전적 기형이 되는 일종의 생물 재해의 문제를 말하지 않을 수 없다. 즉, 완전한 개체로 자라면서 발생할지도 모를 유전적 불안전성이 검증되지 않았다는 점을 강조해야 한다.

이와 동일한 문제들이 인간 복제 과정에서 그대로 나타날 것을 우려하면 우리가 어떤 결론으로 나아가야 하는지는 자명해 보인다. 동물 복

---

[21] http://www.donga.com/fbin/searchview?n=200302150039. 초판, 152-53 참조.

[22] http://www.donga.com/fbin/searchview?n=200302150039.

제에 관여하는 많은 과학자들이 이런 점에서 인간 개체 복제에로 가서는 안 된다는 의견을 많이 제출한다. 예를 들어서, 영국 로슬린연구소 그레이엄 불필드 소장은 돌리는 복제 성공률이 1퍼센트에도 못 미쳤다며, 복제 아기 하나를 탄생시키는 데는 많은 비용은 물론 400개 이상의 난자와 50명 이상의 대리모가 필요하다고 말했다(2000년). 또한 2001년 1월 인간 복제 계획을 발표한 이탈리아의 인공 수정 전문의 세베리노 안티노리 교수와 미국 켄터키대학 생식의학과 파노스 자보스 교수가 2001년 3월 9일 로마에서 인간 복제 계획을 논의하기로 했다는 보도가 나오자마자, 동물 복제 전문가들은 그동안 진행한 동물 복제 과정의 문제점과 극히 낮은 성공률을 지적하면서, "정상적인 인간 복제는 현재로서는 거의 불가능하다"고 말했다(≪워싱턴포스트≫, 2001년 3월 7일자). 전문가들은 그동안 소와 양, 염소, 돼지, 쥐 등 다섯 종류의 동물 복제 과정에서 95-97퍼센트가 심각한 문제를 양산하면서 실패로 끝났다고 지적하면서, 인간 복제도 이와 유사한 결론에 도달할 것이라고 했다. 미국 매사추세츠 케임브리지 화이트헤드 생체임상의학연구소에서 동물 복제 분야 선두 주자로 불리는 루돌프 제니시 박사는 "그들이 하려는 것은 범죄 행위에 지나지 않는다"고 비난했다고 한다.

그렇다면 그 후 수년이 지난 지금은 생명 공학 기술이 더욱 많이 발전했다고 할 수 있을 것인가? 근자의 보고들에 의하면 여건은 별로 나아지지 않은 것 같다.[23] 1976년의 노벨 생리 · 의학상 수상자로 현재 미

---

[23] Cf. "Reproductive Cloning: Just What The Doctor Ordered," *Washington Update*, Family Research Council, 2002. 4. 5: "There is a near consensus among scientists and medical ethicists that reproductive cloning is profoundly unethical at this state of development. Reproductive cloning of animals has produced numerous genetic defects in the offspring. If the woman's pregnancy produces a live newborn, it will probably

국항공우주국(NASA) 우주생물학연구소 소장을 맡고 있는 바룩 S. 블럼버그(Baruch S. Blumberg) 박사는 지난 2002년 2월 24일에 다음과 같이 말했다고 한다. "동물 복제의 경험으로 우리는 살아 있는 동물을 탄생시키기 위해 얼마나 많은 노력이 필요한지 깨닫게 됐습니다. 동물이 복제됐다 해도 그것들은 대부분 정상 동물과 달리 결함이 있는 동물들입니다. 복제 연구는 위험하다고 생각합니다. 유전 물질을 난소에 유입할 때와 유입된 이후에 예상치 못한 물질의 변화, 자궁 내의 영향, 태어난 이후 환경 영향 등으로 복제된 동물은 원래 정상 동물과 다르게 될 가능성이 큽니다."[24] 또한 2002년 3월에 나온 한 논문은 동물 복제의 경우에 근거해서 1998년의 보고에 따라 말하자면, 1퍼센트에서 최고 3퍼센트의 성공률이 있을 뿐이라고 말한다.[25] 그리고 근자의 옥스퍼드 대학교의 동물학자인 리처드 가드너(Richard Gardner) 박사는 《뉴사이언티스트》(New Scientist)에 기고한 한 연구 보고서에서 복제 인간을 출산한 산모는 악성 자궁암인 융모암막에 걸릴 위험이 있으며, 복제된 아기는 일찍 죽거나 심각한 장애를 지닌 채 살아가게 될 수 있다고 주장했다.[26] 더구나 근자에는 영장류의 생명 복제는 세포 분할 과정

---

suffer from one or more disabilities."

[24] http://www.donga.com/fbin/searchview?n=200202240097(블럼버그[Baruch S. Blumberg] 박사와의 이메일 인터뷰).

[25] James A. Byrne & John B. Gurdon, "Commentary on Human Cloning," in http://www.reproductivecloning.net/cgi-bin/ikonboard/ikonboard.cgi?s =3c9bd7006cc1ffff;act=ST;f=1;t=57: "Thus nuclear transfer from adult or specialized cells is usually only 1% efficient. Even the highest efficiency observed in reproductive mammalian cloning from adult donor cell nuclei does not exceed 3% (Wakayama et al., 1998)."

[26] 《동아일보》 2002년 4월 12일자 A. 10(국제)면. 또한 《뉴사이언티스트》의 인터넷 판의 다음 기사도 참조하라: http://www.newscientist.com/news/news.jsp?id=ns99992148.

에서 DNA가 정확히 둘로 나뉘어지지 않아 각각의 세포에 유전 정보의 과다나 결여가 발생하여 기형적인 형태로 자라게 되므로 성공할 수 없다는 보고도 나오고 있다.[27]

3. 복제된 배아의 지위 문제

자연적인 수정란과 그것이 성숙된 배아와, 체세포 복제 기술로 만들어진 수정란(reconstituted zygote)과 배아의 지위는 같은 것으로 여겨진다. 이것은 배아 복제를 찬성하는 이들과 찬성하지 않는 두 집단에 속한 이들 중 상당수가 동의하는 문제이다. 이런 입장에서는 체세포 복제된 배아도 역시 인간 수정란과 같은 윤리적 지위를 가진 것으로 여겨진다.[28] 일반적으로 체세포 복제를 하는 이들은 "수핵 난자와 공여핵도핵 이식과 전기적 자극에 의한 융합 과정을 통해 하나의 수정란으로 발육"[29]된다고 표현하기 때문이다. 이 경우에서는 '수태'(con-ception)가 성체의 체세포핵을 핵이 제거된 난자에 주입하는 순간에 발생한다고 말할 수 있다. 왜냐하면 이 때부터 46염색체가 모두 존재하며, 그 세포가 분할되어 자궁에 착상되면 아기로 성장하고 태어날 수도 있기 때문

---

[27] ≪동아일보≫ 2003년 4월 12일자 A2면.

[28] 이를 아주 분명하게 주장한 것으로 김상득, "윤리학적 관점에서 본 생명 복제,"『신앙과 학문』제4권 3호 (1999년 가을호), 36: "복제된 배아의 도덕적 지위는 체외 수정된 배아의 그것과 동등하다"; 이승구, "생명 복제 문제에 대한 논평과 신학적 고찰",『신앙과 학문』제4권 3호 (1999년 가을호), 48.

[29] 박세필, "생명체의 복제는 과연 다가오는 새로운 21세기에 꿈의 기술로 각광을 받을 것인가?", 기독교학문연구회 1999년 여름 집담회 발제문,『신앙과 학문』제4권 3호(1999년 가을호), 13-14.

이다.[30] 그러므로 결과적으로 보면 복제된 배아도 정상적으로 수정된 수정란과 같은 상태에 있는 것이므로, 그 둘은 생물학적으로나 윤리적으로 정확히 같은 지위를 가진 것으로 여겨져야 한다.

II. 두 가지 논점

여기서 우리의 논의를 첨예화하기 위한 두 가지 논점을 제시하는 것이 좋을 것이다. 두 가지 논점은 서로 연관된 것인데, 그 하나는 '도대체 인간 생명의 시작을 언제부터라고 볼 것인가' 하는 것이고, 둘째는 체세포 복제된 배아와 그 결과로서 태어난 복제 인간의 윤리적 지위에 관한 것이다. 이 중 첫째 문제는 우리의 논의 대상인 인간 복제 문제와 직접적으로 연관되는 것은 아니지만 생식과 관련된 선결 문제라는 점에서 가장 기본적인 문제로 여겨져야 한다. 따라서 우리의 모든 논의는 이 두 가지 문제에 대해서 어떤 입장을 지니는가에 의해서 상당히 다른 결론에 이르게 될 것이다. 이제부터 이 문제에 대한 첨예하고 중요한 논점을 정리하면서 개혁 신학의 입장을 제시해 보고자 한다.

1. 인간 생명의 시작에 관한 문제

먼저 가장 근본적인 문제인 인간 생명의 시작에 관한 논의는 결국 '인간 생명의 시작을 수정 순간으로부터 보는가, 수정 후 14일로부터 보는가, 수정 후 9-10주부터 태아의 성장과 성숙이 일어나는 태아기 (fetus period)부터로 보는가, 아니면 뇌파가 측정되는 수정 후 40일

---

[30] 이를 강조하는 표현으로 Feinberg and Feinberg, 251을 보라. 252도 보라.

전후부터로 보는가, 뇌간 기능이 시작되는 수정 후 60일부터라고 보는 가, 태아가 모체 밖에 나와서도 생존할 수 있는 시기로 보는가'의 논쟁 이지만, 윤리학적으로 가장 핵심적인 논의는 역시 인간 생명의 시작을 '수정부터로 보는가, 아니면 수정 후 14일부터로 보는가'의 문제라고 할 수 있다.

이에 대해서 개혁 신학을 중심으로 전통적 기독교에서는 성경의 가 르침을 존중하여 수정 때부터 인간적 생명이 시작하는 것으로 판단하 여 왔다.[31] 즉, 모든 인간의 수정란은 인간적 생명으로 간주된 것이다.

---

[31] 이런 입장을 잘 표명하는 논의로 John Jefferson Davis, *Evangelical Ethics: Issues Facing the Church Today* (Phillipsburg, New Jersey: Presbyterian and Reformed Pub. Co., 1985), 136f.; Robert Wennberg, *Life in the Balance: Exploring the Abortion Controversy* (Grand Rapids: Eerdmans, 1985), 54-79; Feinberg and Feinberg, 58f., 60, 62, 71-98, 234; Paul B. Fowler, *Abortion: Toward an Evangelical Consensus* (Portland: Multnomoh Press, 1987), 169f.; John M. Frame, *Medical Ethics* (Phillipsburg, New Jersey: Presbyterian and Reformed Pub. Co., 1988), 30f., 89-95; Helmut Thielicke, *The Ethics of Sex* (New York: Harper and Row, 1964), 227f., 237, 242; Stanley Hauerwas, *A Community of Character: Toward a Constructive Christian Social Ethics* (Notre Dame, Indiana: University of Notre Dame Press, 1981), 225, 227를 보라. 이 문제에 대한 정리로 이승구, "생명의 기원에 대한 신학적 논의", 성산생명의료윤리연구소 창립 제1주년 기념 세미 나 (1998년 12월 5일, 서울대학교 함춘 봉사관): 1-17 (이는 이승구의 『개혁 신학 탐구』(서울: 하나, 1999)와 『생명 의료 윤리』, 박상은 편, 제2판 (서울: 한국누가회 문서출판부, 1999): 94-122에 수록되어 있다)를 보라. 『생명 의료 윤리』의 다른 논문들도 이런 입장을 잘 드러낸다. 예 를 들자면, 강재성, "생명의 시작에 관련된 의학적 논쟁들", 92f.: "난자와 정자가 결합하기 전 에는 잠재적인 인간이라고 할 수 있으나 일단 결합하고 나면 그것은 실제로 사람이 되는 것이 다… 수정이 되면 새로운 생명체가 생겨나고 새로운 존재의 시작이다"; 최금희, "낙태와 생명 윤리," 특히 129; 강영수, "산부인과 의사와 낙태", 155-156; 신전수, "첨단 의학과 태아 조작", 특히 228f., 231f.; 조인래, "인간 복제의 방법과 역사", 258-282, 특히 266f.; 송인규, "인간 복 제로 인한 신학적 윤리적 문제점," 283-290, 특히 284. 그리고 부록으로 실린 <히포크라테스 선서>, 480과 세계 의학 총회의 <제네바 선언, 1948>, 483 등도 보라. 그리고 1999년 8월 21 일에 숭실대에서 열린 <생명 복제 문제에 대한 기독교학문연구회 집담회>에서의 이승구의 발

따라서 우리는 그것을 인간의 생명으로 존중하며 보호하고 돌보아야 할 의무를 지니게 된다. 이는 우리의 논의와 관련해서 매우 심각한 함의를 지니는 것이다. 우리는 앞에서 체세포 복제된 배아와 수정란의 윤

제문 "생명 복제 문제에 대한 논평과 신학적 고찰", 43-50과 1999년 12월 4일에 있었던 한국기독교사회 윤리학회와 성산생명의료윤리연구소 공동학술대회 발표문 중 박상은, "새로운 천년 도전 받는 생명 윤리", 『기독교 사회 윤리』 제2집 (1999): 14-28, 특히 20, 28; 문시영의 글과 특히 이에 대한 조인래 교수의 논평, 70-72, 특히 71; 그리고 "낙태에 관한 기독교 생명 윤리 선언", 73-74, 특히 73; 그리고 "생명 윤리 기본법에 대한 천주교, 기독교 공동 기자회견"(2001년 5월 23일)(전문:http://211.233.20.46/ pds/content.asp?id= 110&read=87&pagec=3&part =board12) , 그리고 성산생명의료윤리연구소의 2001년 연구소 설립 기념 심포지엄(2001년 12월 1일) 자료집인 『생명은 수정 순간부터』에 있는 강재성 선생님의 인사글, 이상원, "생명 윤리 논란에 대한 그리스도인의 자세와 전략", 강석범, "최근의 생명 윤리 논쟁에 대한 검토: 배아 복제 연구, 사후 피임약을 중심으로" 등을 보라. 그리고 올해(2002) 나온 성산생명의윤리 단기연수과정 자료집의 여러 글들도 참조하라(특히 이상원, 조인래, 이승구, 박상은의 글). 신동일, "배아 복제에 관한 법률적 고찰," 『배아 복제와 생명 윤리: 2002년 한국기독교의사회 주제 세미나 자료집』(2002): 10-21. 특히 13.

이외에도 천주교인으로 윤리학자인 서울대학교의 진교훈 선생님의 입장도 보라 (http://news.chosun.com/w21data/html/news/200205/200205080430.html). 또한 진교훈, "생명 복제 기술의 윤리적 · 사회적 쟁점", 생명 복제 기술에 관한 합의회의 전문가 Workshop 제2발표문 (1999년 4월 16일 / 유네스코회관 회의실)도 보라.

또한 한국누가회의 홈페이지(http://www.kcmf.org)와 그 중에서도 특히 학술 윤리부의 생명 윤리 관련 게시판(http://211.233.20.46/pds/list.asp?part=board12&group =kcmf_ethics), 특히 누가회 생명 윤리 지침 중 낙태에 대한 의견(http://211.233.20.46/ pds/content.asp?id=43&pagec=6&part=board12), 불임 치료에 대한 의견(http://211.233. 20.46/pds/content.asp?id=45&pagec=6&part=board12), 생명 복제에 대한 생명 윤리 지침 (http://211.233.20.46/pds/content.asp?id=46&pagec=6&part= board12) 등을 보라.

그리고 박상은의 홈페이지(http://www.sangeun.co.kr)에 실린 자료 참조. 특히 박병상 선생님의 글(http://www.sangeun.co.kr/wwwboard-3.0.1/CrazyWWWBoard. cgi?db=gcolumn&mode=read&num=8)을 보라. 그리고 성산생명의료윤리연구소의 홈페이지(http://www.bioethics.or.kr)와 낙반연의 홈페이지, 특히 생명에 대한 페이지 (http://prolife.or.kr/life_frame.html)도 보라.

리적 지위가 같다고 했다. 이 입장과 수정란을 인간으로서의 생명체로 여기는 입장은, 결국 우리들이 체세포 복제하여 인간 배아를 만들었을 때 그것을 인간적 생명체로 간주해야 한다는 결론으로 이끌어 간다. 따라서 인간 배아를 가지고 실험을 하거나 함부로 폐기하는 것은 윤리적으로 심각한 문제를 가진 것으로 판단할 수 있다.

이에 비해 수정 후 14일부터를 인간적 생명체로 여기는 이들은[32] 영국의 "워녹 보고서"에서와 같이 14일 이전의 배아를 가지고 실험을 할 수 있다고 여기며, 따라서 체세포 복제된 배아도 그와 같이 14일 이전 상태에 있을 때에는 실험을 할 수 있고, 그 이전에 폐기해도 아무런 윤리적 문제가 없는 것으로 여기게 되는 것이다.

그러므로 인간 생명의 시작을 수정 때부터로 보는가, 수정 후 14일부터로 보는가 하는 것은 매우 심각한 윤리적 함의를 지니는 것이다. 신학적 입장에서 필자는 수정 때부터를 주장하고 강조한다. 이제 이를 보충해 주는 의사들의 지적을 잠시 언급하고자 한다. 의료계에서 일반적으로 수정 후 14일을 강조하는 이유는 그 때 소위 원시선(primitive streak)이 나타난다는 것이다. 그러나 전문적인 입장에서 이 문제를 판단하는 이들은 이것을 그렇게 단순하게 말해서는 안 된다고 강조한다. 예를 들어서, 인천 도시생태 · 환경연구소 소장이기도 한 생명안전 · 윤리연대모임의 박병상 사무국장의 다음 말을 들어 보자.

---

[32] 이런 입장을 표명하는 이들의 대표적인 예는 다음과 같다: Paul Ramsey: "Santity of Life," *The Dublin Review* (1967), 4, n. 1; R. G. Edwards, "Fertilization of Human Eggs in Vitro: Morals, Ethics and the Law," *Quarterly Review of Biology* 49 (March 1974), 13f.; John Harris, "In Vitro Fertilization: Ethical Issues," *Philosophical Quarterly* 33 (July 1983), 222ff.

모든 배아는 수정 후 14일에 원시 생식선이 나타날까? 학자들은 아니라고 한다. 배아에 따라서 12일만에 원시 생식선이 나타나는 경우가 있고, 16일에 나타나는 경우도 있다고 한다. 온도, 습도, 영양분, 약품 처리와 같은 연구 조건에 따라 그 기간은 얼마든지 단축시킬 수도 늘일 수도 있다고 한다. 그렇다면 원시 생식선이 나타난 배아는 전문가의 눈으로 명확하게 구별할 수 있을까? 그렇지도 못하다. 원시생식선 출현 전후의 배아들은 서로 형태적 차이를 거의 드러내지 않는다. 따라서 연구 감시자는 원시 생식선이 나타나기 이전의 배아를 대상으로 연구를 실시했는지 많은 연구 기관에서 동시 다발적으로 진행하는 연구 과정들을 일일이 감독할 현실적 방안은 없다고 보아야 한다.[33]

또한 이 문제에 대해서 가장 강력하게 박상은 박사의 말을 인용해 보면 다음과 같다. "수정란 이후의 과정은 연속선상에 있는 것이므로 어느 한 순간을 선을 그어 이전과 이후로 나눌 수 있는 특별한 시점이 존재하지 않는 것이다. 그러므로 수정 시점을 생명의 시작으로 보는 관점이 가장 의학적이라고 생각한다. … 의학적으로 13일과 14일은 구별될 수 없으며, 14일과 15일 역시 이전과 이후의 생명의 기준으로 삼을 수 있는 변화가 있는 것이 아니다. 즉, 14일을 생명의 기점으로 잡는 행위는 논리적이지 못하며 인간의 생명을 정부의 결정에 의해 규정될 수 있는 하찮은 존재로 전락하게 되는 우를 범하는 것이다."[34] "…그동안 일 년에 150만 건 이상 자행되어 온 낙태도 생명의 시작 시점을 전배

---

[33] 박병상, "배아 복제에 따른 생명 윤리 판단 근거", inhttp://www.sangeun.co.kr/wwwboard-3.0.1/CrazyWWWBoard.cgi?db=gcolumn&mode=read&num=8.

[34] 박상은, "인간 배아 복제, 과연 윤리적인가?", 『성산생명의료윤리 단기연수과정 자료집』 (서울: 성산생명윤리연구소, 2002), 95.

아, 배아, 태아 등으로 점차 미루면서 생명을 살해하는 죄의식을 피하려 하고 있다. 하지만 이런 태아의 발달은 과학적으로 정확히 구별될 수 없는 것으로, 생명은 수정란 때로부터 임종에 이르기까지 어느 한 시점에서 구별될 수 없는 연속선상의 존재인 것이다."[35] 그러므로 우리는 수정 후 14일이 그 전후와 근본적인 차이가 없다는 것을 강조하는 이와 같은 전문가들의 의견에 좀 더 귀를 기울일 필요가 있다.[36] 따라서 우리는 성경과, 개혁 신학적 논의와 신앙을 가진 의료인들의 판단에 근거해서 인간 생명의 시작은 수정되는 순간부터라는 입장을 다시 강조하지 않을 수 없다. 즉, 수정되면서부터 하나님께서 인간의 영혼이 함께 하게 하시는 것으로 여겨야 하는 것이다. 그러기에 모든 수정란은 인간적 생명체인 것이다.

2. 복제된 배아와 복제 인간의 지위

두 번째 논점은 '복제된 인간은 온전한 인간으로 간주되어야 하는가, 아니면 인간 이하의 그 무엇으로 간주되어야 하는가?' 에 대한 것이다. 앞의 논의는 우리가 두 번째 논점에 답하는 데에 큰 초석이 된다. 인간

---

[35] 박상은, "새로운 천년 도전 받는 생명 윤리", 『기독교 사회 윤리』 제2집 (1999), 20.

[36] 또한 여기서 기독교 신앙을 가진 전문가들(의료인들, 법학자들, 생명 윤리학자들)이 이 점에 대해서 좀 더 분명한 입장 표명을 하고 합리적인 논거를 제시하는 논의를 하여 비전문가들의 바른 판단을 도울 책임이 크다는 점을 강조하고 싶다. 지금까지 우리나라에서는 아주 적은 수의 전문가들만이 이 문제에 대해서 아주 분명한 입장을 천명하며 논의해 왔다고 여겨진다. 그런 점에서 한국누가회, 성산생명윤리연구소, 생명을 사랑하는 산부인과 의사들의 모임 등의 활동, 그리고 운동으로서는 낙반연의 활동은 매우 중요하게 여겨져야 할 것이다. 앞으로 배아와 태아를 인간적 생명이 될 충분한 잠재력이 있는 존재라고 말하는 것 이상으로 말하여 배아와 태아의 '인간적 생명체' 로서의 지위를 분명히 하여야 할 것이다.

생명이 수정 때부터이므로 그와 동일한 상태를 가지고 있는 복제된 배아도 인간으로서의 생명으로 여겨져야 한다는 첫째 논의는, 복제된 배아와 그 결과로서의 복제 인간도 역시 우리와 같은 생명체라는 결론에 이르게 한다.

그런데도 이 문제와 관련해 기독교 내에서 체세포 복제에 관한 두 가지 다른 의견이 제기되어 왔다. 그 하나는 체세포 복제된 존재는 세포 덩어리나 인간 이하의 존재로 여겨져야 한다는 견해이고, 또 하나는 우리와 동일한 존재로 여겨져야 한다는 견해이다.

한 부류에서는 체세포 복제의 결과에 대한 여러 문제점을 우려하면서 그런 시도 자체를 못하게 하기 위해 체세포 복제된 존재는 온전한 사람이 아니라는 주장을 한다. 예를 들어서, 1999년 당시 천주교인권위원회 사무국장이었던 오창익 씨는 이렇게 말한다. "인간은 단지 세포 덩어리가 아니다. 그렇기 때문에 복제된 인간은 인간이면서도 인간이 아닌 그 무엇이 될 것이다."[37] 이렇게 주장하는 근본 동기는 체세포 복제로 개체 복제를 하지 않도록 하려는 것이다.

그런가 하면 역시 개체 복제를 못하게 하려는 동기에서, 개체 복제되는 존재가 우리와 동일한 인간임을 강조하는 목소리도 있다.[38] 체세포

---

[37] 오창익, "경희대 의료원의 인간 복제 실험 성공 주장에 대한 몇 가지 생각", 인간 복제에 대한 법적 대응 - 생명 공학 육성법 개정안 검토를 중심으로(참여연대 과학 기술 민주화를 위한 모임 주최 1999년 1월 18일) 시민 토론회 자료, in http://www.ksdn.or.kr/resource/eco/eco08/e080015.htm. 또한 기독교학문연구회 1999년 여름 집담회에서와 이에 대한 관찰 보고서에서 이상원 교수님은 이와 비슷한 입장을 표명한 바 있다. 근자(2002년 4월 26일)의 한국복음주의신학회 논문 발표회의 논의 중에서는 복제 인간이 실제로 나타날 때까지는 이 문제에 대한 논의를 중단할 것을 시사하셨다.

[38] 1999년 8월 21일에 숭실대에서 열린 '생명 복제 문제에 대한 기독교학문연구회 집담회'에서의 이승구의 발제문 "생명 복제 문제에 대한 논평과 신학적 고찰", 『신앙과 학문』 제4권 3호 (1999년 가을호), 48-50.

복제된 인간이 우리와 같은 인간이기에 우리는 인간 복제를 하지 못하도록 해야 한다는 것이다.

그리스도인에게서 나오는 서로 상반되는 두 가지 대답 모두는 그 목적하는 바가 같다고 할 수 있다. 개체 인간 복제에 반대한다는 것이다. 따라서 우리는 이 문제를 중심으로 입장이 나뉘어 있는 것을 우려하거나 걱정할 것이 아니라, 이 동일한 목적을 분명히 하면서 인간 개체 복제에 대한 공통된 반대 의견을 분명히 해야 할 것이다.

동시에 이렇게 생성된 존재의 지위가 수정되어 발달한 배아나 태아와 같은 지위라면 우리는 그들의 인간적 지위를 부인할 수 없다. 논리적으로 생각하면 인간적 생명체를 수정으로부터 보는 입장은 결국 복제된 인간 배아도 인간적 생명체로 여기게 하므로 그/그녀도 영혼이 주어진 우리와 동일한 인간임을 부인할 근거가 없는 것이다.

III. 생명 복제 문제에 대한 의견

1. 개체 복제의 문제점과 이에 근거한 의견 제시

이상의 사실과 논점에 근거해서 인간 복제 문제에 대한 신학적 · 목회적 의견을 제시해 보고자 한다. 먼저 개체 복제에 대해서는 이에 따르는 많은 문제를 다른 분야의 전문가들과 함께 지적하지 않을 수 없다. ① 자신의 존재와 상당히 유사한, 그리고 유전적 정보가 동일한 개체가 있다는 것이 가져다 줄 수 있는 (정체성의 혼란 및 위기 등을 포함한) 심리적 문제, ② 법적 · 관계적 문제와 가정의 위기 문제, ③ 복제된 존재의 권리(유일성과 개성의 박탈 문제)와 지위, 그 존재의 심리 등의 문제가 심각하게 제기 되고 있으며, ④ 현재의 기술로서는 핵의 수정과

리모델링, 재프로그래밍 등의 과정에 있어 우리가 아직 모르는 조작 과정으로부터 생길 수 있는 비정상성의 문제, 예를 들어서 복제된 존재의 조로(早老), 거대 체중 등의 문제 등으로 인한 여러 문제들, 그리고 결국은 ⑤ 인간의 존엄성과 자유 문제, 그리고 ⑥ 이를 허용하면 더 심각한 윤리적 문제가 또 따라 나오게 된다는―모든 윤리적 논의에 등장하나 특히 울산대 의대 인문사회의학교실 교수인 구영모 교수와[39] 김상득 교수가[40] 강조하는―미끄러운 경사길 논의 등이 지금까지 제기된 일반적인 문제점이다.

이와 같은 논의에 근거해서 개체 복제를 위한 배아 복제는 허용되어서는 안 된다는 과학자들과 윤리학자들의 의견에 찬성하면서, 신학에서는 보다 근본적인 문제로 ⑦ 과연 체세포 복제에 의한 개체의 생성이 창조의 빛에서 자연스러운 것인가에 대한 질문을 제기할 수 있다. 부자연스러운 증식은, 설사 그것이 가져다 줄 수 있는 유익이 많다고 해도 성경과 기독교적 관점에서 정당화될 수 없기 때문이다.

⑧ 더구나 지금으로서는 인간 개체 복제가 그렇게 쉽지 않을 것이라고 보고되고 있으므로, 이를 가능하게 하는 연구가 가져올 문제점이 더욱 많이 지적되어야 할 것이다. 우리는 위에서 이런 기술적인 문제들을 사실로 확인했고, 이에 대해서는 의사들과 복제 문제 전문가들이 더 정확한 사실을 제공할 수 있을 것이다. 아직 기술이 제대로 발달하지 않아 어떤 결과가 있을지도 모르는 상태에서 우리와 동일한 인간을 그/

---

[39] 구영모, "윤리적 관점에서", 서강대학교 개교 40주년 기념 심포지엄: 인간 복제와 생명의 존엄성(2000년 11월 16일), 2000년 11월 20일자 《문화일보》 Cf. http://biozine. kribb.re.kr/study/kis2000-11-19.html.

[40] 김상득, "윤리학적 관점에서 본 생명 복제," 『신앙과 학문』 제4권 3호 (1999년 가을호): 38-39.

그녀의 동의도 없는 상황 가운데서 그 위험에 노출시켜서는 안 되며, 그/그녀가 겪게 될 모든 심리적 · 법적 · 윤리적 문제를 그에게 부과하는 것이 옳겠는가 하는 점이 문제로 남는 것이다.

그런데 이런 문제점들에도 불구하고 지금도 이런 작업이 진행되고 있다. 우리가 앞에서도 말했지만, 이탈리아의 안티노리(Severino Antinori) 박사는 아랍에미리트 연합(UAE)의 한 학회에서 "인간 복제 프로젝트에 참여한 한 여성이 임신 8주째를 맞았다"고 밝혔다(2002년 4월 7일).[41] 여러 가지 정황으로 보아 이슬람계의 부유한 가정의 한 여인이 이 일에 관여하고 있는 것으로 짐작된다.[42] 안티노리 박사는 미국의 파노스 자보스(Zavos) 전 켄터키대학교 생식의학과 교수와 인간복제국제컨소시엄을 구성하고 인간 복제 프로젝트를 추진해 왔다. 앞으로 우리는 어떤 일을 목격하게 될 것인가?[43] 우리는 인간 복제의 시도를 하지 못하도록 그 위험성을 경고하면서 주의를 촉구해야 할 것이다. 물론 대부분의 복제 연구가들도 인간 개체 복제에는 반대한다.[44] 그러나

---

[41] Cf. http://www.religioustolerance.org/clo_rece.htm. 좀 더 자세한 보도로 http://www.reproductivecloning.net/cgi-bin/ikonboard/ikonboard.cgi?s= 3cb4c25df5d3ffff&act=ST&f=3&t=17&st=;http://www.newscientist.com/news/ news.jsp?id=ns99992138도 보라.

[42] 이는 로마의 Il Tempo의 과학 기자인 지안카를로 칼졸라리(Giancarlo Calzolari)의 추론이다. 이에 대해서는 다음을 보라. http://www.newscientist.com/news/news.jsp?id=ns99992138.

[43] 또한 Clonaid의 홈페이지를 보라. http://www.cloaid.com/. 그리고 게이들이 운영하는 클론 권리 홈페이지도 보라. http://www.clonerights.com/history_of_the_movement.htm.

[44] 예를 들어서 천주교 신자이고 마리아생명공학연구소 소장인 박세필 박사가 그러하고 (http://www.donga.com/fbin/searchview?n=200203190257), 서울대학교의 황우석 교수도 그런 입장을 표명한다(2001년 11월 29일자 《조선일보》 칼럼: http://news.chosun.com/w21data/html/news/200111/200111290462.html.

이 또한 미끄러운 경사길 논의의 대상이 되지 않을 수 없다.

2. 치료 목적의 배아 복제에 대한 의견

1) 배아 복제 자체에 대하여

그렇다면 개체 복제에로 나아가지 않는 배아 복제에 대해서는 어떻게 생각해야 하는가? '분화 전능성'(totipotency)을 가진 줄기세포 연구를 위해, 즉 순수하게 연구 목적을 위해 배아를 생성하는 것을 허용할 수 있을까? 체세포 복제 기술로 생명의 초기 단계인 '배아'를 만들어 그것을 가지고 실험을 하고 14일 이전에 폐기하는 것은 어떻게 되는가? 이 문제에 대해서는 우리가 위에서 언급한 바와 같이 자연적인 수정란과 그것이 성숙된 배아와, 체세포 복제 기술로 만들어진 수정란(reconstituted zygote)과 배아의 지위가 같다고 생각하는 것이 문제를 해결할 수 있는 방도가 될 수 있다고 여겨진다.

우리가 위의 논점에서 논의한 바와 같이, 성경적 입장의 기독교적 견해에서는 모든 인간의 수정란을 생명체로 여긴다. 그러므로 이런 입장에서는 인간의 수정란을 가지고 실험할 수 없다는 입장이 강조된다. 이는 수정 후 14일 전까지는 인간적 생명으로 여기지 않아도 된다고 생각하는 이들과의 심각한 논쟁을 낳을 수 있는 주제이다. 일반적으로 14일을 강조하는 이유는 그때 소위 원시선이 나타난다는 것이다. 그러나 우리가 위에서 살펴본 바와 같이 전문적인 입장에서 이 문제를 판단하는 이들은 이것을 그렇게 단순하게 말해서는 안 된다고 강조한다.

이런 입장에서는 체세포 복제된 배아도 역시 동일한 인간적 생명체로 여겨진다. 이 경우에서는 '수태'(conception)가 성체의 체세포핵을 핵이 제거된 난자에 주입하는 순간에 발생한다고 말할 수 있는데, 왜냐하면 이 때부터 46염색체가 모두 존재하며 그 세포가 분할되어 착상되면 아기로 성장하고 태어날 수도 있기 때문이다.[45] 따라서 그런 배아는 마음대로 방기될 수 없는 것이고, 그런 의미에서 핵 치환 기술에 의해 생성된 배아를 순전히 연구 목적으로 사용하는 것은 사람을 살인하는 것과 같은 것이다.[46] 그렇다면 우리는 체세포 복제로 배아를 복제하는 것도 시도되지 않는 것이 좋다는 결론에 이르러야 한다. 그것도 결국 인간을 대상으로 실험하는 것이며 더구나 관련된 사람의 동의를 받지 않고 실험하는 것이 되기 때문이다.[47]

특히 사람의 체세포핵과 동물의 난자를 사용하여 사람의 유전 형질을 가진 배아를 만드는 것은 반드시 거부되어야 할 것이다. 2002년 3월 8일에 마리아생명공학연구소의 박세필(朴世必) 소장은 "핵이 제거된 소 난자에 사람의 체세포핵을 이식하는 '이종(異種)간 핵치환' 방법으로 30대 여성의 귀세포에서 핵을 추출한 뒤 핵이 제거된 소의 난자에 이식해서 사람의 유전 형질을 99퍼센트 이상 가진 배아세포를 만들었다"고 밝혔다. 그것도 2001년 10월에 이미 성공했으나 발표하지 않고 있다가 과학기술부가 치료 목적의 인간 배아 복제 허용을 적극 검토하자 뒤늦게 이 사실을 밝혔다고 한다.[48]

사실 이와 비슷한 실험이 이미 1999년에 황우석 교수에 의해 시도되었으나 중단되었던 것이다.[49] 이런 시도가 계속 진행되는 것은 매우 우

---

[45] 이 점에 대한 강조로 Feinberg and Feinberg, 251을 보라. 252도 보라.

[46] 이 점에 대한 강조로 Feinberg and Feinberg, 251을 보라.

[47] 이 점에 대한 강조로 Feinberg and Feinberg, 251, 252를 보라.

[48] http://www.donga.com/fbin/searchview?n=200203080212.

[49] 이런 문제에 대한 황 교수의 최근 입장에 대해서는 2002년 3월 27일자 《중앙일보》에 실린 다음 글을 참조하라. "…돼지 장기의 표면에는 인간에게 급성 면역 거부 현상을 나타내는 알파 갈(α-GT)이라는 유전자가 있어, 인간이 돼지 장기를 이식 받을 경우 혈액 응고, 조직 괴

려할 만한 일이다.[50]

2) 세포 분화와 장기 개발을 위한 배아 복제에 대하여
그렇다면 배아 복제를 통해 특정 장기를 개발하는 것에 대해서는 어

사 등에 의해 사람이 죽게 한다.

따라서 학자들은 돼지의 세포로부터 이 면역 거부 유전자를 제거하고(녹아웃), 이 세포로 복제 돼지를 생산하려는 노력을 기울여 왔다. 이 과정을 요약하면, (1) 우선 돼지의 복제 기술이 필요하다. 그리고 특정 유전자를 넣은 세포로 형질 전환 복제 돼지를 생산해야 한다. (2) 이 기술을 더욱 심화시켜 궁극적으로는 이중 녹아웃 복제 돼지를 만들어야 한다. 그러나 돼지의 복제는 만만한 기술이 아니다.

수많은 연구팀이 수년에 걸친 경쟁 끝에 2000년 3월 PPL사에 의해 최초로 5두의 복제 돼지가 탄생됐다. 지난해에는 미국 미주리대학에 있던 한국인 과학자 박광욱 박사에 의해 최초의 형질 전환 복제 돼지가 등장했다. 초파리 유전자인 GFP를 세포에 넣고 이를 복제해 이른바 '노란 돼지'가 태어난 것이다. 올 1월 초에는 미국 미주리 대학과 영국의 PPL사에서 각각 녹아웃 복제 돼지도 탄생됐다.

그러나 (1) 이 또한 아직은 미완성 상태이며 (2) 암·수컷 모두 형질이 전환된 2중 녹아웃 복제 돼지를 생산해야 2차 관문을 통과하게 된다. (3) 2, 3차 면역 거부 현상을 극복하는 과제도 문제다. 또한 (4) 돼지에만 존재하는 바이러스 등 미생물이 이식 장기에 의해 인간에게 위험한 질병을 전염시키는 것을 막아야 한다. (5) 무균 돼지 사육 기술이 이 문제의 열쇠다. 이런 점들은 극복 가능성의 여부가 아니라 시기의 문제다.

국내에도 필자의 연구팀을 비롯해 여러 대학과 연구소에서 장기 제공용 돼지 연구에 몰두하고 있다. 금년 내에는 형질 전환 복제 돼지가, 내년쯤에는 외국보다 진전된 녹아웃 복제 돼지가 첫선을 보일 것 같다.

통상 복제 돼지를 생산하기 위해서는 수십만 개의 복제 배아 생산과 수백 회 이상의 대리모 이식이 필요하다. 그 후에 형질 전환 기술이 추가되고 녹아웃 기술까지는 그야말로 멀고 먼 길이다. 그렇다면 장기 교환의 꿈이 실현될 그 날이 언제일까? 그것은 50년~1백년 후가 아닌 바로 우리 세대에 도달할 것이다. '돼지의 심장, 간, 신장 또는 폐'를 몸 안에 달고 테니스를 치거나 수영을 하는 이웃을 보게 될 날이 그리 멀지 않았다."(http://service. joins.com/asp/ article.asp?aid=1713908&serv=it&sect=science)

[50] 이 문제에 대한 박상은 선생님의 비슷한 의견 표명으로 다음을 보라. http:// www.sangeun.co.kr/wwwboard-3.0.1/CrazyWWWBoard.cgi?db= pcolumn&mode =read&num=19. 또한 그의 "인간 배아 복제, 과연 윤리적인가?", 97도 보라.

떻게 생각해야 하는가? 마리아불임클리닉 박세필 박사는 냉동 배아에서 줄기세포를 확보한 뒤 이를 심장병 치료에 적용할 수 있는 심근 세포로 분화시키는 데 성공했다. 또한 비록 암소의 경우이지만 암소의 복제 배아로부터 배양된 치료용 신장과 심장이 거부 반응 없이 성공적으로 이식된 일도 있다.[51] 이런 작업이 심장병 치료에 도움이 될 수 있다면 이를 허용하고 지원해야 할 것인가? 이 문제 대해서 어쩔 수 없이 허용적인 태도를 가지려는 견해가 나타나고 있긴 하지만,[52] 우리는 이런 연구에 대해서도 역시 비판적인 입장을 취해야 한다. 왜냐하면 그것도 일단 배아에서 배아줄기세포(embryonic stem cell)를 확보한 뒤에 그것을 심근세포 등 우리가 원하는 세포로 배양하여 분화시켜 가야 하기 때문이다. 특정 장기를 배양하기 위해서는 일정한 수준까지 생명체를 키우다가 다른 부문의 성장을 차단해야 하는데, 이는 실제로는 우리의 목적을 이루기 위한 조작이므로 살인과 다를 바가 없는 것이기 때문이다.[53] 그러므로 우리는 치료 목적으로라도 분화 전능성을 지닌 배아줄기세포를 추출하거나 핵 이식을 통해 복제하는 것을 반대해야 한다. 이는 2000년의 유럽 의회의 입장이기도 하다. 그리고 결국 모든 목적의 배아 복제가 생명체의 경시 풍조를 몰고 올 것이기에 매우 주의해야 한다.

---

[51] http://www.donga.com/fbin/searchview?n=200206030098. Nature Biotechnology 최근호를 인용한 《동아일보》 2002년 6월 3일자 기사.

[52] 예를 들어서 다음을 보라. 김상득, "윤리학적 관점에서 본 생명 복제," 40. "특별한 주의가 요망되기는 하지만, 적어도 이론적으로는 전배아 복제를 통한 장기 생산에 반대하기는 어려울 것"이다.

[53] 월터 그룹, 환경운동연합의 "생명 공학 육성법 개정안에 대한 의견서"에서도 같은 의견이 제시되었다.

3. 대안: 성체줄기세포 연구

그렇다면 기독교계에서는 아무런 대안도 없이 그저 반대를 위한 반대만 하는 것인가? 그렇지 않다. 많은 사람들의 오해와는 달리, 기독교의 바른 신학은 진정한 학문의 발달과 그 일부로서 의학의 발달에 반대하지 않는다. 줄기세포 연구와 관련해서는 이제까지 우리가 논의한 바와 같이 많은 문제를 지닌 배아줄기세포 추출과 연구의 대안으로 떠오르고 있는 것으로 성체줄기세포 연구가 있다. 성체줄기세포는 탯줄이나 태반 외에 중추 신경계 등 각종 장기에 남아 성장기의 장기 발달과 손상시의 재생에 참여하는 세포이다. 우리나라의 과학기술부 시안은 "정부 차원에서 성체줄기세포 연구는 적극 지원하며", "배아줄기세포 연구도 가능한 한 성체줄기세포 연구로 유도"한다는 내용을 담고 있었다(2001. 5. 31).

2001년 10월 18일 참여연대 시민과학센터(소장 김환석, 국민대 사회학과 교수)가 "인간 줄기세포 연구의 가능성과 한계 및 대안"이란 주제로 한국방송통신대학교에서 개최한 심포지엄에서도 성체줄기세포 연구자인 서울대 강경선 교수(수의과)는 "성체줄기세포 연구의 의학적 가능성이 알려진 것보다 뛰어나다"고 하면서, "윤리적 문제를 안고 있는 배아줄기세포 연구의 대안으로 성체줄기세포 연구가 필요하다"고 밝혔다.[54]

이는 2001년 8월 호주의 연구팀이 쥐의 뇌 조직에서, 캐나다 연구팀이 쥐의 피부 조직에서 각각 줄기세포를 추출, 이것으로 신경 조직과

---

[54] 또한 강경선, "성체줄기세포 연구와 생명 윤리 문제의 극복 방안," "생명은 수정 순간부터: 2001년 연구소 설립 기념 심포지엄" (2001년 12월), 5-9의 논의도 참조하라.

근육 등을 만드는 데 성공했다고 학계에 발표한 것, 그리고 이에 고무된 호주 정부가 성인 줄기세포 연구를 위한 국립첨단세포공학센터를 설립하겠다고 발표한 것(≪조선일보≫, 2001. 8. 23) 등과 연관된 일이다.

강경선 교수는 또 다른 발제문에서 자신이 "인간 유방 줄기세포의 존재를 확인한 것을 비롯해 전 세계 과학자들은 정상 성인의 몸에서 골수 이외의 장기에도 장기나 조직을 만들 수 있는 성체줄기세포의 세포군이 있다는 사실을 확인하고 있다"고 했다. 또한 1998년 ≪사이언스≫(Science)에 발표된 뼈 속 줄기세포가 근육세포로 변환될 수 있다는 페라리의 연구 결과와 2000년 Natue Medicine에 발표된 뼈 속 줄기세포가 간장세포로 분화한다는 사실에 대한 라가세의 연구 결과를 소개하면서, "성체줄기세포의 유용성이 배아줄기세포에 뒤떨어지지 않는 다는 점이 확인되고 있다"고 했다.[55] 박상은 박사도 비슷한 의견을 다음과 같이 개진한 바 있다.

물론 난치병과 희귀병 환자를 치료하기 위한 줄기세포 연구는 계속되어야 한다. 문제는 이러한 줄기세포가 인간 배아 복제가 아니면 전혀 구할 수 없는 것인가 하는 질문이다. 하지만 많은 과학자들이 인간 배아 복제의 대안으로 성체줄기세포와 태반과 탯줄에서의 추출을 시도하고 있으며 국내에서도 이미 성체줄기세포 연구가 활발히 진행되어 상당 부분 성공을 거두고 있다. 인간 생명을 해치지 않는 범위 내에서 과학을 발전시키는 일은 얼마든지 가능하리라 확신한다. 처음에는 좀 더디 걸리는 것 같더라도, 윤리적인 방법이야말로 과학의 발전을 더 견고하게 하는

---

[55] 강경선, "성체줄기세포와 생명 윤리 문제의 극복 방안" (2001년 성산생명의료윤리연구소 설립 기념 심포지엄: 생명은 수정 순간부터, 2001년 12월 1일), 7.

것이라 믿어 의심치 않는다.[56]

현재로서는 성체의 줄기세포 연구가 배아줄기세포 연구를 대체하는 유력한 대안이 될 수 있는 것이다.[57] 복제 양 돌리를 성공시켰던 영국의 생명 공학 회사 PPL이 최근 성체줄기세포에 대한 연구를 대규모로 시작했다고 한다.[58] 이는 의미 있는 진전이다. 더구나 2002년 5월 9일에 미국에서 지방 흡입술에서 나온 체지방으로부터도 줄기세포를 추출했다는 보고[59]가 있으므로 앞으로 성체줄기세포 연구의 가능성이 크다고 판단된다.

그러나 성체줄기세포 연구가 배아 연구에 대한 윤리 논란을 피하면서 줄기세포 추출이 가능한 방법이지만, 아직 세계적으로도 걸음마 단계이며 체세포핵 이식과 달리 거부 반응 등의 문제가 예상된다고 하는 사람(황우석 교수)들도 있다.[60] 그러나 강경선 교수는 "자신의 조직의 일부에서 세포를 떼어내 시험관 내에서 줄기세포를 분리한 후 증식시

---

[56] http://www.sangeun.co.kr/wwwboard-3.0.1/CrazyWWWBoard.cgi?db=pcolumn&mode=read&num=17.

[57] 이와 비슷한 의견의 진술로 이상원, "인간과 유전 공학: 유전자 치료와 인간 복제에 관한 비판적 탐구," 『제39차 한국복음주의신학회 정기 논문 발표회 자료: 21세기 한국 복음주의 신학의 방향과 과제』(2002년 4월 26일-27일), 91, 95를 보라.

[58] 오일환(가톨릭대 의대 세포유전자치료연구소장), "줄기세포의 치유 능력에 거는 기대", ≪동아일보≫ 2002년 4월 28일자. http://www.donga.com/fbin/searchview?n=200204280115.

[59] http://www.joins.com/it/200205/10/20020510101836323250005313.html. Cf. MSNBC internet.

[60] 가톨릭 의대 세포유전자치료연구소 소장인 오일환 소장도 비슷한 견해를 말한 바 있다. http://www.donga.com/fbin/searchview?n=200203310101.

켜 이용하기 때문에 이식 거부 반응이 전혀 없다"고 주장한다.[61] 그러나 성체줄기세포의 분리는 배아줄기세포의 분리보다 매우 복잡하고 까다롭다. 그리고 일단 분리된 줄기세포가 분화하지 않고 성장만 할 수 있도록 하는 기술도 더 발달되어야 한다. 일반적으로 줄기세포를 몸 밖으로 꺼내면 쉽게 분화되거나 죽어 버리기 때문이다. 그러므로 "시험관 내에서 분화가 억제된 채로 증식된 줄기세포를 원하는 세포나 장기 조직으로 변환시킬 수 있는 길을 밝혀야" 한다는 것이다.[62] 더구나 2002년 2월 27일, 영국 상원 특별위원회 보고서에서와 같이 성체줄기세포를 이용한 최근의 과학적 성과에 대해 환영을 표시하면서도, 이 연구의 가능성을 현실화하기 위해서는 최대 14일까지 배양된 배아에 대한 연구가 계속돼야 한다는 입장이 더 강화되지 않을까 하는 우려를 동시에 표명해야 한다.

4. 동물 복제와 실험은 어떻게 보아야 하는가?

이 문제에 대해서는 기본적으로 누가회의 초기 이해에 동의한다. "동물에 있어서의 복제도 그것을 인간 복제에 적용할 위험이 있으므로 엄격하게 제한되어야 한다." 그렇지 않으면 우리는 언제나 그렇듯이 시간이 지나면서 '미끄러운 경사길' 을 내려오게 될 것이기 때문이다.

특히 "한 해 동안 국내 동물 실험실에서 쓰이는 마우스, 래트, 토끼, 모르모트 등의 동물은 대략 300만-400만 마리가 될 것"이라는 한국실험동물학회의 추산 보고는 우리들로 하여금 동물 실험 역시 많이 자제

---

[61] 강경선, "성체줄기세포와 생명 윤리 문제의 극복 방안", 8.

[62] 이상의 두 가지 문제는 강경선 교수 자신이 제시하고 있는 것이다. 강경선, "성체줄기세포와 생명 윤리 문제의 극복 방안", 9.

해야 할 것을 생각하도록 한다. 심지어 "한국은 연구자들 사이에서도 '동물 실험의 천국'으로 불리고 있다"고 하는데 이는 언젠가 국제 무대에서 심각한 논란의 단초로 떠오를 수도 있을 것이다. 동물 보호 활동가인 박창길 성공회대 교수는 "한 실험실에서는 남은 동물을 처리할수 없어 실제 필요한 1,500마리보다 많은 3,000마리를 모두 실험에 썼다는 보고가 있을 정도로 불필요한 동물 실험도 자주 이뤄지고 있다"고 말했다. 최근 식품의약품안전청의 설문 조사 결과를 보면, 응답한 연구 기관 137곳 가운데 동물실험운영위원회를 둔 곳은 37곳(21.6%)에 불과했다. 또 실험 동물의 사육·실험 지침서를 마련한 곳은 81곳에 머물러 대부분 아무런 지침조차 없이 동물 실험을 하고 있는 것으로 나타났다고 한다. 이런 가운데 식품의약품안전청은 한국실험동물학회와 공동으로 실험 동물의 복지를 개선하며 동물 실험을 과학화하자는 취지의 '실험 동물법'(가칭) 제정 추진을 시도한다는 것은 의미 있는 활동으로 여겨진다.[63]

초안된 법안에 따르면 우선 국내 대학이나 연구소가 동물 실험실을 설치하려면 반드시 식품의약품안전청에 신고해야 한다. 또한 동물실험위원회를 별도로 설치한 후 동물 실험이 꼭 필요한지와 실험 방법이 정당한지 등을 심사해 동물 실험 실시 여부를 결정하도록 하고, 실제 동물 실험을 하는 경우에도 될 수 있는 한 최소한의 실험 동물을 사용하도록 규정하고 있다. 특히 실험 동물에게 만성적 고통이나 불안 등을 초래할 가능성이 있는 실험이 끝난 뒤에는 이 동물을 안락사 시키는 등 고통을 최소화할 수 있는 방법에 따라 처리하도록 법안은 명시

---

[63] Cf. http://www.hani.co.kr/section-010100007/2001/12/010100007200112261847001 html. 2002년 2월 1일에 의원 입법할 예정이라는 보도가 있었다.

하고 있다.[64]

우리 나라에서도 "될수록 동물 실험을 대신할 다른 실험 방법을 찾을 것(replacement), 될수록 동물 실험의 횟수를 줄일 것(reduction), 될수록 실험 동물의 고통을 줄이는 방법을 찾을 것(refinement)" 등 3가지 원칙(3R)을 적용하여 실험 동물의 복지를 좀 더 고려하는 방향으로 나아가야 할 것이다. 그러므로 동물 실험과 복제는 이런 원칙이 지켜지는 엄격한 규제와 감독 가운데서 이루어지도록 해야 할 것이다.

IV. 결론

이상으로 우리는 체세포 복제된 사람이 원형 인간과 유전자 정보만 같은 사람이지 모든 면에서 동일하여 정체성의 문제를 일으키는 것은 아니며, 그러나 체세포 복제 기술이 가진 많은 문제가 아직도 상존하고 있고, 복제된 배아는 근본적으로 수정란과 그 윤리적 지위가 같다는 세 가지 사실을 살폈다. 또한 수정란과 같은 지위를 가지고 있는 복제된 배아도 인간적 생명체로 여겨져야 한다는 논점에 근거해서 아래와 같은 의견을 제시하였다.

① 인간 개체 복제를 해서는 안 된다.
② 배아 복제를 해서는 안 되고, 배아 복제로부터 줄기세포를 추출하는 것도 결국은 인간적 생명체를 이용하는 것이므로 금해져야 한다.
③ 따라서 줄기세포 연구는 성체줄기세포 연구로 전환되어 집중 연구되어야 한다.

---

[64] http://www.joins.com/politics/200202/18/20020218071154990213013501352.html.

④ 동물의 복제 실험은 허용될 수 있지만 그것도 엄격한 감독 아래서 시행하여야 하고, 특히 아직 임상 실험이 되지도 않았고 하기도 어려운 유전자 변형 시도는 될 수 있는 대로 억제해야 한다.

근자에 유전자 조작 옥수수(T25)를 먹은 병아리가 보통 옥수수를 먹은 병아리 보다 2배나 많이 죽었다는 식용 안정성 테스트 결과의 보도는,[65] 그 통계의 신뢰도에 대한 논란이 있음에도 불구하고 우리들이 이런 변형의 시도에 있어서 얼마나 주의를 기울여야 하는지를 잘 보여 주는 보고라고 할 수 있다. 그러므로 우리는 인류의 생명을 우리가 모르는 위험에 노출시키는 무모함이 아닌, 천천히 진전하더라도 진정 생명을 위하고 보호하는 방향으로 생각하도록 노력해야 할 것이다.

---

[65] 신동호, "유전자 조작 옥수수 안정성 논란", 《동아일보》, 2002년 5월 13일자, A 22면.

제5장
인간 줄기세포 연구 현황과
기독교적 반응

인간 줄기세포 연구 현황과
기독교적 반응

오늘날 전 세계적으로, 그리고 우리나라에서도 인간 줄기세포에 대한 연구에 많은 이들의 관심이 집중되고 있다. 그런데 상당히 많은 경우에는 인간 줄기세포 연구가 지금 어떤 단계에 와 있는지를 생각하지 않은 채, 더구나 그것이 윤리적으로 어떤 함의를 지니고 있는지를 생각하지 않은 채 이곳저곳에서 들려오는 소식에 따라 장밋빛 희망만을 키우는 일이 많다. 이런 일은 그리스도인들 사이에서도 별 차이가 없는 경우가 많아서 우리의 우려를 더 낳게 한다. 인간 줄기세포에 대한 논의를 하면서 제일 중요한 일의 하나라고 생각된 문제는 오늘날까지 진전된 줄기세포 연구의 현황을 제대로 파악하는 일이다. 이런 일이 선행되어야 성체줄기세포 연구는 인류에게 별로 공헌하지 못했거나 공헌할 것 같지 않으니 이제는 배아줄기세포 연구에 진력하자는 논의가 나오는 것을 효과적으로 반박할 수 있을 것이다. 따라서 이 글에서는 (1) 지금까지 진행된 줄기세포 연구의 현황을 분석하여, 성체줄기세포 연구가 배아줄기세포 연구보다 인간의 난치병 치료에 더 빨리, 그리고 더 유용하게 사용될 수 있다는 점을 드러내고자 한다. 그리고 이런 현실적 유용성을 밝힘으로써 (2) 배아도 인간이라고 보는 기독교적 관점에서는 근본적으로 배아줄기세포 연구가 허용될 수 없으므로, 이를 성체줄기세포 연구로 전환해야 한다는 주장을 지지하는 또 하나의 강하고도 좋은 근거를 제시해 보고자 한다.

인간의 몸은 220여 종의 다른 세포들로 구성되어 있다고 여겨진다. 그 220여 종의 각기 다른 세포들을 형성하게 되는 세포를 줄기세포 (stem cells)라고 한다. 그러므로 줄기세포는 각각의 다른 세포들로 분화할 수 있는 분화 가능성을 지닌 아직 분화되지 않은 세포 (undifferentiated cells which retain the potential to differentiate into other cell types)이다. 1998년에 위스콘신 대학교(The University of Wisconsin-Madison)와 존스 홉킨스 대학교(Johns Hopkins University)의 연구자들은 인간 배아들(embryos)로부터 배아줄기세포들(stem cells)을 추출하여 실험실에서 배양하는 실험을 처음으로 성공시킨 바 있다.[1] 그 이후로 많은 사람들은 줄기세포 연구에 몰두하고 있는데, 그 하나가 배아줄기세포 연구이고, 또 하나는 그 이전부터 사용되고 있었으나 오늘날 더 많이 연구되고 사용되고 있는 성체줄기세포 연구이다. 이 논문에서는 일차적으로, 앞서 말한 바와 같이, 이 각각의

---

[1] James A. Thomson, et al., "Embryonic Stem cell Lines Derived from Human Blastocysts," *Science* 282 (November 6, 1998): 1145-1147. 또한 John Gearhart, "New Potential for Human Embryonic Stem Cells," *Science* 282 (November 6, 1998): 1061-1062, cited in Ray Bohlin, "The Controversy Over Stem Cell Research"(2001), accesed on July 10, 2005, available at: http://www.cleffpublishing.com/articles/rb090101.htm.

연구가 지금까지 과연 어떻게 진행되어 왔는지를 살펴보기로 한다.

I. 인간 배아줄기세포 연구의 현황

인간 배아줄기세포(human embryonic stem cell)는 인간의 수정란
이나 복제된 인간 배아가 분화한 초기 단계의 배아인 배반포 시기
(blastocyst stage)의 내부 세포괴(inner cell mass)에서 얻은 줄기세포
이다. (흔히 'fatal germ cells'라고 언급되는) 수정된 초기 몇일 동안은
수정란의 모든 세포들이 소위 '분화 전능성'(totipotency)을 지니고 있
다. 즉, 온전히 기능하는 유기체를 형성할 수 있는 능력이 있는 것이다.
그러나 이런 '분화 전능성'을 지닌 세포가 얼마간의 세포 분열을 거치
게 되면 이 세포들이 분화되어 인간을 구성하는 어떤 세포로든지 분화
될 수는 있지만, 태아 발전을 위한 태반이나 지지 조직들을 형성할 수
는 없게 된다. 이 둘을 크게 구별하지 않기도 하지만 어떤 학자들은 이
를 '분화 전능성'을 지닐 때와 구별해서 '만능세포'(pluripotent cells)
라고 부르기도 한다.[2]

처음에는 불임클리닉에서 시술하고 잔존하게 된 잉여 배아를 사용
하여 배아줄기세포를 추출해 내는 작업을 하였으나, 오늘날은 그와 함
께 체세포 핵치환술(somatic cell nuclear transfer, SCNT)에 의한 배아
복제를 하여 복제된 배아로부터 배아줄기세포를 추출해 내는데 더 많
은 신경을 쓰고 있는 듯하다. 배아줄기세포 연구에서 중요한 몇 가지
역사적 발전 과정을 살펴보기로 하자.[3]

---

[2] 이렇게 totipotency와 pluripotency를 구별하여 설명하는 예로 줄기세포 연구 재단의 설
명을 보라: http://www.stemcellresearchfoundation.org/About/FAQ.htm#StemCells.

[3] 이절의 이하 내용 중 일부는 제 3장의 생명 복제 기술의 발달사를 기술하는 중에 이미 언

(1) 인간 배아줄기세포 연구는 1998년에 시작되었다고 할 수 있다. 제론사(Geron Cooperation)의 지원을 받은 위스콘신 대학교의 제임스 톰슨(James A. Thomson) 교수 팀이 1998년 11월 6일자 《사이언스》(Science)에 시험관에서 수정해낸 인간 배아로부터 배아줄기세포를 배양해 내는 데 성공한 것을 발표한 일로부터 이 일 전체가 시작되었다고 해도 과언이 아니기 때문이다.[4] 그런데 그 일을 처음으로 수행한 제임스 톰슨 자신은 배아줄기세포를 생체에 사용할 때 암이 발생한다는 것을 잘 언급한 바 있다.[5] 이 문제는 배아줄기세포 연구에서 현재까지도 남아 있는 심각한 문제이다.

(2) 존스 홉킨스 대학교의 존 기어하트(John Gearhart)도 인간 태아 조직으로부터 배아줄기세포를 배양해 내는데 성공했다는 연구 결과가 1998년 11월 Proceedings of National Academy of Sciences에 실렸다.[6] 그도 인간 배아줄기세포는 안정되어 있지 않고, 변이 가능성이 크므로 암세포로 발전하기 쉽다는 것을 지적한 바 있다.

(3) 2004년 2월 12일에 황우석 교수팀은 10여명의 난자 공여자로부

급했던 것이나 성체줄기 세포 연구 성과와의 비교를 위해 여기서 좀 더 자세히 언급하고, 그 의미와 문제점을 드러내도록 할 것이다.

[4] http://www.sciencemag.org/cgi/content/full/282/5391/1145. J. A. Thomson, et al., "Embryonic Stem Cell Lines Derived from Human Blastocysts," *Science* 282 (1998), 1145-1147, available at: http://www.sciencemag.org/cgi/content/full/282/5391/1145.

[5] http://www.nebcathcon.org/stem_cell_research.htm#Science-Weldon. John Gearhart, "Derivation of pluripotent stem cells from cultured human primordial germ cells" Derived hPG / hEG cells (human primordial germ cells / embryonic germ cells) from human fetal tissue (5-9 weeks gestation)," *Proceedings of National Academy of Sciences*, 95/23 (1998): 13726-13731, available at: http://www.pubmedcentral.nih.gov /articlerender.fcgi?artid=24887.

[6] http://www.achievement.org/autodoc/page/gea0bio-1.

터 기증받은 242개의 난자를 사용해서 하나의 인간 복제 배아를 형성
했다고 보고하였다.[7] 그러나 최근에 이 모든 것에 대한 의혹이 제기 되
었고, 결국 2004년도의 논문도 실제 복제 배아를 만든 것에 대한 보고
가 아니며, 잉여 배아를 이용한 수정란에서 기원한 배아를 형성한 것을
체세포에서 유래한 것처럼 조작한 것이라는 서울대 조사위원회의 발표
가 2006년 1월 10일에 있었다.

(4) 당뇨병의 경우 동물 실험 결과 배아줄기세포를 당뇨병에 걸린
동물에게 주입했을 때 혈당 변화에 대한 반응으로 인슐린을 분비시켜
서 증세를 호전시키지 않은 사례, 즉 당뇨병을 치료하는 데 필요한 '췌
장 베타 세포들'이 아니라 오히려 암세포를 발생시킨 사례에 대한 보
고가 2004년 3월에 있었다.[8]

(5) 2004년 4월에 미국 노스웨스턴 대학교(Northwestern
University)의 리처드 버트(Richard K. Burt) 박사와 그의 동료들은 쥐
의 배아줄기세포를 골수 세포와 혈액 세포로 변환시켜 면역력을 결여
한 다른 쥐에게 주입하여 면역 기능을 갖게 하였다는 보고를 하였다.
이는 배아줄기세포가 골수 세포와 피 세포로 분화될 수 있음을 보여 주
는 것이고, 이 방법이 사람에게 적용될 수 있다면 백혈병이나 자가 면
역 질병(autoimmune disease), 또는 다른 면역 이상 증세를 지닌 환자

[7] Hwang et al., *Science* 303 (2004), 1669; Richard Mollard, "The First Report of
Successful Human Nuclear Transfer for Stem Cells," accessed on June 6, 2005, available
at: http://www.isscr.org/public/successful.htm.

[8] S. Sipione, et al., "Insulin expressing cells from differentiated embryonic stem cells
are not beta cells," *Diabetologia* 47(3): 499-508, March 2004; abstract at:
www.ncbi.nlm.nih.gov/entrez/query.fcgi?cmd=Retrieve&db=PubMed&list_uids=14968299
&dopt=Abstract, cited in Daniel MacConchie, "Adult Step Cell 3, Embryonic Stem Cell-0,"
http://www.cbhd.org/resources/stemcells/mcconchie_2004-06-16.htm#note1.

에게 유용하게 사용할 수 있을 것으로 전망했다.[9] 그러나 이것은 아직 동물 실험 단계에 있는 것이다.

(6) 스탠포드 대학교(Stanford University)의 떼오 코피디스(Theo Kofidis)는 인간 배아로부터 추출하여 배양해낸 심장 근육 세포들(heart muscle cells)을 쥐의 심장에 주입하여 별 거부 반응 없이 자라나고 쥐의 심장 세포와 조화롭게 자라나는 것을 확인했다고 2004년 5월 13일에 발표했다.[10]

(7) 2004년 9월 23일에는 인간 배아줄기세포로 망막 세포 만들었다는 연구 보고가 발표되었다. 미국의 생명공학회사 어드밴스트 셀 테크놀러지 사의 로버트 랜저 박사는 하버드 대학 연구팀이 인간 배아에서 채취한 줄기세포를 이용하여, 이를 시험관에서 망막 세포로 분화하도록 유도하는데 성공했다고 발표했다.[11]

(8) 위스콘신 대학교의 쟝서천(Su-chun Zhang) 박사를 비롯한 연구자들은 인간 배아줄기세포에서 신경줄기세포를 분화시키고, 그로부터 운동 신경계(motor neurons), 그리고 그로부터 척추 운동 신경세포를 분화시키는데 성공하였다고 2005년 1월 30일자 ≪네이처 바이테크놀러지≫(*Nature Biotechnology*)에서 보고하였다.[12] 이런 연구는 효과적으로 진전되면 후에 루게릭 병이나 근육 영양 장애, 그리고 척추 손상 등과 같은 병을 치료하는 데 유용하게 사용될 수 있을 것이라고 전망되고 있으나 아직은 그런 연구의 초기 단계에 있을 뿐이다. 그래서 이렇게 분화된 척추 운동 신경세포가 과연 유기체 내에서 제대로 작용할 수

---

[9] http://www.sciencedaily.com/releases/2004/04/040401081637.htm.

[10] http://www.eurekalert.org/pub_releases/2004-05/ama-esc050704.php.

[11] http://www.donga.com/fbin/output?search=1&n=200409240070.

[12] Cf. http://www.news.wisc.edu/packages/stemcells/10648.html.

있을지를 알기 위해 다음 단계에서 병아리 배아 대해 신경세포 연구와 실험을 하기로 했다고 한다.

(9) 2005년 2월 5일에 이안 윌머트(Ian Wilmut) 박사와 런던 대학교 킹스 컬리쥐(King 's College, London University)의 과학자들은 영국 <인간 수태와 배아학 위원회(the Human Fertilisation and Embryology Authority)>로부터 의학적 연구를 목적으로 인간 배아를 형성하고 실험할 수 있다는 허락을 받았다는 보고가 있었다. 이는 2001년에 의학 연구 목적으로 한 인간 배아 연구를 허락한 영국에서의 두 번째 허락이라고 한다.[13] 그러나 이들이 인간 배아를 복제하거나 그로부터 배아줄기세포를 추출해 내었다는 보고는 아직 없다.

(10) 호주에서 2005년 4월 13일에 기존의 인간 배아줄기세포로부터 3개의 배아줄기세포주를 얻는 데 성공하였다는 보고가 있었다.[14]

(11) 2005년 5월에 벌코브스키(A. Bukovsky), 스베틀리코바(M. Svetlikova), 그리고 코우들(M.R. Caudle) 등은 배아줄기세포로 인간 난자를 만드는 데 성공했다는 보고 하였다.[15] 이 난자는 핵치환술에 의해 다시 복제 배아를 만드는 데 사용되게 된 것이다. 이 이후 단계의 것은 인간 배아를 파괴하지 않는 것이라는 미명을 주기 위해 고안 되는 방식이다. 그러나 초기 단계에 이미 배아가 파괴된 것은 누구나가 아는 사실이다. 그러나 이는 배아 줄기세포가 그 어떤 세포로든지 분화될 수

---

[13] http://news.bbc.co.uk/2/hi/health/4245267.stm.

[14] http://www.medicalnewstoday.com/medicalnews.php?newsid=22771.

[15] A. Bukovsky, M. Svetlikova, and M. R. Caudle MR,. "Oogenesis in Cultures Derived from Adult Human Ovaries," *Reprod Biol Endocrinol* 3/1 (2005 May 5):17, cited in John C. Martin, "Scientista Produce Human Eggs from Stem Cells," available at: http://fertilityneighborhood.com/content/in_the_news/archive_1212.aspx.

있음을[16] 확인시켜 준 것이므로 많은 이들이 이 연구에 관심을 가지는 것이다.

(12) 한국의 황우석 박사 등이 2005년 5월 19일자 ≪사이언스≫ (Science) 지에 환자의 피부세포의 핵을 기증된 난자의 핵을 제거한 탈핵 난자에 주입하여 이루어진 11개의 같은 복제 배아줄기세포주(11 generically matched human embryonic stem cell lines)를 생성시키는데 성공했다는 연구 결과를 발표했다. 이 연구가 2004년의 연구와 비교해서 다른 점은 2세에서 56세에 이르는 당뇨병 환자와 척추 손상 환자 자신의 세포를 사용하여 배아 복제를 하였다는 점과 세포 배양에 있어서 동물에게서 기원한 세포질 사용이 최소화되었다는 점이다. 황우석 박사팀은 18명의 여성에게서 기증된 185개의 난자를 가지고 한 이 실험에서 31개가 실험실 시험관 안에서 배아로 생성되었고(나머지 154개의 배아는 실험 과정에서 폐기된 것이다.), 그 31개 배아에서 11개 배아줄기세포주를 얻게 된 것이라고 주장하였다. 이에 대해 흔히 처음 기증된 185개 난자 가운데서 11개이므로 17개 난자 당 1개의 배아줄기세포주를 확보했다고 언급되지만 (더 나아가서 30세 이하의 여성에게서 기증된 난자만 따지면 14개 난자 당 1개의 배아줄기세포주를 얻은 것이라고 언급되기도 하지만[17]), 실질적으로는 이 모든 배아를 다 파괴하고서 11 배아줄기 세포주를 얻게 된 것이라고 보고했었다. 그러나 실제로 체세포 복제 배아줄기 세포주를 하나도 얻지 못한 채, 잔여

---

[16] National Institutes of Health, U.S. Department of Health and Human Services, *Stem Cell Basics*. Available at: http://stemcells.nih.gov/info/basics/basics4.asp. Accessed on May 11, 2005.

[17] 이에 대해서는 ≪워싱턴 포스트≫지의 2005년 5월 20일자 바이스 기자의 기사를 보라 (Weiss, Washington Post, 5/20).

수정란에서 기원한 배아 세포를 사용하여 체세포 복제 배아를 사용하여 배아줄기 세포주를 얻은 듯이 조작한 것이라는 서울대 조사위원회의 발표가 2006년 1월 10일에 있었다.

(13) 영국 뉴카슬 대학교(Newcastle University)의 알리슨 머독(Alison Murdoch) 교수와 연구팀은 11명의 여성들로부터 기증된 난자를 이용해서 인간 배아를 형성했다고 2005년 5월 20일에 보고했다.[18] 그렇게 복제된 인간 배아 4 중에서 3은 실험실에서 3일 동안 살아 있으면서 분화되었었고, 하나는 5일 동안 그리했다고 한다.

(14) 줄기세포 연구를 위한 국제 학회(International Society for Stem Cell Research)에서는 2005년 6월 23일에서 25일에 샌프란시스코에서 열렸던 제3차 세계 대회에서의 논의를 요약하면서 줄기세포 연구자들이 지금까지 명확히 알 수 없어서 지금 연구가 진행되고 있는 분야를 대개 다음과 같이 정리하고 있다: ① 줄기세포가 분화되는 과정에 대한 연구, 줄기세포가 각각의 다른 세포로 분화되는 각각의 독특한 방식에 대한 연구, 어떤 일정한 프로그램을 따라 분화되는 것인지, 분화되어 자라는 데 일정한 유전자가 작용하는 지에 대한 연구, ② 30년 이상 연구해온 쥐의 줄기세포와 인간 줄기세포를 비교해 볼 때 그들이 배양액에서 자라는 과정의 차이와 일정한 조건 하에서 배양되었을 때 나타내는 행동의 차이가 있는 것으로 보고되고 있다는 점, ③ 미국 외의 연구자들이 보이는 인간 배아줄기세포 형성 방법과 그로부터 특정한 세포로 분화되는 과정에 대한 관심.[19]

---

[18] http://news.bbc.co.uk/1/hi/health/4563607.stm. Cf. Reproductive and BioMedicine Online.

[19] http://isscr.org/public/meeting_summary.htm. 또한 특히 성체줄기세포에 대한 관심으로는 성체줄기세포가 다양한 조직(tissues) 안에서 반응하는 어떤 사인이 있는가 하는 것과

(15) 대부분의 학자들은 배아줄기세포는 일반적으로 불안정하고 (unstable) 염색체 이상(chromosomal abnormalities)을 나타내기 쉽다는 것을 인정한다.[20] 또한 2004년까지는 배아줄기세포를 사용하여 인간의 병을 치료한 사례가 하나도 보고되고 있지 않다.[21] 이것은 지금도 같은 상황이다.

II. 인간 성체줄기세포 연구

인간 성체줄기세포 연구는 다른 사람의 골수를 이식하여 병을 치료하기 시작한 1960년대부터 시작된 일이다. 특히 캐나다의 어니스트 맥컬럭(Ernest A. McCulloch)과 제임스 틸(James E. Till)의 연구 이후에 줄기 세포에 대한 연구가 활성화되었다. 골수에 있는 조혈모 세포 같은 것이 대표적인 성체줄기세포이다. 조혈모 세포(hemopoietic stem cell)는 매일 성인의 몸에서 2천억 개의 적혈구를 만들어 낸다. 이와 같은 성체줄기세포는 (1) 모든 탯줄에 1500cc 정도 있는 탯줄 혈액(제대혈臍帶血, umbilical cord blood)으로부터, (2) 태반(placenta)에 남아 있는 피로부터, 심지어 (3) 양수(amniotic fluid)로부터도,[22] 그리고 성

실험실 안에서 성체줄기세포를 배양하는 것에 대한 관심들이 공유되었다고 한다.

[20] http://www.nebcathcon.org/stem_cell_research.htm#Science-Weldon.

[21] 이는 일반적인 정보이지만, 특히 이를 언급하는 Tadeusz Pacholczyk의 다음 글을 보라: "Stem Cell Research, Cloning and Human Embryos-2004," available at: http://www.nebcathcon.org/stem_cell_research.htm#Stem%20Cell%20Cloning. 또한 다음도 보라: http://www.nebcathcon.org/stem_cell_research.htm#Science-Weldon.

[22] 이에 대해서는 Tadeusz Pacholczyk의 다음 글을 참조하라: "Stem Cell Research, Cloning and Human Embryos-2004," available at: http://www.nebcathcon.org /stem_cell_research.htm#Stem%20Cell%20Cloning.

체줄기세포를 얻을 수 있는 성체 조직(adult tissues)인 (4) 골수(bone marrow)로부터, (5) 피부, 특히 진피(epidermis or dermis)로부터, (6) 혈관(blood vessels), (7) 간(liver), (8) 뇌(brain),[23] (9) 치아 수질(髓質)수질 (dental pulp),[24] (10) 소화 기관의 상피 조직, (11) 망막(retina), (12) 골격근(skeletal muscle),[25] 그리고 심지어는 (13) 지방 흡입술(liposuction)로 얻은 피하 지방 세포,[26] 그리고 (14) 코의 후각

---

[23] 1990년대 이후에는 과학자들이 뇌는 뇌를 구성하는 세 가지 주된 종류의 뇌 세포 모두 (즉, 신경세포가 아닌 astrocytes, oligodendrocytes, 그리고 neurons, or nerve cells)를 만들어 내는 성체줄기세포를 가지고 있다는 것을 인정하게 되었다고 한다. Cf. http://stemcells.nih.gov/info/basics/basics4.asp.

[24] S. Gronthos, et al., "Stem cell properties of human dental pulp stem cells." *Journal of Dental Research* 81 (2002): 531-535, cited in "Embryonic vs. Adult Stem Cell Research." The Christian Medical Association, July 2004.

[25] Pacholczyk, "Stem Cell Research, Cloning and Human Embryos-2004," http://www.nebcathcon.org/stem_cell_research.htm#Stem%20Cell%20Cloning.

또한 다음도 보라: A. Asakura, et al., "Myogenic specification of side population cells in skeletal muscle," *Journal of Cell Biology* 159 (2002): 123134, cited in "Embryonic vs. Adult Stem Cell Research." The Christian Medical Association, July 2004.

[26] P. A. Zuk, et al, "Multilineage cells from human adipose tissue: implications for cell-based therapies." *Tissue Engineering* 7 (2001): 211-228, cited in "Embryonic vs. Adult Stem Cell Research." The Christian Medical Association, July 2004.

2002년 5월 9일에 미국에서 지방 흡입술에서 나온 체지방으로부터 줄기세포를 추출했다는 미국 MS NBC 인터넷의 보도가 있었다. 캘리포니아주 사우전드 오크스에 있는 스템 소스사(社)는 지방 흡입술에서 나온 체지방이 성체줄기세포의 중요한 원천이라며 환자들에게 미래의 의학적 이용 가능성을 위해 체지방을 보관해 둘 것을 권고했다. 스템 소스 공동 창업자 겸 사장인 마크 헤드릭 박사는 "지방 조직은 임상적으로 성체줄기세포를 얻기에 가장 좋은 재료"라며 "지방을 이용하면 현재 성체줄기세포 추출에 널리 쓰이는 골수보다 줄기세포를 100배나 더 많이 얻을 수 있다"고 말했다. 엘리자베스 스카버러 스템 소스사 판매 및 마케팅 담당 부사장은 "현재 이 줄기 세포를 임상에 사용할 수는 없지만 이는 시간 문제"라고 말했으며 포도 박사는 "환자 몸에서 추출한 성체줄기세포는 조직 거부 문제를 근본적으로 막을 수 있고, 배아줄기세

세포 점액질(olfactory mucosa)로부터도 얻어질 수 있다.[27]

1. 성체줄기세포를 이용한 치료 사례들에 대한 보고들

지금까지 성체줄기세포를 사용한 치료가 65종 이상의 병에 적용될 수 있는 것으로 보고되고 있다. 지난 40년 동안 골수 이식을 통해 백혈병을 많이 치료해 왔었다. 또한 1988년 이후에는 제대혈을 사용해서 소아 백혈병을 비롯해서 어린 아기들에게서 발생할 수 있는 병을 치료하는 일이 일반화되었다. 1998년 골수줄기세포로부터 근육세포로 분화된 것에 대한 보고가 있었고, 2000년에는 골수줄기세포로부터 간세포로의 분화에 대한 보고가 있었으며, 2001년 8월 호주의 연구팀은 쥐의 뇌 조직에서, 캐나다 연구팀은 쥐의 피부 조직에서 각기 줄기세포를 추출하여 이것으로 신경 조직과 근육을 만드는데 성공했었다. 또한 2001년에는 흑인들 사이의 유전병의 하나인 '낫 모양 적혈구 빈혈증(겸상 적혈구 빈혈증, sickle cell anemia)'에도 성체줄기세포 치료법이 효과 있었다는 보고도 나왔다.[28] 일반적으로 많이 사용되던 백혈병 치료에서 후에 화학 요법을 하면 암세포뿐만 아니라 정상세포, 특히 골수 안에 있는 성체줄기세포도 파괴하는 결과가 초래되고 있으므로, 미

포 이용에 따른 윤리 논쟁도 피할 수 있다"고 강조했다. 스카버러 부사장은 체지방에서 추출한 성체줄기세포를 5년간 보관하는 데에는 지방 흡입술 비용 3천-6천 달러 외에 1천 500-2천 달러가 더 필요하다며 현재 15-20명이 이 서비스를 받고 있다고 말했다.

cf. http://www.joins.com/it/200205/10/200205101018363232500053005313.html.

[27] 이상의 정보는 일반적인 것이나 특히 다음에 잘 요약되어져 있다. 다음 자료를 잘 참조하라: http://en.wikipedia.org/wiki/Stem_cell.

[28] 2001년 12월 15일자 호주의 ≪News Weekly≫에 실린 기사: http://www.newsweekly.com.au/articles/2001dec15_stem.html.

리 골수로부터 성체줄기세포를 분리해 놓았다가 화학 요법을 한 후에 환자의 몸에 그렇게 미리 분리시킨 성체줄기세포를 주입할 수 있다면 효과가 더 좋으리라는 예상과 보고가 나오고 있다.[29] 이런 방법은 자신의 백혈구 세포들이 소화 기관을 공격하는 자가 면역 질환(autoimmune disease)의 하나인 크론씨 병(Crohn's)이나 다중 경화 또는 루푸스(lupus)를 치료할 때 최후로 사용되는 치료 기법으로써 2001년에는 미국 시카고의 노스웨스턴 메모리얼 병원(Northwestern Memorial Hospital)에서 크론씨 병을 가진 22세 된 여성 환자에게 자기 성체줄기세포를 사용하는 시술을 한 뒤 2개월 정도 뒤에 상태가 호전되었다는 보고가 나왔다.[30] 또한 2001년에는 골수 줄기세포가 혈관을 따라 손상된 조직(tissues)에 가서 그 조직과 같은 종류의 세포로 증식할 수 있는 능력이 있다는 것도 보고되었다.[31] 2001년 7월에 독일 로스톡(Rostock)에서는 자신의 골수에서 채취한 성체줄기세포를 주입하여 심장을 치료하여 증세를 호전시킨 사례가 보고되기도 하였다.[32]

특히 2002년 이후 성체줄기세포에 대한 연구 성과는 매우 놀랍다. 2002년에는 파킨슨병을 5년 이상 앓아온 데니스 터너(Dennis Turner) 씨 자신의 뇌에서 추출한 성체줄기세포를 이용하여 치료하였을 때 80% 증상의 호전을 보았다는 보고가 미국 상원 청문회에서 있었고 이

---

[29] 이에 대해서는 http://en.wikipedia.org/wiki/Stem_cell의 Current Treatments 부분을 보라.

[30] Reuters; August 11, 2001 as quoted in 'the Pro-Life Infonet," 8/12/01 #2503, as quoted in http://www.righttoliferoch.org/wadultstem.htm.

[31] H. M. Blau, T. R. Brazelton, and J. M. Weiman, "The Evolving Concept of a Stem Cell: Entity or Function," *Cell* 105 (June 29, 2001), 829-841, cited in Bohlin (2001).

[32] www.nationalpost.com/commentary/story.html?f=/stories/20010728/63 0911.html, cited in http://www.righttoliferoch.org/wadultstem.htm.

런 임상 실험이 더 대규모적으로 사용될 계획이 있다고 한다.[33] 이는 파킨슨병을 가진 동물들에 대한 배아줄기세포를 이용한 치료 실험 결과가 뇌종양을 발생시킨 것과는 큰 대조가 되는 것이다.

또한 2002년에 성체줄기세포를 사용해서 실명한 여인의 눈을 치료해서 볼 수 있게 하였고,[34] 2004년 11월호 *Investigative Ophthalmology and Visual Science*에는 쥐 실험을 통해 성체줄기세포를 사용, 시력을 회복시킬 수 있다는 보고가 나오기도 했다.[35] 2003년에는 급성신부전(acute renal failure)에도 효과가 있었다는 쥐에 대한 실험 결과에 대한 보고가 있었다.[36] 또한 2003년 3월에는 그해 2월에 못을 박는 기계(nail-gun)로 심장에 못이 박혀서 심장 마비를 격은 후 심장 기능이 점차 쇠퇴되어 심장 기능이 25%된 16세의 소년 드미트리 보니빌(Dimitri Bonnville)에게 자신의 혈액에서 채취하여 분리시킨 성체줄기세포를 관상 동맥에 주입한 결과 심장 기능이 35%로 증가하였다는 보고가,[37] 그리고 6월에는 40%로 증가하였다는 보고가 있었다.

또한 2004년 3월 2일자로 소아 당뇨환자의 경우에 성체줄기세포를 사용하여 치료한 결과 더 이상 인슐린 주사를 맞지 않아도 된다는 사실

---

[33] www.wchstv.com/newsroom/healthyforlife/1901.shtml.을 보라.

[34] http://www.telegraph.co.uk/health/main.jhtml?view=DETAILS&grid= P8&targetRule=10&xml=/health/2005/04/29/hstem29.xml.

[35] Cf. http://www.nebcathcon.org/stem_cell_research.htm#Vision.

[36] Marina Morigi et al., "Mesenchymal Stem Cells are Renotropic, Helping to Repair the Kidney and Improve Function in Acute Renal Failure," *Journal of American Society of Nephrology* 15 (July 2004): 1794-1804, abstract at http://www.jasn.org/cgi/content/full/15/7/1794.

[37] Wesley J. Smith, "Adult Stem Cells Offer Practical Hope for Patients," *National Review*, March 15 2003, available at:

http://www.nebcathcon.org/stem_cell_research.htm#Practical%20Hope

에 대한 보고가 나왔다.[38] 또한 2002년 4월말에 노르웨이 오슬로 대학 연구팀은 인간의 피부 세포를 배양하여 신경세포와 면역세포로 바꿀 수 있었다는 보고를 했다[≪네이처 바이오테크놀러지≫(*Nature Bio-technology*)].[39]

그리고 2004년에는 한국 서울 탯줄 은행의 한 훈 박사팀과 조선대 산부인과 송창훈 교수팀, 서울대 수의대 강경선 교수팀은 20년 가까이 하반신 마비상태로 지낸 황미순(37) 씨에게 10월 12일에 탯줄 혈액 줄기세포를 주입한 지 40여 일이 지난 당시에 척추가 재생되고 있다고 11월 25일에 밝혔다.[40] 이와 비슷하게 2001년 교통사고로 목이 부러지는 사고를 당하여 가슴 이하를 사용할 수 없던 로라 도밍구에즈(Laura Dominguez)에게 그녀의 코의 후각세포를 사용한 성체줄기세포를 손상당한 척추 부분에 주입한 결과 수술 후 몇 달 후에 발을 움직일 수 있게 되었고, 이제는 버팀대를 사용해서 걸을 수 있게 되었다는 증언이 2004년에 있었던 미국 줄기세포 연구 청문회에서 있었다.[41] 또한 2004년 12월에는 독일 기쎈에서 2년 전 낙상하여 두 개골을 손상당한 7세

---

[38] http://www.stemcellresearch.org/facts/factsheet-04-03-02.htm

[39] http://www.donga.com/fbin/searchview?n=200205020330.

[40] http://times.hankooki.com/lpage/200411/kt2004112617575710440.htm;
http://www.cordblood.com/cord_blood_news/stem_cell_news/a_paralyzed.asp;
http://www.news24.com/News24/Technology/News/0,,2-13-1443_1627932,00.html;
http://www.connected.telegraph.co.uk/news/main.jhtml?xml=/news/2004/11/30/wcells30.xml;
http://www.seoulcord.co.kr/bin/news_view.asp?branch=2&num=195&part=&searchkey=

[41] 이에 대해서는 Tadeusz Pacholczyk의 다음 글을 참조하라. "Stem Cell Research, Cloning and Human Embryos-2004," available at: http://www.nebcathcon.org/stem_cell_research.htm#Stem%20Cell%20Cloning.

난 소녀의 손상된 두개골을 그 아이의 골반 뼈 일부와 그 아이의 엉덩이 지방에서 추출한 성체줄기세포를 이용해서 그 아이의 두개골이 온전하게 되게 했다는 보고가 *Journal of Cranio-Maxillofacial Surgery* 2004년 12월호에 실렸다.[42]

또한 쥐의 골수에서 채취한 성체줄기세포를 귀에서 발견할 수 있는 청각 신경세포로 변환시켜서 들을 수 없던 이들을 들을 수 있게 하는 실험에 성공하였다는 인디아나 의대에서의 연구에 대한 보고도 2005년 3월 18일에 *Proceedings of the National Academy of Sciences*의 온라인 판과 3월 29일자 저널에 실렸다.[43]

그리고 2005년 4월에는 3개월 전에 쿄토 대학병원의 시니치 마츠모토(Shinichi Matsumoto)와 그의 동료 의사들이 56세 된 어머니에게서 추출한 인슐린을 생성시키는 췌장소도 세포(islet cells)를 27세 된 딸의 간에 주입하여 딸의 당뇨병을 치료했다는 보고가 나왔다.[44] 이런 실험은 동물 실험 결과에서는 더 많은 사례가 보고된 것과 연관되는 것이다.[45] 이는 아직도 동물 실험을 하려고 하는 상태이며, 더구나 현재로서는 동물 실험의 경우에 있어서도 당뇨병을 치유하기는커녕 암을 발생시키고 있는 배아줄기세포를 이용한 당뇨병 치료 방법 개발과는 매우

---

[42] http://www.msnbc.msn.com/id/6727466/

[43] http://www.medicine.indiana.edu/news_releases/viewRelease.php4?art=300.

[44] http://news.bbc.co.uk/2/hi/health/4459523.stm

[45] 예를 들어서 다음을 보라: S. Oh et al., "Adult bone marrow-derived cells transdifferentiating into insulin-producing cells for the treatment of type I diabetes," *Laboratory Investigation*, published online 22 March 2004, abstract at www.nature.com/cgi-taf/dynapage.taf?file=/labinvest/journal/v84/n5/abs/3700074a.html., cited in Daniel MacConchie, Adult Step Cell 3, Embryonic Stem cell-0, http://www.cbhd.org/resources/stemcells/mcconchie_2004-06-16.htm#note1.

큰 대조를 이루는 것이라고 여겨진다.

그리고 성체줄기세포를 이용한 치료가 크라베씨(Krabbe's) 병에도
효과가 있었다는 보고가 있고,[46] 이에 대한 최근 보고가 2005년 5월 19
일자 *New England Journal of Medicine*에 실렸다.[47]

또한 2005년 5월 23일자 ≪BBC≫ News에 의하면 런던의 해머 스
미스 병원(Hammersmith Hospital)의 간 이식 전문 외과 과장(head
of liver surgery)인 네기 하비브(Nagy Habib) 교수를 비롯한 연구자
들은 환자 자신의 골수에서 추출한 성체줄기세포를 사용해서 손상된
부위에 새로운 세포 조직을 생성시킴으로써 간경화증을 앓고 있는 환
자 자신의 몸의 자기 치료 기제를 강화시킴으로 치료하는 연구를 시작
했다고 한다.[48]

또한 2005년 5월 18일에는 일본 카와고에(Kawagoe)의 싸이타마
메디칼 센터(Saitama Medical Center)에서 61세의 심장 마비 환자에
게 그의 골수에서 얻은 줄기세포를 심실에 주입하여 6월 30일에는 외
부에 달았던 인공 심장도 제거하여 회복시켜서 퇴원하였다는 보고가
있다. 수네이 교(Shunei Kyo) 박사와 싸토시 고조(Satoshi Gojo) 박사
를 비롯한 의료팀은 2005년 2월 3일에 심장마비로 입원했던 환자가 나
이와 여러 이유 때문에 심장 수술이 불가능하자 성체줄기세포를 사용
한 치료를 성공시킨 것이다.[49]

---

[46] 다른 이의 성체줄기세포로 치료한 Gina Rugari의 경우에 대한 보고로 Tadeusz
Pacholczyk, "Stem Cell Research, Cloning and Human Embryos-2004," available at:
http://www.nebcathcon.org/stem_cell_research.htm#Stem%20Cell%20Cloning.

[47] http://www.medicalnewstoday.com/medicalnews.php?newsid=24897#

[48] http://news.bbc.co.uk/2/hi/health/4573453.stm.

[49] http://www.heartzine.com/news/257-Success-of-Stem-Cell-Therapy-in-Heart-

지금 현재 미국 NIH(National Institute of Health)에 성체줄기세포를 이용한 임상 실험 290건이 등록되어 임상 연구를 하고 있는 것으로 나타나고 있다.[50] 이에 비해 배아줄기세포를 이용한 연구를 신청한 일은 한 건도 없는 것으로 나타난다.

2. 성체줄기세포의 분화 전능성과 대규모 배양 가능성에 대한 보고들

일반적으로 성체줄기세포는 그 수가 작고, 따라서 이를 분리하여 추출해 내기도 어렵다고 하고, 또 실험실에서 증식시키기도 어렵다(adult stem cells are extremely difficult to isolate and then to multiply in a lab dish)고들 했었다.[51] 그러나 2002년 1월 26일자 ≪뉴사이언티스트≫(*New Scientist*) 지(誌)는 미네소타 대학교(University of Minnesota)의 캐더린 버페일리(Catherine Verfaillie) 교수 팀의 연구 성과를 소개하면서 그들이 성인의 골수로부터 인간 몸을 구성하는 220개 다른 종류의 세포로 분화될 수 있는 줄기세포들을 발견했다고 보도했다. 성체줄기세포에서 분화된 이 다기능성을 지닌 세포들(these multipotent adult progenitor cells or MAPCs)은 배아줄기세포들과

Attack-Patient.html.

[50] http://www.clinicaltrials.gov/ct/search;jsessionid=165BDABD68F4ED426D4A0F808A7AE009?term=adult+stem+cell&submit=Search.

[51] 이런 주장의 대표적인 예로 다음을 보라: Ernle Young, "Stem Cell Research: Its Theraphetic Possibilities and Ethical Cotriversies," Monash University Medical Foundation Inaugural Eric Glasgow Memorial Lecture, April 4, 2003, available at:

http://www.nscc.edu.au/file_downloads/Dr_Ernie_Young_Lecture.pdf, 3. 이하의 논의에 비추어 볼 때 2003년 4월에 행한 강연에서도 이렇게 말했다는 것이 매우 의아스럽다.

같은 유연성과 잠재성을 지니고 있다는 것이다. 이 연구팀은 골수 샘플을 제공한 약 100명 중 70명으로부터 이런 줄기세포(MAPCs)를 추출할 수 있었다고 한다.[52]

또한 2002년 6월 20일자 온라인판 ≪네이처≫(*Nature*)에 실은 한 논문에서 벌페일리 교수와 그 팀은 간엽줄기세포(mesenchymal stem cells: MSCs)가[53] 배아줄기세포와 같이 분화 능력(pluripotency)을 가지고 있음을 발견하고 이를 발표했다.[54] 캐더린 버페일리(Catherine M. Verfaillie) 소장은 "쥐의 골수에서 얻은 성체줄기세포를 쥐의 배아에 넣어 실험한 결과 노화 현상 없이 다양한 세포로 분화한 것을 확인했다"고 했다. 연구팀은 "다기능 성체 선구 세포(multipotent adult progenitor cells: MAPC)"를 쥐의 배아에 넣어 기른 결과 성체줄기세포가 쥐의 몸을 구성하는 여러 세포로 변한 것을 확인했다고 말했다. 성장한 쥐의 세포 중 40%가 성체줄기세포에서 만들어졌다. 또 연구팀은 이번 실험에서 성체줄기세포가 배아의 내배엽 외배엽 중배엽을 모

---

[52] Sylvia Pagan Westphal, "Is this the cell that could revolutionise medicine?," 2002-JAN-26, New Scientist

(http://www.newscientist.com) Online at: http://www.eurekalert.org/

[53] 이는 bone marrow stromal cells라고 언급되기도 한다. Cf. http://stemcells.nih.gov/info/basics/basics4.asp.

[54] Y. Jiang, et al., "Pluripotency of Mesenchymal Stem Cells derived from Adult Bone Marrow." *Nature*, advance online publication, June 20, 2002, DOI: 10.1038/nature008 70. 이에 대한 설명 기사로 다음을 보라: http://www.eurekalert.org /pub_releases/2002-06/uom-eta061802.php.

배아줄기세포의 능력에 대해서도 totipotency라는 용어 보다 pluripotency라는 용어를 사용하는 예도 많다. NIH에서 나온 http://stemcells.nih.gov/info/basics/basics5.asp. 이에 비해서 fatal germ cells는 totipotency를 가지고 있다고 한다. 예를 들어서, Ernle Young, "Stem Cell Research: Its Theraphetic Possibilities and Ethical Cotriversies," Monash

두 만들었으며, 성체줄기세포가 배아줄기세포처럼 다양한 세포로 분화하는 기능을 갖는 것으로 확인됐다고 밝혔다.[55] 이는 성체줄기세포도 적절한 상황에서 배양되기만 하면 배아줄기세포와 같이 계속해서 다양한 세포와 조직으로 분화될 수 있다는 것을 보여주는 것이다.[56] 즉, 어떤 성체줄기세포는 그저 다기능성(multipotency)만 가진 것이 아니라 다양한 세포로 분화될 수 있는 다능성(pluripotency)를 가졌다는 것이다.

또한 2002년 8월호 *Tissue Engineering*에 실렸던 한 논문에서 로스 투보(Ross Tubo) 박사는 이런 '다기능성을 지닌 세포들'(MAPCs)과 흔히 뼈, 연골, 지방, 근육 등으로만 분화될 수 있으며 면역 거부 반응을 일으키지 않는 것으로 알려진 간엽줄기세포(MSCs)는 사실은 거의 같은 것이라는 연구 보고를 발표하였다.[57] 이는 간엽줄기세포(MSCs)도 배아줄기세포와 같은 분화 능력을 가지고 있다는 것을 입증하는 것이다.

그런가 하면 2003년에는 쥐의 골수에서 채취한 성체줄기세포가 중뇌의 도파민과 같은 뉴론들(dopamine like neurons)을 생성시키는 것

University Medical Foundation Inaugural Eric Glasgow Memorial Lecture, April 4, 2003, available at:http://www.nscc.edu.au/file_downloads/Dr_Ernie_Young_Lecture.pdf, p. 2.

[55] http://www.donga.com/fbin/searchview?n=200206210374.

Yuehua Jiang, et al., "Pluripotency of mesenchymal stem cells derived from adult marrow," *Nature* AOP, published online 20 June 2002; doi:10.1038/nature00870
=http://www.nature.com/cgi-taf/DynaPage.taf?file=/nature/journal/vaop/ncurrent/full/nature00870_fs.html.

[56] Matthew Harper, "Stem Cells' Double Breakthrough," Forbes.com, 6/20/2002, at: http://www.forbes.com/technology/sciences/2002/06/20/0620stemcells.html.

[57] Sylvia Pagan Westphal, "Greater potential of adult stem cells revealed," *New Scientist*, 2004-MAY-17, at: http://www.newscientist.com/

을 보여준 경우가 보고되었다. 벌페일리(Verfaillie) 교수팀은 Proceedings of the National Academy of Sciences에 발표한 한 논문에서 이는 성체줄기세포가 배아줄기세포와 같은 능력을 가지고 있음을 보여 주며, 파킨슨병과 같은 병을 치료할 수 있는 능력이 있음을 입증한다고 했다.[58]

또한 2004년 10월에는 필라델피아의 토마스 제퍼슨 대학교(Thomas Jefferson University) 의과 대학의 발달 생물학자인 로레인 라코비티(Loraine Lacovitti)박사와 그녀의 동료들은 실험실에서 인간의 골수 성체줄기세포를 도파민을 생성해 내는 신경세포인 뇌세포로 분화시키는 데 성공하였다는 보고도 하였다.[59]

더 나아가서 2005년 Developmental Dynamics에 실린 한 논문에서 호주 그리피tm 대학교(Griffith University)의 세포 치료와 분자 치료 연구소(Institute for Cellular and Molecular Therapies)의 부소장인 알란 맥케이-심(Alan Mackay-Sim) 교수도 후각 세포 점액질에서 추출해낸 성체줄기세포도 적정한 화학적 환경 가운데서는 배아줄기세포와 같은 분화 능력을 나타내 신경, 뇌, 근육, 간, 심장, 신장 등의 거의 모든 세포로 분화할 수 있다는 것을 밝혔다.[60] 또한 독일 라이프치히 대학

---

[58] http://www.sciencedaily.com/releases/2003/08/030819073513.htm . 그녀는 2004년 미국 대통령 생명 윤리 자문 위원회의 줄기세포 연구 모니터링에 실린 글에서도 같은 주장을 하였다. Catherine Verfaillie, "Multipotent Adult Progenitor Cells: An Update," Monitoring Stem Cell Research, President's Council on Bioethics. January 2004; Appendix J, cited in "Embryonic vs. Adult Stem Cell Research." The Christian Medical Association, July 2004.

[59] http://www.sciencedaily.com/releases/2004/10/041025120923.htm.

[60] 호주 퀸스란드 브리스배인에서 발간되는 2005년 3월 22일자 The Courier-Mail을 인용하고 있는 다음 자료를 참조하라:

http://en.wikipedia.org/wiki/Stem_cell.

교(University of Leipzig)의 죠셉 캐스(Josef Ks) 교수와 조헨 걱(Jochen Guck) 박사는 성인의 혈액으로부터 배아줄기세포와 같은 정도의 분화 능력을 지닌 줄기세포를 추출하여 분리시키는 과정을 발전시켰다고 2005년 4월 12일에 영국 월익 대학교(Warwick University)에서 열린 물리학 연구소의 2005년 학회에서 발표했다.[61]

그리고 2005년 5월 6일자 ≪셀≫(Cell)지에 낸 한 논문에서 MIT 생물학 교수이기도 한 화이트헤드 인스티튜트(Whitehead Institute)의 루돌프 제니쉬(Rudolf Jaenisch)는 성체줄기세포를 빠르고 유효하게 분화시키는 방법을 발견했다고 보고 했다.[62] 이 연구실에서는 쥐를 사용한 실험을 통해서 Oct 4라고 불리는 유전자가 작용하는 동안에는 세포가 자신과 같은 줄기 세포로 분화하고 (근육 세포, 심장 세포 등)의 구체적인 조직(tissue)으로 분화하지 않음을 발견한 것이다. Oct 4는 배아 단계에 있는 세포에서만 작용하고, 그 이후에는 작용하지 않는 유전자인데, 이를 성체세포에서 다시 작용하도록(reactivate) 하여 본 것이다. 그리하여 쥐에 Oct 4가 다시 작용하도록 하면 암이 발병하고, Oct 4가 작용하지 않도록 하면 그 증세가 사라지는 것을 발견한 것이다. 피부세포를 가지고 이를 잘 활용하며 화상으로 고통 하는 환자를 고치는 데 유용하게 사용할 수 있을 것으로 예상한다. 2002년에 쥐의 피부에서 추출한 줄기 세포를 쥐의 배아에 주입시키면 여러 다른 세포 조직으로 분화될 수 있다는 동물 실험에 근거한 보도가 있었다 (*New Scientist*, 16 March 2002, p. 12). 이런 실험에 대해서 다른 성체줄기세포 연구에서와 같이 다른 세포들과 융합하는 문제를 비판하는

---

[61] http://physics.iop.org/IOP/Press/PR2105.html.

[62] http://www.medicalnewstoday.com/medicalnews.php?newsid=23934.

이들이 있었는데, 인간의 골수에서 추출한 성체줄기세포를 사용하여 실험실에서 신경 조직을 분화시킨 연구 결과가 발표되었다[≪뉴사이언티스트≫(*New Scientist*), 2 July, 2005].[63] 이와 같이 성체줄기세포도 배아줄기세포와 상당히 비슷한 분화 능력을 가지고 있다는 연구 성과가 최근에 계속 보고 되고 있다.

또한 성체줄기세포의 놀라운 증식 능력에 대한 보고도 있다. 미국 세포 생물학회(the American Society for Cell Biology) 학회지인 *Molecular Biology of the Cell* 2005년 7월 1일자에서 피츠버그 대학교 의과대학(the University of Pittsburgh School of Medicine) 조교수인 브리쥐 디지(Bridget Deasy) 등 여러 필자들은 근육에서 추출해낸 성체줄기세포가 배아줄기세포와 같이 200개체를 배가(population doublings)을 할 수 있음을 입증하여 성체줄기세포는 배아줄기세포만큼 증식시키기 어렵다는 논의를 불식시켰다.[64]

3. 배아줄기세포 연구와 성체줄기세포 연구의 일반적 비교

이상에서 우리는 주로 인간 배아줄기세포 연구와 성체줄기세포 연구에 대해 지금까지 어떤 연구가 어느 정도까지 진행되어 왔는지를 살펴보았다. 때로는 필요한 동물 실험의 결과도 포함하여 언급하였지만, 주로 인간 배아줄기세포 연구와 인간 성체줄기세포 연구를 중심으로 언급한 이유는 동물 배아줄기세포 연구는 엄격한 제한 하에서 동물을 보호하는 의도와 취지에서라면 그런 연구가 있을 수 있다고 생각하기

---

[63] http://www.newscientist.com/channel/sex/mg18625064.900.

[64] http://www.stemcellresearchfoundation.org/WhatsNew/June_2005.htm#8 또한 http://www.medicalnewstoday.com/medicalnews.php?newsid=26538도 보라.

때문이었다. 그러나 인간 줄기세포 연구는 동물 줄기세포 연구와는 다른 문제이다. 왜냐하면 인간 배아줄기세포를 추출하기 위해서는 인간 배아로부터 줄기세포를 추출해야 하는데, 이는 그 인간 배아를 파괴하는 결과를 낳기 때문이다. 그러므로 인간 배아 파괴라는 윤리적 문제를 지니는 인간 배아줄기세포 연구로부터 성체줄기세포로 연구에로의 전환이 꼭 필요하다는 것은 이미 여러 사람들이 강조한 바 있다. 그러므로 (1) 성체줄기세포 연구와 이를 사용한 병의 치료는 배아줄기세포를 사용하는 경우에 나타나는 윤리적 문제를 벗어날 수 있다는 가장 강한 이점을 지니고 있다. 그러나 성체줄기세포 연구는 이 외에도 다음과 같은 여러 가지 유익을 지니고 있음이 드러난다.

(2) 성체줄기세포를 사용하여 인간의 병을 치료할 때는 면역 거부 반응을 피할 수 있다는 것이 대부분의 연구자들의 공통된 지적이다.[65] 그런데 배아줄기세포는 동물 실험에 경우에는 2004년에도 면역 거부 반응이 있지 않다는 보고가 있었지만, 인간 배아 복제와 관련해서는 우려가 있고 면역 거부 반응이 있을 수 있으나 (아직 실험한 예가 없으므로) 면역 거부 반응이 있을지에 대한 여부는 확정되지 않았다는 진술이 나오고 있다.[66] 최근인 2005년 5월에야 황우석 교수 등에 의한 실험에서 인간에 대한 면역 거부 반응을 분명히 하는 쪽으로 연구를 하고 있다. 그전까지는 물론 이론적으로는 배아줄기세포를 사용하면 면역 거부 반응을 해결할 수 있다는 생각을 하였지만, 실제로는 배아줄기세포를 배양하는 배양액에 동물세포와 동물세포질이 사용되었었기 때문

---

[65] 가장 일반적인 진술로 http://stemcells.nih.gov/info/basics/basics5.asp를 보라.

[66] Ibid.: "Embryonic stem cells from a donor introduced into a patient could cause transplant rejection. However, whether the recipient would reject donor embryonic stem cells has not been determined in human experiments."

에 문제가 있었다(immunological incompatibility). 2003년 11월에만 해도 존스 홉킨스 대학교에 모인 위원들이 그때까지 미국에서 확보된 인간 배아줄기세포들은 모두 쥐의 세포도 같이 사용하면서 배양한 것이므로 인간을 쥐의 바이러스에 감염시킬 위험이 있다고 결론 내렸었다.[67] 황 교수팀의 연구에서는 세포 배양에 있어서 동물에게서 기원한 세포질 사용을 최소화하였다고 발표했다. 참으로 동물에게서 기원한 세포질이 전혀 사용되지 않게 된다면, 그리고 후에 이루어질 실제 인체 대상 실험에서 면역 거부 반응이 나타나지 않는다면, 이 점에서는 배아 줄기세포 연구와 성체줄기세포 연구가 같은 위치에 있는 것이 된다. 그러므로 황 교수팀의 연구가 말하는 동물에게서 기원한 세포질을 최소화하였다는 말의 정확한 의미를 물어야 할 것이다.

또한, (3) 성체줄기세포는 손상된 세포가 있는 곳에서 그 세포로의 분화와 재생이 잘 이루어지고 있는 것으로 확인되고 있다. 이에 비해서 배아줄기세포를 사용할 때 '분화 전능성'을 지닌 배아줄기세포를 우리가 원하는 세포 조직으로 분화시키는 시도는 계속되고 있으나, 배아줄기세포를 우리가 원하는 세포 조직으로 분화시킬 수 있는 방법에 대한 확실한 방법이 아직 확보되어 있지 않다(inability to direct the differentiation of cells into desired tissues).[68] 예를 들어서, 서울대 수의학과의 강경선 교수는 배아줄기세포를 사용한 방법의 문제점을 언급

---

[67] http://seattletimes.nwsource.com/html/nationworld/2001788115_stemcells11.html.

[68] 1999년 5월 11일에 이점을 지적한 논의로 Daniel MacConchie, "Testimony before MBAC Meeting," accessed on June 6, 2005, available at http://www.cbhd.org/resources /stemcells/mcconchie_1999-05-11.htmdmf 를 보라. 그런데 배아줄기세포에 대한 최근의 국제 회의에서도 계속 이 문제가 논의되고 있다. Cf.http://isscr.org/public/meeting _summary.htm. 또한 다음 글에 나타난 같은 점에 대한 지적도 보라: http://www.cbhd.org/ resources/stemcells/kilner_2004-11-05.htm.

하면서 "필요한 분분의 장기나 조직으로 생겨나게 하는 통제할 기술이 아직 없으며(뇌의 신경세포에 문제가 생겨 줄기세포를 이식했는데 거기서 손이나 눈 등 인체의 다른 부분이 생겨날 수 있다), 또 종양이 될 수 있다."고 말한 바 있다.[69] 어떤 이들은 이를 알아내기 위해서는 우리는 앞으로도 20년 이상을 기다려야 할 것이라고 2001년도에 예측하기도 하였었다.[70] 또한 근자에 아주 의대 뇌질환 연구센터 소장인 김승업 교수는 "배아줄기세포로부터 여러 장기나 조직을 만들어내는 기술을 완성하기까지는 적어도 10년이 걸릴 것이다"라고 하였다.[71]

그러나 성체줄기세포는 이미 원하는 세포로 분화시켜 만족할만한 치유를 내고 있다. 여기서 서울대학교 의과대학의 황상익 선생의 말을 인용하면 좋을 것이다: 배아줄기세포는 미분화세포의 지나친 증식으로 암 발생 문제가 큰 데 반해 성체줄기세포는 그러한 문제점이 거의 없다. 즉 안전성에서 뛰어나다. 또한 배아줄기세포는 원하는 세포 이외에 다른 세포로 잘못 분화할 가능성이 많지만, 성체줄기세포는 조직 특이적 분화를 하므로 효율 면에서도 훨씬 앞선다.[72]

[69] 제대혈 권위자가 보는 인간배아줄기세포-강경선 박사 인터뷰, available at:http://club.cyworld.nate.com/club/main/club_main.asp?club_id=50289202#.

[70] David Hamilton and Antonio Regaldo, "Biotech Industry - Unfettered, but Possibly Unfulfilled," *Wall Street Journal*, August 13, 2001, p. B1, cited in Bohlin(2001).

[71] 김승업, "연구가 경쟁력이다" (특별 기고), 일간 보사 의학신문, 2005년 6월 9일, http://bosa.co.kr/special/view.asp?board_pk=10188&page=1&what_board=1.

[72] 황상익, "인간 배아 복제의 문제점들 대안은 있다," available at: http://club.cyworld.nate.com/club/main/club_main.asp?club_id=50289202#.

배아줄기세포의 안정성이 없음에 대한 또 다른 지적으로 영국 과학 진흥 협회(the British Association for the Advancement of Science)의 현 회장이며 불임 문제 전문가인 로버트 윈스톤 경(Sir Robert Winston)이 2005년 9월 5일(월)에 북아일랜드 더블린에서 행한 협회의 회장 연설에서 한 언급을 보라. Cf. http://news.bbc.co.uk/1/hi/sci/tech/4213566.stm.

그런데 그런 점에서 유효한 것으로 인정되는 성체줄기세포 연구는
(4) 그 분화 전능성의 정도에서나 분화 능력에서나 배양 능력에 있어서
배아줄기세포 연구보다 효율이 떨어진다는 논의가 상당히 많이 있어
왔다.[73] 그러나 본 논문에서 살펴 본 바는 사실은 그렇지 않음을 시사해
준다. 오늘날에는 그 다기능성(pluripotency)에서나 분화 능력, 그리고
증식(분열) 능력에 있어서 성체줄기세포는 배아줄기세포 보다 못하지
않다는 연구 성과들이 점증적으로 보고되고 있다.

더구나 (5) 실제로 병을 치료하는 효능성에 있어서는 이 논문에서
살펴 본 사례들이 이미 많은 사람들이 성체줄기세포의 연구 결과가 배
아줄기세포 연구보다 우월하다고 여러 학자들과 운동가들이 이전에
말했던 바를 더 명확히 확인시켜 준다고 할 수 있다. 이미 성체줄기세
포 연구의 우위성을 언급한 예들을 인용해 보면 다음과 같다. 캐나다
의 <온타리오의 생명을 위한 연대> (Alliance for Life Ontario)의 제
키 제프스(Jakki Jeffs)는 다음과 같이 말한 바 있다. 성체줄기세포 연구
는 적법하고 도덕적이고 윤리적인 대안적 연구를 제공해 준다. 성체줄
기세포 연구는 이미 사람들의 치료적 유익을 위해 이미 많은 경우에 성
공적으로 사용되어 왔다.[74] 또한 2001년도 생명을 위한 캐나다 의사들
의 모임은 2001년에 이미 다음과 같이 말하였다. 과학적 문헌들은 성

---

[73] 가장 일반적으로는 다음을 보라: National Institutes of Health, "Stem Cell Basics," July
19, 2004. 또한 다음도 보라: "Berg leads advocacy for stem cell research."
http://www.ascb.org/news/vol22no6/policy.htm .

또한 다음도 보라. http://www.religioustolerance.org/res_stem12.htm: "[It] has been
generally believed that the cells produced have limited potential. They can only
produce a few of the 220 types of cells in the human body."

[74] Jakki Jeffs, "An alternative exists to embryonic stem cell research," *Toronto Star*,
2001-JUL-6: "Adult stem cell research provides a legitimate, moral and ethical alternative

체줄기세포는 배아줄기세포를 가지고 희망만 하고 있을 뿐인 목표들을 이미 이루었으며, 따라서 인간 배아를 파괴하는 것은 더 이상 정당화될 수 없다는 것을 웅변적으로 증거하고 있다.[75] 아마도 미국 공화당의 웰덴 의원이 2004년에 작성한 보고서에 나온 다음과 같은 비교를 위한 표는 이런 대조를 잘 보여 주는 것으로 사용될 수 있을 것이다.[76]

특히 2002년 이후에는 수많은 성체줄기세포 연구와 그 임상 실험이 그 이전 성체줄기세포에 대해서 배아줄기세포보다 못하다고 보던 견해를 일소하고 있음은 생명 공학계와 생명 공학을 위한 작업을 하는 이들이 상당히 인정하고 있는 것이다. 예를 들어, 수정 때부터는 인간 생명으로 보는 것을 상당히 비판하는 종교적 관용을 위한 홈페이지에서도 2002년 이후 성체줄기세포의 연구의 성과가 대단하여 이전과 같이 배아줄기세포 연구보다 그 잠재력이 떨어진다고 할 수 없음을 인정하면서 진술하고 있을 정도이다.[77] 그러므로 배아줄기세포와 성체줄기세포의 기능적 차이는 오늘날 그리 크지 않다고 하는 것이 인정되고 있을뿐만 아니라, 현재의 기술적 능력을 두고 볼 때에 실제적으로 병을 고칠 수 있는 능력에 있어서는 성체줄기세포의 기능이 더 효과적이라고 할 수 있다.

---

area of research. Adult stem cell research has already been used successfully for therapeutic benefit in human beings…"

[75] "Stem Cell Research," Canadian Physicians for Life, at: http://www.physiciansforlife.ca/: The scientific literature overwhelmingly demonstrates that adult stem cells are already fulfilling the goals only hoped for with embryonic stem cells, making the destruction of human embryos unjustifiable."

[76] http://www.nebcathcon.org/stem_cell_research.htm#Science-Weldon.

[77] http://www.religioustolerance.org/res_stem12.htm. 그 가운데 한 제목을 다음과 같이 말하고 있는 것을 보라: "Adult stem cells may offer greater potential than originally believed."

Adult Stem Cell Therapies	Embryonic Stem Cell Therapies
Parkinson' s	0
Cartilage defects	
Blindness	
Systemic lupus	
Multiple sclerosis	
Rheumatoid arthritis	
Severe combined immunodeficiency disease	
Cancers such as leukemias, solid	
tumors, neuroblastoma, non-Hodgkin' s lymphoma, and renal cell carcinoma	
Sickle cell anemia	
Spinal cord injury, modest improvement Liver disease	
Animal Therapies	Animal Therapies
Brain damage	Parkinson' s in rats: 50% of rats had modest improvement, but 20% died of brain tumors.
Diabetes	
Parkinson' s	
Cancer	Spinal Cord Injury: some functional recovery
Cerebral Palsy	
Retinal damage	
Heart damage	
Liver disease	
Multiple Sclerosis	
Sickle cell anemia	

III. 기독교적 관점에서의 비교

마지막으로 기독교적 관점에서 우리는 이 문제에 대해서 과연 어떤 입장을 취하여야 하는가 하는 문제를 생각해 보기로 하자. 개인에게서의 생명의 기원 문제에 대한 기독교적 관점은 인간 생명의 시작이 수정 때부터라는 전통적 기독교회의 주장에 가장 잘 나타나고 있다.

(1) 이를 위한 가장 중요한 논의는 '기독론적 논의'이다. 예수께서 인성을 취하신 시점을 과연 언제로부터라고 해야 하느냐고 물을 때, 우리는 마리아가 성령의 능력으로 남자와 전혀 상관없이 수태하게 되었을 때라고 대답하지 않을 수 없다. 마리아의 몸에 하나님의 놀라운 작용에 의해서 수정란이 형성되었을 때부터가 예수의 인성이 시작되는 것이지, 그렇게 형성된 수정란이 마리아의 자궁에 착상할 때부터라고 하든지, 약 14일 후에 원시선이 나타나게 되었을 때라고 하든지, 심장이 형성되고 예수 나름의 폐쇄 혈관계가 형성될 때라고 하든지, 뇌파가 관찰될 때라고 하든지 등등의 생각은 다 잘못된 것이다. 여기서 우리는 예수의 인성의 연속성을 강하게 주장해야 할 것이다. 하나님께서 초자연적으로 형성하신 그 수정란부터 배아기, 태아기, 그리고 아기로 태어날 때까지 모두 연속적인 과정인 것이다. 예수의 인성에 관한 이 논의는 그대로 우리네 사람들에게 적용된다. 신성의 측면에서 말하자면 (우리는 신성을 가지고 있지 않으므로) 우리는 예수와는 전혀 다른 존재이지만, 예수의 인성에 관한 한 그의 인성은 우리와 같은 인성이다. 전통적 교의적 용어로 표현하자면, 예수의 인성은 '참된 인성'(very humanity)이다. 그러므로 그의 인성이 배아로부터 연속적인 과정을 지니고 있듯이 우리의 인성도 그와 같은 연속적인 과정을 지니는 것이다.

(2) 이런 관점에서 보았을 때 몇몇 성경 구절들에서 우리가 어머니의 태속에서 조성될 때부터 주께서 우리를 아셨고, 주께서 우리를 조성하셨다고 말하는 것이 아주 자연스럽게 이해된다(시 139:13-16; 욥 10:8-12; 욥 31:15). 그리고 그런 구절에 비추어 보면 태속에서 조성되는 존재는 그 초기부터 하나님에 의해서 바로 인간으로 여겨지는 것이다. 그러므로 우리는 인간은 가장 초기 단계인 수정란과 배아로부터 인간으로 여겨지고, 그렇게 불리면, 그렇게 판단되고 있다고 해야 한다. 그런 존재를 하나님은 그렇게 조성하시기 전부터 알고 그들을 특정한 일로 부르시기도 하신다고 성경은 말한다(렘 1:5; 엡 1:3ff.). 이는 하나님의 관념 가운데 우리가 이미 있음을 말하는 것이다. 그러나 그런 존재가 실제로 있기 시작하는 것은 수정란으로부터이다.

그런데 (3) 복제 배아는 수정란이 자라서 된 배아와 의학적으로 같은 지위를 지니고 있다. 첫째로, 수정란이 자라난 배아도 46의 염색체를 가지고 있고, 복제된 배아도 46개의 염색체를 가지고 있다. 둘째로, 수정난과 배아를 자궁 내막에 착상시켜 일정한 기간을 지나면 아기로 태어나게 된다. 그런데 복제된 배아도 (물론 인간의 경우에는 아직은 이 일이 성공한 일은 없지만, 동물 복제의 경우에 비추어 보면 원리적으로는) 아기로 태어날 수 있다. 그러므로 우리는 수정 과정을 통해 형성된 보통 배아나 체세포 복제 방식을 통해 형성된 복제 배아가 일단 의학적으로는 같은 지위에 있다고 확언할 수 있다.

그리고 우리는 이에서 더 나아가서 (4) 복제 배아도 보통 배아와 같은 윤리적 지위를 지니고 있다고 논의해야 한다. 의학적으로 같은 지위에 있는 것을 아직은 복제 배아가 실제적 인간으로 태어난 일이 없다는 근거에서 차별할 수 없는 것이다. 이 점에 동의하지 않는 사람들은 (a) 실제 인간이 복제 방식으로 태어난 후에야 우리는 그 둘의 윤리적 지위를 동일시할 수 있다고 하거나, (b) 실제 그런 일이 발생해도 보통 생육법으로 태어난 아기와 복제 방식으로 태어난 아기를 차별해야 한다고 해야 하는데, (a)의 경우는 후에 발생할 문제를 당장은 거부하려는 것일 뿐이고, (b)의 경우는 명백한 차별이다. 그러므로 우리는 수정의 방식으로 형성된 배아와 체세포 복제 방식으로 형성된 복제 배아의 윤리적 지위가 같다고 논의할 수밖에 없다.

이런 기독교의 기본적 주장에 근거하면, (5) 인간에 대한 모든 복제는 그것이 배아 복제이든지, 소위 말하는 치료적 복제이든지 모두 기독교적 관점에서는 '인간'을 복제하는 것이 된다. 그러므로 모든 복제는 재생산적(reproductive)이라는 존 킬너(John F. Kilner)와 로버트 조지(Robert P. George)의 말에 우리는 동의하지 않을 수 없다.[78] 인간 배아 복제의 경우에는 일단 체세포 핵이식 방법에 의해서 인간 배아를 존재케 하고, 배아줄기세포 추출을 위해서 그렇게 형성된 인간 배아를 죽이는 것이 되기 때문에 우리는 배아 복제 방식에 근거해서 배아줄기세포를 추출하는 것에 동의할 수 없다.

더구나 오늘날 인간 배아에 대해 인간으로서의 존중을 하지 않는 일은 만연화 되어서 어떤 이는 인간 배아가 지금 동물 성체보다 더 못한 취급을 받고 있다고 지적할 정도이다.[79] 생명 공학 기술의 진전 과정에서 나타난 이와 같은 상황은 얼마나 아이러니컬한 상황인가?

---

[78] John F. Kilner and Robert P. George, "Human Cloning: What's at Stake," http://www.cbhd.org/resources/cloning/kilner_george_2004-10-08.htm: "no cloning is, properly speaking, therapeutic. Cloning in the cause of biomedical experimentation is of no benefit to the subject of cloning, namely, the cloned embryo. On the contrary, that embryo is killed for the putative benefit of others."

[79] Deane-Drummond, *The Ethics of Nature*, Blackwell, 2004, p. 126: "[Adult] animals seem to have more protection than early human embryos."

그렇다면 이 모든 것에 근거한 우리의 결론은 과연 무엇인가? 인간의 생명은 46개의 유전자가 있게 되는 수정란으로부터라는 기독교적 입장에서는 잉여 배아이든지, 핵치환술을 사용해 복제된 배아의 경우이든지 그 어떤 배아를 사용한 배아줄기세포 연구에 찬성할 수 없다. 더구나 현재 기술적 상황을 볼 때 인간의 여러 난치병을 효과적으로 빨리 치료하기 위해서라도 성체줄기세포 연구에 치중해야 한다는 점을 말하지 않을 수 없다. 기독교적인 관점을 상정하지 않은 순전히 실용적인 고려에 있어서도 성체줄기세포를 이용하여 병을 치료하는 방법을 찾는 것이 더 빠르고, 효과적이다. 더구나 인간 배아부터가 인간 생명이라는 기독교적 입장에서는 배아줄기세포 연구를 성체줄기세포 연구로 전환해야 한다고 주장하는 것은 아주 분명한 당위(ought)가 아닐 수 없다.

제6장

오늘의 동물 복제 연구와
인간 배아 복제 연구의 문제점

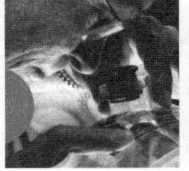

오늘의 동물 복제 연구와
인간 배아 복제 연구의 문제점

I. 최초의 복제 양 돌리의 안락사 소식을 접하고서

1996년 7월 5일에 체세포 복제 방식으로 태어나 1997년 2월 23일자 ≪네이처≫(*Nature*)에 소개되면서 온 세상을 놀라게 하고, 그로부터 시작된 동물 복제와 인간 복제의 기원을 이룩하였던 최초의 복제 양 돌리가 그동안 나타내던 조로(早老) 현상을 극복하지 못하고 결국 안락사 되었다.

돌리를 복제했던 스코틀랜드 에든버러에 있는 로슬린연구소는 이미 1999년에 돌리의 체내에 있는 세포들이 늙은 동물들에게서 나타나는 노화 조짐을 보이기 시작했음을 발견했다. 그러다 돌리는 늙은 양들, 특히 옥내에 수용된 양들에게는 흔한 진행성 폐질환을 앓고 있었는데, 돌리를 결국 도축(屠畜)했다고 로슬린연구소가 2003년 2월 14일에 발표한 것이다.[1] 돌리 복제팀장인 이언 윌머트 교수는 2002년 1월에 돌리가 관절염을 제외하고는 6마리의 새끼를 낳고도 건강한 상태이며 소염제 치료에도 좋은 반응을 보이고 있다고 한 바 있다. 그러던 돌리의 죽음은, 본래 돌리가 6세난 암 양의 체세포를 가지고 복제한 양이므로 '정상적인 양이 사는 11년-13년 정도를 다 살지 못한 채 남은 7년 정도를 살지 않을까' 하던 우려를 그대로 현실화한 것으로 보인다(1996년 7월부터 정확히 6년 7개월을 산 것이니 말이다).

돌리의 경우에 있어서는 체세포 복제에 사용한 DNA 자체가 나이든 것이기 때문에 조로하는 것으로 보였고, 또 그것 때문에 죽게 되었다고 생각된다. 그렇다면 앞으로도 모든 복제된 생물은 그 체세포를 사용한 존재의 평균 수명의 잔여 기간을 산다고 단언할 수 있을까? 그렇지는 않을 것이다.

이 전에도 돌리의 조로 소식을 접하면서 과학자들은 조로 문제의 원인이었던 텔로미어를 어떻게 하면 짧지 않게 할 수 있을지를 연구하여 왔고, 그 문제를 해결한 복제 소 출현에 대한 보고도 있었기 때문이다(2000. 4. 24).[2] 그러나 돌리의 이른 죽음의 소식은 복제 실험이 다른 수많은 문제 외에도 이런 죽음과 관련된 또 다른 문제를 가지고 있다는 것을 우리에게 보여 주는 것이라 할 수 있다.

복제 동물에게서 나타난 이러한 문제들을 보면 복제 인간을 형성시켜 보려는 시도는 참으로 무모한 것이라는 생각을 굳히게 된다. 1996년에 로슬린연구소와 함께 복제 양 돌리의 탄생 작업에 참여했던 앨런 코울먼 박사도 "(돌리의 죽음은) 복제를 합법화하려는 이들이 얼마나

---

[1] 초판, 185-88 참조.
[2] 초판, 138에 있는 자료 참조.

어리석은지를 어느 때보다 잘 보여 준다고 생각한다"고 말했다. 그는 또한 "복제의 장기 효과에 대한 지식으로 미뤄 볼 때 인간 복제를 추진하는 일은 수치스러운 일"이라고 경고했다.[3]

이와 같은 앨런 코울먼 박사의 말이나 그 외의 여러 과학자들의 말을 다 생각해 보고 여러 현상을 살펴보면서, 우리는 인간을 복제하려는 시도를 중단해야 할 것이다. 그리고 그와 더불어 인간 생명 문제에 대한 근본적인 새로운 인식이 필요하다. 아마 가장 효과적인 방식은 인간은 다른 피조물들과 상당히 비슷하면서도—인간의 유전자가 쥐의 유전자와 95퍼센트 정도를 공유한다는 보고를 생각해 보라[4]—아주 다르게 형성된 존재라는 인식을 가져야 할 것이다. 그런 독특한 존재 형성의 가능성에 대한 가장 개연성 있는 설명, 그리고 가장 확실한 설명은 역시 인간을 하나님의 형상으로 아주 독특하게 지으셨다는 성경적 이해라고 할 수 있다.

이렇게 성경적 관점에서 인간 생명을 바라보아야만 사람들이 인간 배아를 복제하여 그로부터 인간을 위한 여러 가지 유용한 장기 생산과 여러 이용의 길을 찾으려고 하는 시도도 하지 않게 될 것이다. 체세포를 사용한 배아 복제도 그 초기 단계는 결국 인간 성체 복제의 초기 단계를 그대로 사용하는 것이므로, 이번 돌리의 죽음에서 바라 본 조로의 문제를 그대로 가진 작업이라는 우려를 하게 된다. 또한 그런 배아세포를 사용해서 장기 생산 등을 한다고 해도 그런 것이 역시 비슷한 문제를 지니고 있으리라는 우려를 하게 된다. 물론 과학자들은 여러 가지 동물 복제 실험을 더 하여 이런 문제를 해결한 후에 인간 배아 복제의

---

[3] http://www.donga.com/fbin/searchview?n=200302150086.

[4] http://www.donga.com/fbin/searchview?n=200103150206.

길로 나아가겠다고 하고, 앞으로 보다 완벽한 기술이 이루어지기 위해서는 어쩔 수 없이 위험을 감수하는 실험을 해야 후대에 유익을 얻을 것이라고 하면서 과거의 의학적 실험의 예를 들기도 하지만, 그 일을 위해 그 중간 단계에서 존재의 의미도 갖지 못한 채 사라져 버리게 되는 수많은 인간 배아와 그런 것으로부터 기인된 문제 속에 있는 여러 사람들을 어떻게 하려는지 모르겠다.

우리는 일본 제국주의자들이 한국과 중국 사람들을 대상으로 생체 실험을 하던 만주의 생체 실험실을 바라보면서 그것은 인간에게 하지 못할 일을 한 것이라고 하지 않는가? 그들을 통해서 그래도 의학이 많이 발전했기에 부정적인 면이 있기는 하지만 결론적으로는 의미 있는 일이었다고 말하려는 이들에 대해서 우리는 무엇이라고 말할 것인가? 우리 시대의 인간 개체 복제를 시도하는 이들이나 인간 배아 복제의 필요성을 강변하는 이들에게도 인간의 생명이 과연 어떤 성격을 지닌 것임을 잘 아는 이들은 같은 이야기를 해야 하지 않을까? 물론 이 말은 이런 주장을 하는 이들을 비난하고자 하는 의도로 하는 말은 아니다. 오히려 우리가 이 문제를 좀 더 심각하게 여기고서 보다 많은 사람들에게 인간적 생명의 고귀성을 천명하는 작업을 해야 한다는 것을 말하는 것일 뿐이다.

이 시대의 진정한 인간 생명 지킴이는 인간 생명의 본래적 모습을 제대로 이해하는 그리스도인들일 것이니 말이다. 이 시대의 그리스도인들이 그 사명을 다 하지 못하면 우리는 이 시대에 형제의 생명을 지키는 자들의 역할을 다 하지 못하는 또 다른 가인의 모습으로 나타나게 될 것이다. 수많은 생명이 소리도 흔적도 없이 사라져 가면서 우리의 귀에는 들리지 않는 소리를 하나님께 높일 때, 우리는 과연 어디서 무엇을 하고 있는 것일까?

II. 스너피 복제를 통해 본 동물 복제와 그 함의에 대한 기독교적 생각

인간 배아줄기세포 연구로 2005년 5월 20일에 전 세계의 이목을 집중시켰던 황우석 교수 팀은 2005년 8월에는 개 복제 성공에 대한 발표로 다시 모든 사람의 시선을 집중시킨 바 있다. 황 교수의 다른 연구의 진실성의 의문시 되는 상황에서도 이 스너피 복제에서만은 성공하였다는 서울대 조사 위원회의 발표는 우리로 하여금 이 문제를 좀 더 생각해 보도록 한다. 황우석 교수가 수의학자로서 자신의 본 영역인 동물 연구에서 젖소 영롱이(1999년 2월), 한우 진이 복제(1999년 4월)와 형질 전환 돼지 복제(2002년 7월), 그리고 광우병 내성소 복제(2003년)에 이어[5] 또 하나의 동물 복제에 성공한 것이다. 2002년 8월부터 시작된 이 개 복제 실험은 3개월 전에 성공해서 스너피(Snuppy)는 다른 개들과 같이 63일의 임신 기간을 거쳐서 2005년 4월 24일 제왕절개로 출생된 지 3개월째 되는 8월 4일 오전 2시(한국시간) ≪네이처≫(*Nature*)지 최근호에서 보고되었다.

1996년 7월 5일 복제 양 돌리의 탄생으로 본격화된 동물 복제는 생쥐("큐뮬리나", 1998, 미국 화와이대 류죠 야나기마치 박사 팀), 소(8마리, 1998, 일본 긴키대 쓰다노 유키오 박사팀), 돼지(2000년 3월 영국 바이오벤처 PPL 세러퓨틱 사 연구팀), 염소("위앤위앤", 2000, 중국 서북농림 과학기술대 장용교수팀), 형질 전환 복제 돼지(2001, 미국과 한

---

[5] 다른 곳에서 지적한 바와 같이 이상의 복제에 대한 정보는 학술지에 논문으로 발표하지 않고 직접 언론 기관을 통해 발표한 것이기에 과학적 검증이 어려운 본인들의 주장으로 여겨질 수 있다. 이 문제에 대한 다양한 문제에 대해서는 2006년 1월 11일에 방영된 "PD 수첩"을 참조하라.

국), 토끼(2002, 프랑스 농학 연구소 장 폴 르나르 박사팀)의 복제에 이어, 제브라 피쉬라는 열대어(2002년 7월, 미국 UCLA 이기영 박사), 그리고 2002년 2월 21일에 미국 텍사스의 A&M 대학교 연구팀(신태영 박사도 일원)에 의해서 고양이(Cc)가 복제됨으로써 애완동물 복제의 길이 열렸었고, 우리나라에서도 순천대 동물 자원학과의 공일근 교수가 2004년 8월에 고양이 복제를 하는 데 성공했었는데, 이제 황우석 박사에 의해 개의 복제가 성공하였으니 세계의 많은 이들이 그 동안 기다려 왔던 애완견을 복제하는 데에 많은 관심을 나타내 보일 것으로 예상된다. 그 외에도 노새(아이다소 젬, 2003, 미국 아이다호 대 고든 우즈 박사팀), 말 ("프로메테이아", 2003년 이탈리아 스파란트니 축산 연구소 체사레 갈리 박사팀), 사슴("듀이", 2003년 미국 텍사스 A&M대 신태영 박사팀), 그리고 쥐(rat "랄프", 2003년 중국과 프랑스 공동연구팀) 등이 복제되었었다. 그러므로 이번 개 복제의 성공은 생물 종으로는 13번째 생물의 복제라고 한다.

동물 복제에 대해서는 그것이 동물권을 크게 침해하지 않는 범위에서 이루어진다면 그렇게 크게 반대할 이유는 없을 것이다. 그러나 이번의 스너피의 경우에는 123마리의 암캐로부터 한 마리당 평균 12개의 난자를 채취하여 수캐의 체세포와의 융합을 하여 생성된1,095개의 복제 수정란을 다시 난자를 제공한 암캐들의 자궁에 주입하여 3마리에게서 임신되었는데, 그 중 한 마리는 유산하고, 두 마리만 출산되었는데 그 중 한 마리가 생후 22일째에 죽고 오직 스너피만 살아남아 3개월째를 맞이하고 있다고 발표하였다. 복제 성공률이 0.09%(1/1,095)로 나타난 것이다. 이것은 개의 복제가 양의 복제나 다른 동물들의 복제 보다 얼마나 힘든 것인지를 잘 보여 주는 것이다. 이 실험을 성공시킨 황박사 팀도 체세포 복제 방법을 사용한 원숭이 같은 것의 복제는 그 확률이 더 낮고, 거의 불가능하다고 주장했다. 물론 수정란 분할 방법으로 렉서스 원숭이 복제에 성공한 일은 있었다(2000). 이 개 복제 실험으로 우리는 복잡한 동물의 경우의 체세포 복제가 얼마나 어려운 지를 더 잘 알게 되었다. 그러나 문제는 이와 같은 복제 작업이 궁극적으로 가져올 수 있는 최후의 요구에 대한 것이다. 특히 지난 5월에 인간 배아를 복제하여 그로부터 인간 배아줄기세포를 이끌어낸 황 교수팀이 동물 복제를 계속하다 보면 인간 개체 복제의 길로 나갈 위험성이 없는가 하고 많은 사람들이 걱정한다. 이번 개 복제에 대해 발표하면서도 많은 이들은 개와 동물의 같은 염색체가 207개나 되어 돼지와 같은 것이 65개, 고양이와 같은 것이 123개 보다 더 많다는 것과, 개와 인간이 심장병 당뇨병 등 같은 병에 걸릴 수 있는 병이 65개나 되기에 인간 배아줄기세포의 안정성을 시험하기 위한 목적으로 주로 사용하기 위해 복제 하는 것이라는 것을 강조했다. 물론 황 교수는 처음부터 자신은 인간 개체 복제를 하지 않겠다고 천명해 왔다.

황 교수께서 인간 개체 복제를 하지 않으리라는 것을 부인하거나 의심할 사람은 없을 것이다. 그러나 유전학적으로 인간과 좀 더 유사한 구조를 지녔다고 하는 개의 복제에 성공한 이 순간 그의 마음속에 인간 복제의 가능성을 전혀 생각하지 않는다고 할 수 있을까? 그러나 그것은 그의 마음속의 생각이고(우리가 어떻게 남의 마음의 비밀을 찾아 낼 수 있겠는가?), 아마 황 교수께서는 그의 평생 인간 개체 복제를 시도하지 않을 것이다. 그의 말을 믿어야 한다. 그는 자타가 공인하는 대한민국 1호 과학자니까 말이다. 물론 이 또한 철회가 되는 일이 되었지만.

그러나 이런 동물 복제 기술이 발전하고 인간 배아 복제 기술이 계속 발전해 갈 때 잘못된 어떤 전문적 기술자에 의해서 인간 개체 복제가 시도될 가능성이 없다고 하기는 어렵다. 그렇게 되면 황 교수를 비롯한 상식을 가진 과학자들은 자신들의 숭고한 의도에 반하여 이 인간 개체 복제를 간접적으로 지원해 준 것이 된다. 물론 황 교수 자신과 그 팀의 학자들이 그 일에 대해서 직접적인 책임을 질 수는 없다. 그러나 그런 상황에서 동물 복제와 인간 배아 복제 기술을 끊임없이 발전시켜 간 사람으로서의 책임이 과연 없다고 할 수 있을까?

그러나 미래에나 있을 수 있는 이런 일 보다 사실 더 심각한 문제가 지금 현재의 연구 가운데 깃들여 있다. 많은 사람들이 도외시하며 무시하는 문제인 이 심각한 문제는 인간 배아를 복제하는 것이 개체 복제는 아니지만 사실상 인간 복제의 시도라는 것이다. 물론 황 교수 등은 배아 복제가 인간 복제는 아니라고 주장한다. 그 분들은 배아를 인간으로 보지 않기 때문이다. 수정란으로 치면 수정된 후 5일에서 10일 정도 되어 50-150개 정도의 세포로 나누어진 배반포 단계의 초기 배아를 과연 어떻게 보느냐에 따라서 입장이 나누어진다.

여기서 우리 그리스도인들의 입장이 온 세상을 향해 아주 분명히 드러나야 한다. 그리스도인들은 수정 순간부터를 인간 생명의 시작이라고 본다. 그러므로 의학적으로 수정란과 같은 지위를 지닌 인간 배아를 형성시키고 그로부터 인간 배아줄기세포를 이끌어 내는 것은 결국 인간 배아를 죽여서 인간 배아줄기세포를 얻는 것이 된다. 기독교적 관점에서 이것은 배아 살해를 하는 것이다. 배아 살해는 인간 살해이다. 우리는 인간 배아도 인간으로 여기기 때문이다.

물론 황 교수 등은 배아를 인간으로 여기지 않는다. 그렇기에 그 분들은 인간 배아를 가지고 연구하며 실험하고 그로부터 인간 배아줄기세포를 이끌어 내는 것이다. 그리하여 그로부터 배아줄기세포를 이용한 치료법을 개발하려고 한다. 배아줄기세포는 그 어떤 세포로든지 분화될 수 있는 분화 전능성을 지닌 세포이기에 이를 사용해서 여러 종류의 난치병을 치료할 수 있지 않겠느냐는 것이다. 그러나 그것이 성공하려면 앞으로 10년에서 20년 이상의 시간을 인내를 가지고 지켜보아야한다. 즉, 아직까지 인간 배아줄기세포를 이용해 치료해 낸 병은 없다. 그러므로 인간 배아줄기세포 연구를 하는 사람들은 단지 앞으로 있을수 있는 가능성만을 가지고 10년에서 20년 동안 수많은 인간 배아들을파괴하는 실험을 하는 것을 허용해 달라고 하는 것이다.

기독교적인 관점에서 우리는 이에 동의할 수 없다. 그렇다면 우리 주변의 수많은 난치병 환자들을 우리는 도외시하는 것인가? 강하게 말해서 그렇지 않다. 우리가 배아줄기세포 연구에 반대하는 이유는 우리는인간 배아를 인간 생명으로 보기에 (1) 인간인 배아의 파괴를 견딜 수없어서 이기도 하지만, 또한 (2) 우리 주변에 수많은 난치병 환우들에대한 실질적인 사랑에서이다. 왜냐하면 우리 주변의 난치병 환자들이성체줄기세포를 이용한 치료를 통해서 회복될 수 있는 길이 더 빨리 열릴 수 있기 때문이다. 배아줄기세포 연구는 그냥 가능성만 가지고 기다리는 것이 되지만, 성체줄기세포 연구는 어느 정도의 확실한 임상 실험에 근거한 확실한 희망을 가지고 기다리는 것이 된다. 그러므로 난치병환자들을 참으로 사랑한다면 성체줄기세포 연구에 좀 더 많은 시간과돈을 들여서 더 좋은 줄기세포 치료법이 빨리 개발되도록 해야 한다.성체줄기세포를 이용한 치료는 윤리적 문제를 전혀 일으키지 않을 뿐만 아니라, 지금도 많은 효과를 보는 임상 연구가 보고 되고 있으므로보다 좋은 치료법 개발의 희망이 더욱 빠르고 크기 때문이다. 개 복제나 배아줄기세포 연구에 사람들이 얼마나 많은 돈을 필요로 하는 지를생각해 보면 이와 같은 실험에 많은 시간과 돈을 투입하는 것이 과연윤리적인가 하는 생각도 하지 않을 수 없다. 예를 들어서, 고양이 복제에 성공한 미국의 지네틱 세이빙스 앤드 클론사는 개 복제를 위해 지난

3년간 600만 달러(약 72억 원)을 투자했었다고 한다. 그 많은 돈을 좀 더 유용한 곳에, 예를 들어서 좀 더 빨리 난치병 환자들을 도울 수 있는 성체줄기세포 연구 같은 것에 투자하는 것이 더 윤리적인 것이 아닐까?

동물 복제와 인간 배아줄기세포 연구가 같은 실험실에서 진행되는 이런 상황에 대해서 큰 우려를 표하지 않을 수 없다. 이는 우리가 과학 기술 발전에 무관심하기에 하는 말이 아니다. 주변에 척추 손상 환자나 백혈병 환자 당뇨병 환자, 알츠하이머 병 환자 등 수많은 난치병의 조속한 치료를 위해 우리는 오히려 성체줄기세포 연구에 더 힘써야 할 것이다. 그것이 오늘날 우리 주변에서 들려오는 복제 연구와 배아 복제 연구의 현실 앞에서 가장 바르고 책임 있는 과학 기술의 사용을 위해 기독교가 오늘날 외쳐야 할 광야의 소리이다.

III. 황우석 교수팀의 논문 조작 사건에 관한 한 생각

황우석 교수팀이 2004년 2월 12일에 낸 논문이 실제로는 인간 체세포 복제에 의한 복제 배아줄기 세포주 수립이 아니고, 이를 위한 실험을 하다가 우연히 일어나 단성 생식으로 이루어진 배아줄기세포를 체세포 복제에 의한 인간 배아줄기 세포주 수립으로 발표한 것이며, 2005년 5월 19일에 발표한 환자 맞춤형 배아줄기 세포주 수립은 처음부터 전혀 이루어지지 않은 것이었다는 서울대 조사위원회의 보고서가 발표되었으며(2006년 1월 11일), 기본적으로 이를 시인하며 사과하면서 자신이 책임을 지겠다고 하는듯하면서도 근본적 책임을 다른 이들에게 전가시키면서 자신은 억울하다는 듯한 인상을 풍기는 황우석 교수의 기자 회견이 있었다(2006년 1월 12일). 이제 황우석 교수가 주장하는 바꿔치기 의혹에 대해서와 관련된 사실 관계에 대해서와 조작된 논문에 대한 연구비와 후원비에 대한 감사원과 검찰의 조사가 이루어지면서 황 교수는 서울대 교수직에서 파면되었다. 이런 상황에서 우리는 어떤 생각을 해야 하며, 어떤 태도를 표명해야 할 것인가?

무엇보다 먼저, 성경에 충실한 기독교계에서는 처음부터 인간 배아 복제 자체에 대해서 강하게 반대하여 왔기 때문에 이번 기회에도 인간 배아 복제의 근본적인 문제를 지적해야 할 것이다. 이번 일을 계기로 기독교계 안에서는 물론 일반인들까지도 인간 배아 복제의 근본적 문제를 심각하게 생각하는 일이 되었으면 한다. 그러나 전반적으로 그런 분위기가 우리 사회에서 나타나고 있지 않은 현상에 대해서 심각한 우려를 표한다. 황우석 교수의 논문이 조작된 것이기에 문제라는 것에서 더 나아가 더 근본적으로 인간 배아를 복제하고 인간 배아를 가지고 실험하고 우리의 목적을 위해 사용할 수 있다는 생각이 더 심각한 문제이다. 후자는 생명과 관련된 문제이기 때문이다. 그런데 한국사회 일반에서는 이에 대한 문제의식이나 반성이 전혀 없어 보인다. 사실은 그것이 우리 사회의 가장 큰 문제라고 여겨진다. 황우석 교수 사태와 관련하여 여러 사람들에게서 윤리 문제가 논의되고 있으나, 진정한 생명 윤리 의식은 실종되어 있는 것이 황우석 교수가 여러 번 찾아 부르는 대한민국 사회의 근본적 문제이다. 물론 성경적 관점을 가지지 않은 일반인들이 인간 배아부터를 인간으로 여기며 인간 배아를 존중하는 태도와 의식을 가지기는 쉽지 않을 것이다. 여기 그리스도인들의 온전한 생명 윤리 의식과 그에 근거한 활동과 권면이 요구된다.

인간 배아를 존중하는 그리스도인이 앞장서서 낙태 반대 운동과 시험관 아기 시술에 있어서 잔여배아가 새겨지지 않도록 하는 운동, 즉 한 번에 하나의 수정란만을 사용하도록 하는 운동을 좀 더 강하게 전개해 나가야만 한다. 단 하나의 배아만을 자궁에 이식하는 방법(single embryo transfer, SET)은 이미 스웨덴에서는 2003년부터 공공 보건 의료에 의해 제공되는 시험관 아기 시술에서는 이런 방법을 사용하도록 했다고 한다. 그래도 임신 성공률의 차이기 없었고, 임신 합병증의 위험성과 확률이 감소하였다는 연구 보고도 있다.[6] 그러나 혹시 이제까지 일반적으로 주장된 바와 같이 이와 같은 방법의 사용이 임신 성공률이 낮추고, 돈이 많이 든다고 해도 그리스도인들은 잔여배아 생성을 우려하면서 이 방법을 적극 추천하며 이를 이루기 위한 희생적 노력을 해야 할 것이다. 그래야만 인간 배아를 가지고 실험하는 일에 대해 효과적으로 반대할 수 있을 것이며, 따라서 '치료적 인간 배아 복제'에 대해서 강하게 반대할 수 있다. 그러나 그리스도인의 이런 노력은 이 세상에 살면서 다른 사람들의 생명을 존귀하게 여기며, 다른 이들의 인권을 존중하는 삶의 태도 위에서만 효과적으로 이루어 질 수 있다. 그리스도인은 인간 배아를 포함해서 모든 인간을 존중하고 그들의 삶을 보존하고 그 삶의 질을 높이는 일에 앞서는 진정한 생명 지킴이로 세상에 있어야만 한다. 그 결과로 이 세상에 이런 의미의 포괄적인 생명 운동이 폭 넓게 전개될 수 있었으면 한다. 황 교수 사건을 계기로 하여 이 세상에 윤리를 참으로 중시하는 분위기가 나타날 뿐만 아니라, 진정한 생명 윤리를 존중하며 생명을 존중하는 분위기가 나타날 수 있기 바란다.

둘째, 이번 사태 이후로 혹시 잔여 수정란에서 기원한 인간 배아줄기세포주를 사용하여 인간 배아줄기세포 연구하는 일에 관심이 더해지고, 이제는 그와 같은 방식으로 인간 배아줄기세포 연구를 하여 난치병

---

[6] P. Saldeen and P. Sundstrom, "Would Legislation Imposing Single Embryo Transfer be a Feasible Way to Reduce the Rate of Multiple Pregnancies after IVF Treatment," *Human Reproduction* 20/1 (2005): 4-8, 박재현, "시험관 아기 시술과 배아줄기세포 연구의 관계". 『통합연구』 통권 45호 제 18권 2호(2005), 40, n. 12에서 재인용.

환자를 치료하겠다는 노력이 나타나지 않도록 하는 데 모든 국민의 관심과 방지 노력이 요구된다. 더구나 마리아 생명공학 연구소의 박세필 박사는 이와 같은 방식의 배아줄기세포 연구에 대해 미국에서의 특허를 받은 상태이고, 우리나라의 불임클리닉에는 수많은 잔여배아가 있으므로 앞으로 이런 식의 연구가 많이 나타날 위험이 매우 큰 것이다. 그러므로 이번 사태를 기회로 해서 잔여 수정란을 사용한 인간 배아줄기 세포 연구에 대해서도 그 위험성을 분명히 지적하면서 이에 대한 강한 반대를 해야만 할 것이다.

셋째, 그러면 잘못된 희망을 가지고 있다가 실망과 절망에 빠진 난치병 환자들과 그 가족들에 대해서는 어떻게 해야 하는가? 그들에게도 현재 과학 기술의 현황을 있는 그대로 제시해야 할 것이다. 지금 현재의 생명 과학적 기술로는 (1) 인간 배아줄기세포를 사용하여 인간의 난치병을 치료한 사례가 하나도 없으며, (2) 동물 배아줄기세포나 인간 배아줄기세포를 가지고 동물 치료 실험을 한 결과 난치병을 치료하는 예가 있으나 배아줄기세포는 불안정하여 여러 가지 세포가 나타날 가능성이 너무 높고, 암 발생률이 너무 높으며, 염색체 이상이 나타나기 쉽다. 그러나 성체줄기세포를 이용한 치료 실험은 동물세포에서도 성공한 사례가 많고, 65종 이상의 인간의 질병도 치료한 임상 사례들이 자주 보고 되고 있으므로 이런 사례들에 대한 계속적인 사후 조사(follow-up study)와 함께, 성체줄기세포 연구에 더 많은 관심과 연구를 지속해야 할 것이다. 그것이 난치병 환자들과 그 가족들에게 진정한 희망을 제시하는 것이 될 것이다. 그러므로 이번 사태를 계기로 생명과학계와 우리 국민들 모두가 인간 배아를 파괴하는 윤리적 문제를 일으키지 않고, 인간 질병 치료에 효과를 나타내 보이고 있는 성체줄기세포 연구에 더욱 힘을 기울이도록 해야 한다.

넷째, 이번 사건 속에서 드러난 수많은 난자 사용에 대해 모든 사람들의 경각심이 나타날 수 있도록 그리스도인들이 앞장 서야 한다. 우리들 모두는 황 교수팀이 2,000개 이상의 난자를 사용하여 결국 우연히 일어난 단성 생식으로 이루어진 단 하나의 줄기 세포주를 얻었다는 이 현실의 문제를 직시해야 한다. 그 난자를 제공한 분들 가운데서 상당수는 자신들이 제공한 난자가 어떻게 사용될 것인지도 몰랐을 것이고, 난자 공여 이후에 심각한 후유증을 지니고 있을 것이다. 이것은 여성의 인권을 심각하게 모독하는 일의 하나이다. 그리고 세계적으로 이와 같이 난자를 마음대로 사용하는 나라는 이 세상에 없다는 심각한 문제가 우리 앞에 제시된 것이다. 이런 비윤리적인 분위기가 대한민국의 국가 신인도를 떨어뜨리고 이 나라가 얼마나 비윤리적인 국가인지를 잘 드러내어 보인 것이다. 생명 윤리를 존중하는 국가만이, 그리고 그런 분위기를 가지고 있는 국민들만이 세계적으로 존중받을 수 있는 국가와 국민이다. 이제라도 진정으로 생명 윤리를 높이는 나라로 나타나는 일에 그리스도인들이 앞장 서야 한다.

이와 관련해서 인간 난자를 찾기 어렵게 되면 이제까지 많이 실험된 바와 같이 동물의 난자에 인간의 체세포 핵을 주입하는 이종 교잡의 체세포 복제를 하려는 시도가 더욱 많이 나타날 위험이 있다. 그렇게 해서 이종 교잡이 이루어지지 않도록 하는데 우리 모두가 관심을 기울여야만 한다. 그런데 작년 1월 1일부터 효력을 발휘하고 있는 우리나라의 <생명 윤리 및 안전에 대한 법률>이 이런 이종 교잡을 근본적으로 배제하지 못하고 있으므로 이를 배제하는 형태로 이를 고치는 운동이 일어나야 한다. 이런 문제를 포함하여 이 법률의 다양한 문제점에 대한 헌법 소원에 대한 헌법 재판소의 바른 판단이 나타날 수 있기를 기대한다.

다섯째, 모든 사람이 느끼고 있겠지만 이제는 연구 윤리를 확립하고, 지식의 윤리를 강조하는 일의 중요성이 더욱 강하게 강조되어야만 한다. 연구 윤리의 확립은 이번 황 교수 사태에서 드러난 바와 같은, 또는 그와 같거나 그에는 미치지 않으나 그 어떤 형태로든 이루어지고 있는 조작에서 벗어나는 바른 연구의 풍토가 학문 연구와 발표와 검증의 모든 장에서 조성되어야 한다는 것이다. 지식의 윤리는 우리의 연구가 과연 어떤 목적을 위해 이루어지고 있으며, 그 결과가 어떤 것인가의 문제까지도 고려하는 연구가 이루어져야 한다는 것이다. 더 나아가 우리 사회 속에서 모두가 진실과 정직을 존중하는 분위기가 이루어 질 수 있어야 할 강한 필요를 느낀다. 많은 이들이 황우석 교수의 회견에서, 특히 마지막 회견에서 과학자보다는 정치인의 모습을 본다는 말을 했다. 안타까운 일이다. 그러나 이 말이 정치인들에 대한 모독으로 여겨지는 날이 속히 올 수 있었으면 하는 마음이 가득하다.

마지막으로, 우리 사회 전체와 언론계와 특히 정치계에서 자신들의 목적을 위해서 필요한 것을 선별적으로 이용하고, 그것을 위해 필요하다면 다른 것들을 희생시키는 그런 분위기가 없어져야 할 것이다. 따라서 황 교수팀만이 책임을 지면 다 되는 것이 아니고, 객관적 보도를 하지 못했던 언론계에서도 지금까지의 사과 이상의 사과와 자정 노력을 해야 할 것이다. 특히 청와대와 정치권의 책임자들이나, 이에 관여된 과학 기술부와 국정원의 은폐 시도와 관련된 이들은 엄정하게 책임을 지는 일이 있어야 할 것이다. 항상 진실을 향해 나아가고 그렇지 않은 것에 대해서는 엄정하게 책임을 묻는 사회적 분위기가 조성되어야 하고 그 일에 우리 모두가 앞장 서야 한다.

황우석 교수 사태는 이와 같은 여러 문제를 반성하게 하여 우리 사회를 좀 더 윤리적이며 생명을 존중하는 사회가 될 수 있도록 도움이 되는 계기와 기회로 삼아야 할 것이다.

IV. 영화 "아일랜드"를 보고

얼마 전에 가족과 함께 영화 "아일랜드"를 보았다. 필자의 개인적 소견으로는 영화 "아일랜드"는 최근에 우리나라에서 개봉된 외화 가운데서 "킹덤 오브 헤븐" 다음으로 잘된 수작(秀作)이라고 여겨진다. 이 두 가지 영화는 그 시사하는 바가 시의 적절하여 21세기를 살고 있는 사람들에게 던져 주는 전 세계적인 메시지를 가지고 있으면서 동시에 (이런 교훈적 내용을 지닌 다른 영화들과는 달리) 전혀 지루하지 않게 영화를 잘 이끌어 간다는 특성을 지니고 있다.

"아일랜드"의 경우는 지금 진행되고 있는 인간 복제 배아 연구에 어떤 정신 나간 과학자들의 호기심과 경제적 특수를 노리는 인간의 탐욕이 합하여지면 과연 어떤 가공(可恐)할만한 일이 벌어질 수 있는지를 잘 제시하고 있다. 체세포 복제의 방식으로 복제 인간들을 만들어서 그들을 땅 속에 있는 일정한 지역에서 항상 흰 유니폼을 입혀 과학적으로 잘 관리하고 있다가 원본 인간의 장기나 기타 문제가 생겼을 경우 그 원본 인간을 위해 복제 인간의 장기 등을 제공하고 본인은 폐기 처분된다는 기본적인 틀에서 영화가 진행된다. 물론 복제 인간들은 자신들이 이렇게 이용되고 있다고 전혀 짐작하지 못하고, 일종의 세뇌와 홀로그램의 영향으로 자신들은 원폭 등으로 파괴된 지구의 바다 한 가운데서의 유일한 생존자들로서, 유토피아처럼 보이는 곳에서 과학적으로 잘 살아가고 있다고 여긴다. 그들은 때때로 주어지는 지구의 유일한 오염되지 않는 땅이라는 "아일랜드"에 갈 수 있는 복권(lottery)에 당첨되기만을 기다리며 사실상 복제 인간들의 인공 자궁에 주입되는 수액들과

약품들을 조절하는 노동을 강요받으면서 자신들의 진정한 정체를 모른 채 살아간다. "아일랜드"로 가는 복권이 당첨된 복제 인간들은 뛸 듯이 기뻐한다. 마치 "하늘"(heaven)로 가는 것처럼 말이다. [사실 "당신은 선택됐어요!(You have been chosen)]라는 말과 여기에 우리 기독교인들의 "하늘" 소망에 대한 은근한 조롱이 나타나고 있다는 점을 주목할 수도 있다.) 그러나 그 "아일랜드"로 가는 복권 당첨은 사실상 원본 인간을 위한 장기 제공이나 여성의 경우에는 자녀 출산 등의 수고를 하고 폐기 처분되는 길이다. 그러므로 원본 인간에게 병이나 사고가 없으면 복제 인간은 원본 인간이 나이가 많아져서 일정한 장기에 문제가 생길 때까지는 오랫동안 아일랜드로 가는 복권에 당첨되지 못한 채 안타까워하게 된다. 그래서 때로는 심하게 투정하면서 지내야 한다. 이는 복권에 당첨되는 것이 사실은 자신의 죽음의 길이라는 것을 모르는 정황의 아이러니를 잘 묘사하는 부분이다.

이 영화 속에서는 호기심이 많아 그 결과 이런 사실을 알게 된 한 복제 인간인 Lincoln Echo-6(이완 맥그리거, Ewan McGregor분)가 다른 복제 인간 여성인 Jordan 2-Delta (스칼렛 요한슨, Scarlett Johansson분)과 함께 지상 세계로 나가 자신의 원본 인간을 만나는 등의 과정을 통해 실상을 파악한 뒤에 다시 지하 세계로 들어 와서 (플라톤의 동굴의 비유를 연상시키는 발상?) 결국 복제 인간 관리소를 파괴하고 다른 복제 인간들을 풀어 자유롭게 하며 그들의 정체성을 찾게 한다는 내용으로 미국 영화의 기본인 영웅 만들기, 현대판 서부 활극의 모델에 충실한 영화이다. 진부한 서부 활극의 틀을 가지고서도 지루하지 않게 줄거리를 전개시키고 있는 점도 흥미롭지만, 인간 복제 문제가 눈앞에 다가 온 현실을 고발한다는 마이클 베이(Michael Bay) 감독의 고발 의식이 돋보이는 영화이다.

물론 그럴 사람은 없겠지만 혹시 소설을 각색한 이 영화와 오늘날의 복제 기술을 혼동할 분들을 위해서 오늘날의 복제 기술의 현황을 이 영화와 비교하면서 이야기해 보는 것이 독자들의 성숙한 이해에 혹시라도 도움이 되기를 바란다.

1) 아직까지 인간 개체 복제가 성공한 일이 없다는 것은 다들 알고 있으리라 생각한다. 그래서 이 영화도 2019년을 배경으로 한 미래 영화로 나타나고 있다. 또한 인간 복제가 성공하더라도 이 영화에서처럼 성인으로 태어나거나, 복제한 지 3개월 정도 되었는데 원본 인간과 비슷한 성숙성을 가진다는 것은 있을 수 없는 일이다. 현재의 동물 복제 기술을 그대로 적용할 때 체세포 복제된 배아를 대리모의 자궁에 착상시켜 10개월 동안 태에서 자라게 한 후에 다른 아기들과 같이 출산하는 방식으로만 개체 복제를 할 수 있기에 원본 인간과 복제 인간은 원본 인간의 나이 +10개월의 시차를 지닐 수밖에 없다. 그러므로 원본 인간과 복제 인간이 비슷한 연령대에 있는 것으로 나타날 수 있는 기술은 아직 없다.

2) 이 영화에서 복제 인간을 관리하는 자들의 이장에서 최대의 문제였던 원본 인간의 기억이 복제 인간에게서 잠재적 형태로 라도 나타나게 되는 일은 전혀 있을 수 없는 일이다. 복제 인간과 원본 인간은 유전적으로 99% 이상 일치할 수는 있으나 그 기억이나 정신적 특성도 복제되는 것은 아니기 때문이다.

3) 만일 이와 같은 기술이 발전한다면 구태여 복제 인간에서 인공 수정을 통해 임신시켜서 10개월 뒤에 출산케 하는 일을 하지 않을 것이다. 이 영화에서는 복제 인간들은 인공 자궁 가운데서 자라나는 것으로 설정되어 있다. 그런 기술은 아직 없다. 그러나 그럴 수 있다면 복제 인

간을 임신시켜 출산 과정을 기다리지 않고, 배아를 복제하여 인공 자궁 가운데서 자라게 한 후에 원본 인간에게 그들의 자녀로 제공할 것이다.

그러나 소설이나 영화를 꼭 우리의 현재 생명 과학 기술에 근거해서 만들 이유도 그럴 필요도 없다. 소설과 영화는 우리의 자유로운 상상력을 자극해서 새로운 세계로 우리를 인도해 갈 수 있는 자유를 지니고 있기 때문이다. 사실 이 영화는 여러 면에서 우리에게 큰 경고를 한다.

(1) 지금과 같이 인간 배아 복제 실험을 계속하다가는 어떤 정신 나간 사람들과 돈에 눈먼 사람들에 의해서 복제 인간을 형성시키고, 그들을 우리들의 목적을 위해 과학적으로 관리하는 세상이 올 수 도 있다는 경고이다.

(2) 그렇게 복제 인간을 형성시켜서는 안 되지만, 만일 그런 일이 생길 경우에 우리는 그 복제 인간들, 어떤 분의 아름다운 표현에 따르면 "인간들 보다 더 인간적일 수도 있는" 그 복제 인간들의 인권을 탄압해서는 안 되며, 더구나 이 작품에서처럼 우리의 유익을 위해 사용할 수 있는 '제품'으로 취급해서는 안 되며, 또한 자신들의 정체성을 모르게 하다가 후에 정체성의 위기를 겪게 해서도 안 된다는 경고이다. 복제 인간들이 있게 해서는 안 되지만, 미래에 어떤 정신 나간 사람들에 의해서 이런 복제 인간들이 우리 주위에 있을 때 그리스도인들은 그들을 잘 돌보고 그들의 인권을 대변하여 형제를 지키는 자들이어야 하는 것이다. 사실 이것이 우리가 이 영화를 보면서 느껴야만 하는 가장 큰 교훈일 수도 있을 것이다.

그리고 (3) 실제로 이 복제 인간의 존재는 복제 인간 자신들도, 그리고 원본 인간들도 모르고 오직 이 복제 인간 관리소를 운영하는 사업 주체인 메릭 바이오텍(Merrick Biotech)의 과학자와 그 주변에서 일하는 일부 사람들만 알고 있는 것으로 나와 있다. 그러나 만일에 이런 복제 인간이 있게 되면 그/그녀를 몰모트처럼 우리의 치료를 위해 이용하거나 그/그녀의 일거수일투족을 세상에 다 알려서 세상의 구경거리가 되게 하는 식으로 그/그녀의 인권을 침해해서도 안 되지만, 그런 존재에 대해서는 모든 이의 알 권리를 충족시켜서 자신들도 모르는 채 그/그녀들을 이용하지 않도록 해야 하는 것이다. 아무도 모른 채 전방위적인 도청과 감청이 진행된 우리 상황 속에서는 국민의 온전한 알 권리가 얼마나 중요한지 잘 보여 주는 상황이 아닐 수 없다. 바르게 모든 정황을 알아야만 건전한 여론이 형성될 수 있는 토대가 마련되기 때문이다. 보안을 위해서 일부 사람만이 어떤 정보를 가지고 있을 수 있다는 것은 엘리트주의적인 인간 차별이며, 결국 우리 사회를 파괴해가는 토대를 마련하는 것이다.

제7장

생명 과학에 대한
기독교 생명 윤리적 성찰

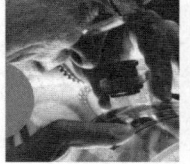

생명 과학에 대한
기독교 생명 윤리적 성찰
– 2006년 2월 한국 상황 속에서의 생명 윤리적 고려점

황우석 교수팀이 2004년 2월 12일에 낸 논문이 실제
로는 인간 체세포 복제에 의한 복제 배아줄기
세포주 수립이 아니고, 이를 위한 실험을 하다가 우연히 일어난 단성 생
식에 의해 이루어진 배아줄기세포인데도 이를 마치 체세포 복제에 의
한 인간 배아줄기 세포주 수립으로 발표한 것이며, 2005년 5월 19일에
발표한 환자 맞춤형 배아줄기 세포주 수립은 처음부터 전혀 이루어지
지 않은 것이었다는 서울대 조사 위원회의 보고서가 발표되었다(2006
년 1월 11일). 이에 근거해서 ≪사이언스≫(Science) 지는 이 두 논문
모두를 취소한다고 발표하였다(2006년 1월 12일).[1] 또한 기본적으로 논

---

[1] ≪사이언스≫(Science) 지는 2006년 1월 12일에 도널드 케네디(Donald Kennedy) 편집
장 명의의 성명을 통해 "서울대 조사 위원회의 최종 보고서에 근거해 본지에 게재된 두 논문을

문 조작 상황을 시인하며 사과하면서 자신이 책임을 지겠다고 하는 듯하면서도, 근본적 책임을 다른 이들에게 전가시키면서 자신은 억울하다는 인상을 풍기는 황우석 교수의 기자 회견이 있었다(2006년 1월 12일).

황우석 교수가 주장하는 바꿔치기 의혹과 이에 관련된 사실 관계, 조작된 논문에 대한 연구비와 후원비에 대한 감사원과 검찰의 조사가 시작되었고 결국 서울대는 징계위원회를 열어 줄기세포 논문조작 사건과 연루된 황우석 수의대 교수를 파면키로 최종 확정하였다. (2006년 3월 21일) 또한, 과학기술부도 최고과학자위원회를 열어 황우석 전 서울대 교수에게 부여됐던 제1호 최고과학자라는 지위도 공식 철회하게 되었다(2006년 3월 23일).

이런 상황에서 우리는 과연 생명 윤리적 관점에서 어떤 생각을 해야 하며, 어떤 태도를 표명해야 할 것인가? 또한 우리는 배아줄기세포 연구에 대해서 우리는 어떤 생각을 해야 하는가?

1. 인간 배아를 존중하는 운동을 해야

무엇보다 먼저, 성경에 충실한 기독교계에서는 처음부터 인간 배아가 인간 생명체임을 강조하면서, 따라서 인간 배아 복제 자체에 대해서 강하게 반대하여 왔었음으로,[2] 이번 기회에도 인간 배아복제 연구의 근

무조건 취소한다"고 발표하면서, "두 논문에서 상당량의 데이터가 조작됐음이 최종 보고서에서 시사됐다"면서 "이에 따라 논문을 긴급 취소하며, 과학계는 논문에 보고된 결과들을 근거 없는 것으로 받아들이길 권고한다"고 발표했다.

Cf. http://news.media.daum.net/snews/digital/science/200601/13/khan/v11388989.html.

[2] 이에 대해서는 이승구, 『인간 복제, 그 위험한 시도』 (서울: 예영, 2003), 특히 94-95와 각주에 인용된 여러 저자들의 글을 보라. 또한 박상은 엮음, 『인간 배아 복제, 과학의 승리인가?』

본적인 문제점을 지적하면서 인간 배아를 존중하는 운동을 전개해 나가야한다. 기독교계는 생명 문제에 대해서 항상 생명을 존중하는 같은 태도(pro-life position)를 유지해 나가고 있음을 분명히 보여 주어야 한다. 이번 일을 계기로 기독교계 안에서는 물론 일반인들까지도 인간 배아 복제의 근본적 문제를 심각하게 생각하고, 인간 배아를 존중하는 일이 발생했으면 한다.

그러나 전반적으로 그런 분위기가 우리 사회에서 나타나고 있지 않은 현상에 대해서 심각한 우려를 표한다. 황우석 교수팀의 논문이 조작된 것이기에 문제라는 것에서 더 나아가 더 근본적으로 인간 배아를 복제하며 인간 배아를 가지고 실험하고 우리의 목적을 위해 사용할 수 있다는 생각이 심각한 문제라는 것이 자각되어야만 한다. 전자는 단순히 진실된 연구 태도와 관련된 문제이지만, 후자는 인간 생명과 관련된 문제이기 때문이다. 그런데 우리 한국사회 일반에서는 이 생명 문제에 대한 문제의식이나 반성이 전혀 없어 보인다. 황우석 교수팀의 연구가 논문 조작이 없는 성공적인 것이었다고 했을 때, 우리 사회는 인간 배아 복제에 대해서 과연 어떤 태도를 나타내 보였을까? 황 교수팀의 논문에 조작된 측면이 있다는 것이 분명한 사실로 드러난 지금도 인간 배아복제 자체가 심각한 문제가 있는 것이라고 생각하는 사람들은 상당히 드문듯하다. 사실은 그것이 지금 우리 사회의 가장 큰 문제라고 여겨진다. 황우석 교수 사태와 관련하여 여러 사람들이 다양한 측면에서 윤리 문제를 논의하기는 하지만, 진정한 생명 윤리 의식은 거의 실종되어 있는 것이 황우석 교수가 여러 번 찾아 부르는 "대한민국" 사회의 근본적 문제이다.

(서울: 한국누가회출판부, 2004)를 보라. 그 외에 기독교 생명 윤리 협회의 홈페이지 (http://www.cbioethics.org/)에 실린 협회의 입장과 기윤실의 성명과 한기총의 성명을 보라.

물론 성경적 관점을 가지지 않은 일반인들이 인간 배아부터를 인간으로 여기며 인간 배아를 존중하는 태도와 의식을 가지기는 쉽지 않을 것이다. 사람들은 눈앞에 보이는 사람들과 그들의 이익, 그리고 자신의 이익만을 중요시해 나가는 태도를 나타내기 쉽기 때문이다. 그러나 미국과 미국의 많은 주와 유럽의 여러 국가에서는 윤리적 문제를 이유로 배아실험 자체를 법으로 금하였고, 2005년 2월 18일에 유엔 총회 법사위원회는 모든 형태의 인간복제를 금지하는 선언문을 채택했고,[3] 2005년 3월 8일에는 (찬성 84개국, 반대 34개국, 기권 37개국의 결의로) 유엔 총회가 치료 목적의 인간 배아줄기세포 연구도 금지하는 결의안을 통과시켰다는 것을[4] 우리 사회도 깊이 숙고해야만 한다. 즉, 비록 배아라 할지라도 인류사회는 그 생명의 존엄과 권리에 합의하였고, 세계적으로 이 정신을 지켜줄 것을 권고한 것이므로, 인간 배아를 대상으로 한 줄기세포 연구는 세계의 합의 및 권고를 무시하는 것이 된다는 것을 생각해야만 한다.

여기서 그리스도인들의 온전한 생명 윤리 의식과 그에 근거한 활동과 권면이 요구된다. 그리스도인들은 인간 생명에 대해 바르게 생각하는 온 세상의 다른 사람들과 함께 진정한 인간 생명 존중 활동에 힘써 나가야 한다.

그러므로 인간 배아를 존중하는 그리스도인들이 앞장서서 (1) 낙태 반대 운동과 수정란을 파괴하는 피임 방법 배제 운동을 해 나가야 한다. 또한, (2) 우리들은 시험관 아기 시술에 있어서 잔여배아가 새겨지지 않도록 하는 운동, 즉 시험관 아기 시술을 할 때에 한 번에 하나의

---

[3] http://www.donga.com/fbin/output?sfrm=2&n=200502200154

[4] http://news.joins.com/internatio/200503/09/200503091857192471400040104011.html

수정난만을 사용하도록 하는 운동을 좀 더 강하게 전개해 나가야만 한다. 단 하나의 배아만을 자궁에 이식하는 방법(single embryo transfer, SET)은 이미 스웨덴에서는 2003년부터 공공 보건 의료에 의해 제공되는 시험관 아기 시술에서는 이런 방법을 사용하도록 했다고 한다. 그래도 임신 성공률의 차이기 없었고, 임신 합병증의 위험성과 확률이 감소하였다는 연구 보고도 있다.[5] 그러나 혹시 이제까지 일반적으로 주장된 바와 같이 이와 같은 방법의 사용이 임신 성공률을 낮추고, 또한 비용이 많이 드는 것이라고 해도 그리스도인들은 잔여배아 생성을 우려하면서 이 방법을 적극 추천하며 이를 이루기 위한 희생적 노력을 해야 할 것이다. 또한 이런 방법을 사용할 때에라도 우리는 인위적 과배란을 유도하기 위해 부작용이 충분히 규명되지 않은 호르몬제의 과다한 복용, 반복되는 마취와 수술 등 여성의 몸을 가혹하게 다루는 것을 할 수 있는 대로 배제 하도록 노력해야 한다.

그래야만 (3) 우리는 인간 배아를 가지고 실험하는 일 모두에 대해서 효과적으로 반대할 수 있을 것이며, 따라서 그런 인간 배아 실험의 하나인 '치료적 인간 배아 복제'에 대해서 강하게 반대할 수 있다.

그러나 그리스도인의 이런 노력은 이 세상에 살면서 다른 사람들의 생명을 존귀하게 여기며, 다른 이들의 인권을 존중하는 삶의 태도 위에서만 효과적으로 이루어 질 수 있다. 그리스도인은 인간 배아를 포함해서 모든 인간을 존중하고 그들의 삶을 보존하고 그 삶의 질을 높이는 일에 앞서는 진정한 생명 지킴이로 세상에 있어야만 한다. 그 결과로

---

[5] P. Saldeen and P. Sundstrom, "Would Legislation Imposing Single Embryo Transfer be a Feasible Way to Reduce the Rate of Multiple Pregnancies after IVF Treatment," *Human Reproduction* 20/1 (2005): 4-8, 박재현, "시험관 아기 시술과 배아줄기세포 연구의 관계". 『통합연구』 통권 45호 제 18권 2호(2005), 40, n. 12에서 재인용.

이 세상에 이런 의미의 포괄적인 생명 운동이 폭 넓게 전개될 수 있었으면 한다. 황 교수 사건을 계기로 하여 이 세상에 윤리를 참으로 중시(重視)하는 분위기가 나타날 뿐만 아니라, 진정한 생명 윤리를 존중하며 생명을 존중하는 분위기가 나타날 수 있어야 할 것이다.

또한 (4) 이번 사태 이후로 혹시 잔여 수정란에서 기원한 인간 배아줄기 세포주를 사용하여 인간 배아줄기세포 연구하는 일에 관심이 더해지고, 이제는 그와 같은 방식으로 인간 배아줄기세포 연구를 하여 난치병 환자를 치료하겠다는 노력이 나타나지 않도록 하는 데 모든 국민의 관심과 방지 노력이 요구된다.

더구나 마리아 생명공학 연구소의 박세필 박사는 이와 같은 방식의 배아줄기세포 연구에 대해 미국에서의 특허를 받은 상태이다. 박세필 박사는 수정 후 4, 5일이 지난 냉동 배반포기 배아를 이용해 인간 배아줄기 세포주를 만드는 기술에 대해 특허 신청 4년 만인 2005년 7월에 미국 특허를 획득했다고 특허 교부증을 교부받은 2005년 10월 17일에 밝혔다.[6] 마리아 생명 공학연구소나 미즈메디 병원 등 우리나라의 불임 클리닉에는 약 5만 여 개의 잔여배아가 있으므로 앞으로 이런 식의 연구가 많이 나타날 위험이 매우 큰 것이다. 그러므로 이번 사태를 기회로 해서 잔여 수정란을 사용한 인간 배아줄기세포 연구에 대해서도 그 위험성을 분명히 지적하면서 이에 대한 강한 반대를 해야만 할 것이다.

---

6 http://www.donga.com/fbin/output?sfrm=2&n=200510180064

Cf. http://www.chosun.com/cp/edaily/200510/17/20051017000149.html

2. 난치병 환자들을 위한 성체줄기세포 연구 집중과 그 시술의 유의점

둘째, 그러면 이제까지 배아줄기세포 연구 결과에 대해서 잘못된 희망을 가지고 있다가 실망과 절망에 빠진 난치병 환자들과 그 가족들에 대해서는 어떻게 해야 하는가? 그들에게도 현재 과학 기술의 현황을 있는 그대로 제시해야 할 것이다.

지금 현재의 생명 과학적 기술로는 (1) 인간 배아줄기세포를 사용하여 인간의 난치병을 치료한 사례가 하나도 없으며, (2) 동물 배아줄기세포나 인간 배아줄기세포를 가지고 동물 치료 실험을 한 결과 난치병을 치료하는 예가 있으나 배아줄기세포는 불안정하여 여러 가지 세포가 나타날 가능성이 너무 높고, 암 발생률이 너무 높으며, 염색체 이상이 나타나기 쉽다.

그러나 성체줄기세포를 이용한 치료 실험은 동물 실험에서도 성공한 사례가 많고, 65종 이상의 인간의 질병도 치료한 임상 사례들이 자주 보고 되고 있다.[7] 그러므로 앞으로도 계속해서 이런 사례들에 대한 계속적인 사후 조사(follow-up study)와 함께, 성체줄기세포 연구에 더 많은 관심과 연구를 지속해야 할 것이다. 특히 성체줄기세포에 의한 치료에 의해 어떤 치료의 진전이 있은 후에 과연 어떤 결과가 나타나고 있는지에 대한 계속적인 후속적 연구와 보고가 뒤따라오지 않는다면 오히려 성체줄기세포 연구에 대한 불신과 비판이 생겨나기 쉽다.

---

[7] 이 점에 대한 좀 더 자세한 정보를 위해서는 이승구, "인간 줄기 세포 연구의 현황과 기독교적 반응," 『통합연구』 제 18권 2호 (2005년 8월): 74-96을 보라. 강경선 교수는 2005년 말 미국의 줄기세포 연구에 대한 상황을 언급하면서 67종 이상의 병들이 성체줄기세포를 사용한 치료법으로 치료된 보고가 있다고 하였다.

예를 들어서, 2004년 10월에 성체줄기세포 치료로 조금씩 걷게 되었다고 11월 25일에 발표되었던 황미순 씨의 사례에 대해서,[8] 몇 달 후에 호전 반응은 곧 사라졌고, 2005년 4월의 재시술의 부작용으로 심한 허리 통증 때문에 휠체어에도 제대로 앉지 못해 주로 누워 지내고 있다는 보도가 나왔다.[9] 현재 황미순 씨의 부작용을 치료 중인 의사는 "시술로 인한 감염으로 염증이 생겨 뼈 일부가 녹아내렸고, 주변 근육은 조직검사용 바늘이 들어가지 않을 정도로 조직이 딱딱해졌다"고 했다고 한다.[10] 이를 취재한 취재팀은 73건의 성체줄기세포 응급임상을 추적한 결과 (1) 사망 12건을 포함해 부작용 발생, (2) 호전 증세 없음, (3) 시술 포기 등 치료 효과가 없는 경우가 80% 이상이었다고 밝히고 있다. 병원 측이 "효과가 있다"고 주장한 나머지 사례 중에도 황미순 씨처럼 효과가 금방 사라진 경우가 적지 않았다고 한다.[11] 이와 같은 상황을 계속해서 보고해 주지 않으면 일반 대중들은 정확한 사태를 모른 채 잘못된 생각을 확대해 가기 쉬운 것이다. 그러므로 현재 진행되고 있는 성

---

[8] 2004년 11월 25일에 한국 서울 탯줄 은행의 한훈 박사팀과 조선대 산부인과 송창훈 교수팀, 서울대 수의대 강경선 교수팀은 20년 가까이 하반신 마비상태로 지낸 황미순(37) 씨에게 2004년 10월 12일에 탯줄 혈액 줄기세포를 주입한 지 40여 일이 지난 당시에 척추가 재생되고 있다고 밝혔다.

Cf. http://times.hankooki.com/lpage/200411/kt2004112617575710440.htm;

http://www.cordblood.com/cord_blood_news/stem_cell_news/a_paralyzed.asp;

http://www.news24.com/News24/Technology/News/0,,2-13-1443_1627932,00.html;

http://www.connected.telegraph.co.uk/news/main.jhtml?xml=/news/2004/11/30/wcells30.xml;

http://www.seoulcord.co.kr/bin/news_view.asp?branch=2&num=195&part=&searchkey=

[9] http://news.joins.com/society/200601/16/200601160506152931300030103011.html.

[10] http://news.joins.com/society/200601/16/200601160539061431300030103011.html.

[11] http://news.joins.com/society/200601/16/200601160506152931300030103011.html.

체줄기세포 치료의 상황을 있는 그대로 드러내 주어야 한다.

그것이 난치병 환자들과 그 가족들에게 진정한 희망을 제시하는 것이 될 것이다. 그러므로 이번 사태를 계기로 생명과학계와 우리 국민들 모두가 인간 배아를 파괴하는 윤리적 문제를 일으키지 않고, 인간 질병 치료에 효과를 나타내 보이고 있는 성체줄기세포 연구에 더욱 힘을 기울이고, 황미순 씨와 같은 시술 부작용이 다시는 발생하지 않도록 조심스럽게 이를 적용하도록 해야 한다.

3. 인간 난자 사용의 난점을 강조해야

셋째, 이번 사건 속에서 드러난 수많은 난자 사용에 대해 모든 사람들의 경각심이 나타나도록 하는 일에 그리스도인들이 앞장서야 한다. 우리들 모두는 황 교수 팀이 2,221개 이상의 난자를 사용하여[12] 결국 우연히 일어난 단성 생식으로 이루어진 단 하나의 줄기세포주를 얻었다는 이 현실의 문제를 직시해야 한다.

그 난자를 제공한 분들 가운데서 상당수는 자신들이 제공한 난자가 어떻게 사용될 것인지도 몰랐을 것이고, 난자 공여 이후에 심각한 후유증을 지니고 있다. 지금까지 의학계에서 보고된 난자 공여 후유증의 대표적 사례로는 빈혈이나 나팔관 염증, 복막 감염, 간 기능 저하, 폐 응

---

[12] 국가 생명 윤리 위원회는 2006년 2월 2일에 '황우석 교수 윤리 문제 조사 중간 결과' 를 발표하면서 "2002년 11월 28일부터 2005년 12월 24일까지 미즈메디 병원, 한나 산부인과의원, 한양대 병원, 제일 병원 등 총 4개 기관에서 119명의 여성으로부터 138회에 걸쳐 총 2,221개의 난자가 채취돼 서울대 수의과대학 연구실에 제공된 것으로 나타났다"고 했다.
Cf. http://news.media.daum.net/snews/society/affair/200602/03/seoul/v11579134.html.

고 등을 언급할 수 있다. 심할 경우 난소암 위험이 높아지고 불임에 이른다는 보고도 있다. 황 교수팀에 난자를 기증한 어떤 미혼 여성은 "복수가 차서 배가 3인치 가량 늘었다가 원상태로 돌아갔지만 지금껏 각종 여성 질환으로 병원 신세를 지고 있고, 체중이 난자 흡입술 이전보다 7kg이나 줄기도 했다"고 증언했다고 한다.[13]

인위적 과배란을 유도하기 위해 부작용이 충분히 규명되지 않은 호르몬제의 과다한 복용, 반복되는 마취와 수술 등 여성의 몸을 가혹하게 다루는 것 - 이 모든 것들은 여성의 인권을 심각하게 모독하는 일의 하나이다.

그리고 세계적으로 이와 같이 난자를 마음대로 사용하는 나라는 이 세상에 없다는 심각한 문제가 우리 앞에 제시된 것이다. 이런 비윤리적인 분위기가 대한민국의 국가 신인도를 떨어뜨리고 이 나라가 얼마나 비윤리적인 국가인지를 잘 드러내어 보인 것이다. 생명 윤리를 존중하는 국가만이, 그리고 그런 분위기를 가지고 있는 국민들만이 세계적으로 존중받을 수 있는 국가와 국민이다. 이제라도 진정으로 생명 윤리를 높이는 나라로 나타나는 일에 그리스도인들이 앞장 서야 한다.

4. 이종 배아 복제("이종 교잡")에 대한 반대

넷째, 이와 관련해서 인간 난자를 찾기 어렵게 되면 이제까지 많이 실험된 바와 같이 동물의 난자에 인간의 체세포 핵을 주입하는 이종 교잡의 체세포 복제를 하려는 시도가 더욱 많이 나타날 위험이 있다. 사실 이 일은 벌써 많은 이들이 시도하고 있는 일이다. 가장 최근에는 돌

---

[13] 이 사례에 대한 《한계레 21》의 보도로 다음을 보라.
http://h21.hani.co.kr/section-021106000/2005/12/021106000200512270591069.html.

리를 만들었던 윌무트 박사와 런던 킹스 칼리지의 신경학자인 크리스 쇼 박사는 운동신경질환 환자의 체세포에서 얻은 핵을 토끼 난자에 주입해 '키메라'(유전자 혼재동물) 배아를 만든 뒤 이를 줄기세포로 배양할 계획이라고 영국의 일간 ≪더 타임스≫(*The Times*)가 2006년 1월 13일에 보도했다.[14] 쇼 박사는 "진보를 이룩하기 위해서는 인간 난자를 대체할 수 있는 수단이 필요하기 때문에 동물 난자 사용을 추진하고 있다"면서 "단 5개의 줄기 세포주만을 확립해도 운동 신경 질환 연구에 강력한 수단을 갖게 될 것"이라고 말했다고 한다.[15] 이는 결국 인간 난자를 찾기 어려운 경우에 동물 난자를 이용한 이종 복제를 시도하려는 것임이 분명하다. 중국에서는 이미 지난 2003년 상하이 대학의 성 후 이전 박사팀이 인간의 핵을 토끼 난자에 주입해 100여 개의 이종배아를 만들었으며 여기서 다수의 줄기세포를 배양해낸 것으로 알려져 있다. 또한 인간 복제를 시도하고 있는 것으로 알려져서 2004년 초에도 복제 인간 실험 주장을 했던 미국의 불임치료 전문의이자 켄터키 대학 생식 생리학 명예교수인 파노스 자보스 박사는 18개월 된 사내아이, 교통사고로 사망한 11세 소녀와 33세 남자의 시신으로부터 채취한 DNA를 살아 있는 암소의 난자에 주입, 시험관에서 복제 배아로 배양하는 데 성공했다고 밝혔다고 호주의 ≪오스트랠리언≫지가 2004년 8월 30일 보도했다. 자보스 박사는 암소의 난자는 인간의 난자보다 크기 때문에 조작하기가 쉬웠으며 세포 분열이 시작돼 배아 단계에 이르렀으나 배아를 64세포 이상까지는 자라게 하지 않았다고 밝혔다.[16]

이미 우리나라에서도 이와 같은 이종 교잡은 많이 시도된 것이다.

---

[14] http://www.chosun.com/international/news/200601/200601140008.html.

[15] Ibid.

[16] http://www.donga.com/fbin/output?search=1&n=200408310073. 영국의 과학전문지

2002년 3월 8일에 마리아 생명공학연구소의 박세필 소장은 "이종간 핵 치환 방법으로 30대 여성의 귀세포에서 핵을 축출한 뒤 탈핵 소의 난자에 이식해서 사람의 유전형질을 99% 이상 가진 배아세포를 만들었다고 밝힌 바 있다.[17] 그때 박 소장은 당시 2년 전부터, 즉 2000년부터 소의 난자를 이용한 복제 실험을 하여 왔다고 밝힌 바 있다. 박 박사는 또한 인간 배아줄기세포를 생쥐의 배반포기 배(수정후 4일째)에 주입한 후 대리모 생쥐의 자궁에 착상시키는 방법으로 모두 11마리의 '키메라 쥐'를 태어나게 했다고 2003년 1월 28일에 밝힌 바 있다.[18]

이와 같이 지속적으로 계속 시도되고 있는 이종 교잡이 이루어지지 않도록 하는 일에 우리 모두가 관심을 기울여야만 한다. 그런데 2005년 1월 1일부터 효력을 발휘하고 있는 우리나라의 <생명 윤리 및 안전에 대한 법률>이 이런 이종 교잡을 근본적으로 배제하지 못하고 있으므로 이를 배제하는 형태로 <생명 윤리 및 안전에 대한 법률>을 고치는 운동이 강하게 일어나야 한다. 지금 현재의 법률은 "이종 간의 착상 등 금지"에 대한 제12조 ①항에서는 "누구든지 인간의 배아를 동물의 자궁에 착상시키거나 동물의 배아를 인간의 자궁에 착상시키는 행위를 하여서는 아니 된다."고 하고, 제②항에서 "누구든지 다음 각호의 1에 해당하는 행위를 하여서는 아니 된다."고 하면서, "1. 인간의 난자를 동

≪네이처≫(*Nature*)는 2004년 9월 7일자 온라인 판에서 "자보스 박사의 홈페이지에 관련 연구논문이 생식학계의 저명 학술지 ≪JARG≫(*Journal of Assisted Reproduction and Genetics*)에 게재될 예정이라고 적혀 있다"고 보도했다. 이에 대해 ≪JARG≫의 노버트 글라이처 편집장은 "원래 게재될 계획이었지만 현재는 취소됐다"고 밝혔다. 이유는 자보스 박사가 학술지 게재 이전에 언론에 먼저 공개해서는 안 되는 '보도 제한 시점'을 어겼기 때문이다.

Cf. http://www.donga.com/fbin/output?sfrm=2&n=200409140418.

[17] http://www.donga.com/fbin/searchview?n=200203080212.

[18] http://www.donga.com/fbin/searchview?n=200301280019.

물의 정자로 수정시키거나 동물의 난자를 인간의 정자로 수정시키는 행위, 2. 핵이 제거된 인간의 난자에 동물의 체세포 핵을 이식하는 행위, 3. 인간의 배아와 동물의 배아를 융합하는 행위, 4. 다른 유전정보를 가진 인간의 배아를 융합하는 행위" 등을 금지하고 있지만, 1목에 대해서도 "다만, 의학적으로 인간의 정자의 활동성 시험을 위한 경우를 제외한다."고 하여 정자의 활동성 시험을 위한 연구는 허용할 뿐만 아니라, 가장 많이 시도되고 있는 동물 난자에 인간의 체세포 핵을 주입하는 경우는 전혀 금지 하지 않고 있으므로, 동물 난자에 인간의 핵을 주입하는 실험은 자유롭게 할 수 있도록 허용하고 있는 것이다. 더구나 제2조 4목에 나타난 체세포핵이식에 대한 정의에서 "체세포핵 이식행위라 함은 핵이 제거된 인간 또는 동물의 난자에 인간의 체세포 핵을 이식하는 것을 말한다."고 하여, 동물의 난자에 인간의 체세포핵을 이식하는 것을 자연스러운 것으로 제시하고 있다. 이런 점에서 현재의 이 법은 이종 교잡 실험을 장려하는 법이라고 하지 않을 수 없다.

이런 문제를 포함하여 이 법률의 다양한 문제점에 대한 헌법 소원에 대한 헌법 재판소의 바른 판단이 나타날 수 있기를 기대한다. 이런 의미에서 "세계적 연구 동향과 실적들을 검토해 생명윤리법 전반을 새롭게 검토할 계획"이라는 국가 생명 윤리 위원회의 의견 모음에[19] 대해 감사를 표현하는 바이다.

---

[19] http://news.media.daum.net/snews/society/affair/200602/03/hankooki/v11578946.html.

5. 연구의 윤리와 지식에 윤리 강조해야

다섯째, 모든 사람이 느끼고 있겠지만 이제는 연구 윤리를 확립하고, 지식의 윤리를 강조하는 일의 중요성이 더욱 강하게 강조되어야만 한다. 연구 윤리의 확립은 이번 황 교수 사태에서 드러난 바와 같은, 또는 그와 같거나 그에는 미치지 않으나 그 어떤 형태로든 이루어지고 있는 모든 형태의 조작에서 벗어나는 바른 연구의 풍토가 학문 연구와 발표와 검증의 모든 장에서 조성되어야 한다는 것이다. 사실 우리나라에서도 황우석 박사 등의 논문이 발표된 초기부터 학문적 공개 질의와 여러 논의가 있어 왔다. 예를 들어서, 한국 기독교 생명 윤리 협회와 천주교회는 배아 복제 실험의 문제점을 지적하는 발표를 하였었고, 한국 생명 윤리 학회는 ≪네이처≫(*Nature*) 지가 황우석 교수팀의 배아줄기세포 연구에 대해 윤리적 문제를 제기한 것과 관련, 2004년 5월 23일에 치료용 인간배아복제 연구 윤리 특별 위원회 명의의 공개 질의서를 통해 (1) 연구에 참여한 여성 연구원으로부터 난자를 채취했는지, (2) 난자 기증자들의 동의서를 왜 공개하지 않는지, (3) 한양대병원 윤리위원회(IRB)의 심사 및 승인이 적절했는지, 그리고 (4) 연구비의 출처 등을 해명하라고 질의했었다.[20] 그 당시에 황 교수는 당시 네이처의 보도에 대해 "네이처지에 난 기사는 국내 일부 생명윤리학자들의 의도적인 제보로 취재가 이뤄진 것"이라면서 "아무런 문제가 없는 우리의 연구 성과를 폄하하려는 것"이라고 주장했었다. 후에 옳지 않은 것으로 드러난 이와 같은 주장을 하지 않고, 진지하게 여러 질문에 대해 성찰하고, 다시 실험하는 태도를 가졌다면, 또한 일반 시민들이 학문적 연구에 대해

---

[20] http://service.joins.com/asp/article.asp?aid=2417943.

학계의 공정한 평가를 중심으로 조심스럽게 관찰하는 태도를 가졌더라면 좀 더 일찍 바른 방향으로의 전개가 있을 수 있었을 것이다.

지식의 윤리(ethics of knowledge)는 우리의 연구가 과연 어떤 목적을 위해 이루어지고 있으며, 그 결과가 어떤 것인가의 문제까지도 고려하는 연구가 이루어져야 한다는 것이다. 지식은 그 어떤 지식이든지 다 중요한 것이 아니라 지식을 추구할 때도 고려해야 할 윤리가 있다는 것을 유념해야 한다.

더 나아가 우리 사회 속에서 모두가 진실과 정직을 존중하는 분위기가 이루어 질 수 있어야 할 강한 필요를 느낀다. 많은 이들이 황우석 교수의 회견에서, 특히 마지막 회견에서 과학자보다는 정치인의 모습을 본다는 말을 했다. 안타까운 일이다. 그러나 이 말이 정치인들에게 대한 모독으로 여겨지는 날이 속히 올 수 있었으면 하는 마음이 가득하다.

6. 결론: 진리를 위한 분위기를 마련하고, 진정한 생명의 길로 나아가야

마지막으로, 우리 사회 전체와 언론계와 특히 정치계에서 자신들의 목적을 위해서 필요한 것을 선별적으로 이용하고, 그것을 위해 필요하다면 다른 것들을 희생시키는 그런 분위기가 제거되어야 할 것이다. 따라서 황 교수팀만이 책임을 지면 다 되는 것이 아니고, 객관적 보도를 하지 못했던 언론계에서도 지금까지의 사과 이상의 자정 노력을 해야 할 것이다. 특히 청와대와 정치권의 책임자들이나, 이에 관여된 과학기술부와 국정원의 은폐 시도와 관련된 이들은 엄정하게 책임에 대해서 묻는 일이 있어야 할 것이다. 항상 진실을 향해 나아가고 그렇지 않은 것에 대해서는 엄정하게 책임을 묻는 사회적 분위기가 조성되어야 하고 그 일에 우리 모두가 앞장서야 한다.

황우석 교수 사태는 이와 같은 여러 문제를 반성하게 하여 우리 사회를 좀 더 윤리적이며 생명을 존중하는 사회가 되는 데 도움을 줄 수 있는 계기가 되도록 노력해야 한다.

이 모든 일을 다 생각한 우리들은 이제 진정한 생명을 온 세상에 가득하게 하는 일에 대해서 언급하지 않을 수 없다. 우리가 지금까지 강조한 인간 생명의 지고한 가치는 근본적으로는 그 인간 생명이 수정란과 배아 때부터 하나님의 형상이라는 점에서 기원하는 것이다. 그러므로 우리는 그렇게 고귀한 하나님의 형상이 파괴되거나 손상되지 않도록 하는 일에 가장 큰 신경을 써야 한다. 그러나 우리는 좀 더 적극적으로 하나님의 형상인 인간 수정란과 인간 배아와 성숙한 인간들 모두가 진정한 인간성을 드러내도록 하는 일에 관심을 기울여야 한다.

그런데 이렇게 하나님 형상으로 존중되는 인간들이 심각하게 손상된(deformed) 형태로 있다는 것을 우리는 깊이 의식해야 한다. 사실 우리를 복잡하게 만든 이 모든 사건은 이 기형적으로 손상된 하나님의 형상이 나타난 양상의 하나일 뿐이다. 이 사태를 보면서 화를 내고 분통을 터뜨리는 이들도 실상은 하나님의 형상됨을 기형적으로 드러내고 있는 것이다. 그러므로 그리스도인들의 종국적 사명은 사람들을 하나님의 진정한 형상이 되게 하는 데 있다. 기독교의 근본적 가르침에 의하면 사람은 오직 그리스도와 연관될 때에만 진정한 하나님의 형상됨을 실현하고 진정한 자아가 될 수 있다. 그러므로 우리는 사람들로 하여금 하나님을 사랑하게 하는 진정한 사랑의 실천자들이 되어야 할 것이다. 그것이 이 땅 가운데서 진정한 그리스도인으로 서 있는 것이며, 사랑하는 이로 살아가는 것이며, 이 땅에서 진정한 생명 윤리를 온전히 실천하는 사람이 되는 것이다.

제8장 마치는 말

그리스도인은 인간 복제 문제를
어떻게 보아야 하는가?

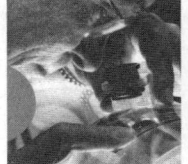

그리스도인은 인간 복제 문제를 어떻게 보아야 하는가?

인간 배아 복제에 근거한 인간 배아줄기세포 추출과 이를 이용하여 난치병 환자들의 병을 치료할 수 있는 가능성을 좀 더 강하게 보여 주는 듯했던, 그러나 논문 조작 문제로 어려움을 격고 있는 황우석 교수팀의 연구에 대한 논의로 온 세상과 한국이 떠들썩하다. 특히 한국의 많은 사람들은 정치 지도자들로부터 여러 계층의 사람들이 이런 바이오테크놀로지(Bio-technology)를 발전시키는 것이 (이기적으로만 보더라도) 우리가 살 길이고, (대승적 차원에서 보면) 인류에게 공헌할 수 있는 길이지 않은가 하는 생각을 많이 하였던 듯하다. 심지어 그리스도인들도 그런 생각을 하는 이들이 많이 있었다. 또한 가족 가운데서 난치병으로 고생하는 이들을 두고 계신 분들은 그 어떤 수단이라도 다 강구해서 빨리 치료할 수 있는 길을 찾아야 하지 않을까 하면서, 아직은 전혀 임상적 실험 단계에 와 있지도 않고 그렇게 되려면 상당한 시간을 필요로 하는 배아줄기세포 연구에 기대를 많이 하고 있었고, 황우석 박사의 추락과 함께 실망도 크게 하고 있는 듯하다.

그리스도인들은 이런 상황 앞에서 과연 어떻게 생각해야 하는가? 이런 긴급한 문제 앞에서는 기독교적 관점은 방기(放棄)되어도 좋은 것일까? 그래서 그리스도인들도 많은 이들이 환영하고 나아가는 방향으로 나아가야 하는 것일까? 이전에도 아주 시급한 상황이 있었을 때에 기독교적 원리를 돌아보지 않으면서 무슨 수를 써서라도 문제를 해결해야겠다고 나서는 사람들과 같지 않기 위해서 우리는 무엇이든지 근원부터 살피지 않을 수 없다.

1. 인간 복제란 무엇인가?

요즈음 인간 복제 문제가 논의되면서 항간에는 인간 복제라는 것은 인간 개체 복제에만 해당되는 것이라는 생각이 번져 가고 있다. 얼마 전 황우석 교수와 정진석 천주교 대주교와의 만남에서도 그런 식의 이야기가 오고 갔다고 신문에 보도된 적이 있다. 황 교수는 자신의 팀이 하는 연구는 자연 상태에서 수정된 수정란을 가지고 실험하는 것은 아니기에 그것은 인간 생명에 대한 직접적 침해가 아니며, 체세포 복제 방법을 사용한 배아 복제는 윤리적으로 별 문제 없는 것으로 받아들여져야 한다고 주장했다고 하며, 천주교 주교도 그랬다면 문제가 적다고 말했다는 식의 보도가 나와서 많은 사람들을 당혹스럽게 했다. 인간 배아 복제는 정상적인 수정란으로부터 유래한 인간 배아와는 본질적으로 다른 것이라는 황우석 박사의 설명도 그렇지만, 그렇다면 문제가 적다는 천주교 지도자의 반응이 특히 이해되지 않는 것이었다. 물론 이 보도가 관련된 분들의 말을 얼마나 정확히 제시하고 있는 것인지는 다시 확인할 필요는 있다. 그러나 적어도 이 보도와 같다면 천주교회 주교를 신학적으로나 의학적으로 보좌하는 분들의 보좌에 대해 큰 의문을 표시하지 않을 수 없는 것이다. 왜냐하면 적어도 인간의 생명이 수정되는 순간부터라는 것을 받아들이는 성경적 관점을 가진 사람들의 입장에서는 사실 "인간 복제"(human cloning)라는 말은 인간 개체 복제만이 아니라, 인간 배아 복제를 포함하여 인간에 대한 모든 복제 작업을 지칭하는 것이기 때문이다.

그런데 오늘날 복제 배아 연구를 통해 배아줄기세포를 추출하여 인간의 난치병을 치료하고자 하는 분들은 그것이 한 인간 생명을 빼앗아 다른 인간 생명 구조에 이용하는 것이라고 생각하지도 않는다. 그러나 정상적 수정란으로부터 발달한 배아와 체세포 복제 방식으로 복제된 배아의 의학적 위치가 같다는 것을 부인하는 의사들이나 생명 공학자는 없을 것이다. 따라서 그 둘의 윤리적 지위도 동등시되어야 하는 것이다.

체세포의 핵을 핵이 제거된 난자에 주입하여 전기적 작용을 일으켜 핵 치환된 난자가 세포 분열을 하게 하여 복제된 배아를 얻는 것이 배아 복제이고, 이렇게 얻게 된 배아를 자궁 내에 착상시켜 자궁 내에서 자라게 하여 아이로 태어나게 하고 키우는 것을 개체 복제라고 한다. 그러므로 사실 인간 배아 복제는 인간 개체 복제의 전 단계가 되는 행위라고 할 수 있다.

2. 대부분의 생명 공학자들도 반대하는 인간 개체 복제

오늘날 이 세상에서 인간 개체 복제를 공식적으로 시도하려는 사람들은 우주인이 인간을 창조했다고 주장하며 "인간 복제는 인류 영생을 위한 첫걸음"이라고 주장하는 사이비 종교 단체인 라엘리안과 이탈리아의 세베리노 안티노리(Severino Antinori) 박사 같은 사람들뿐이다. 그리고 그들의 시도는 아직까지 성공하지 못했다. 라엘리안들은 2003년에 3명의 복제 아기가 탄생했다고 주장하였으나 그 사실성이 아직 공식적으로 확인되지 않은 상태이다. 또한 안티노리 박사는 2002년에 어떤 여인이 복제된 배아의 착상을 받아 복제 아기를 자궁 내에서 키우고 있어서 2002년 11월경에 인류 최초의 복제 아기가 태어날 것이라고 주장했으나 2003년이 되기까지 새로운 소식이 아직 없는 것으로 보아 아마도 안티노리 박사가 수행한 그 개체 복제는 실패한 것 같다. 또한 AFP통신에 따르면 안티노리 박사는 2002년 12월 중순에 세르비아 주간지 닌(Nin)과의 회견에서 2003년 1월에 세르비아의 베오그라드에서 복제 아기가 출생할 것이라고 밝히면서 "우리는 유전학 분야에 혁명을 일으켰다고 생각하며, 세르비아는 (복제 인간 출생지로) 역사에 남게 될 3개국 중 하나가 될 것"이라고 말했다고 한다. 그러나 아직 이를 확인하는 보고가 나오지 않았으므로 지금으로서는 라엘리안 만이 인간 개체 복제에 대한 (전혀 확인되지 않은) 성공을 주장하고 있다고 해야 할 것이다.

이들을 제외한 대부분의 생명 공학자들은 공식적으로는 인간 개체 복제에 대해서는 반대하거나 별 관심을 드러내는 말을 하지 않고 있다. 세계에서 몇째 안 가는 생명 복제 기술을 가진 우리나라에서도 배아 복제를 희망하거나 시행하고 있는 대부분의 학자들이 인간 개체 복제에 대해서는 반대한다. 우리나라의 경우에는 서울대학교 수의과의 황우석 교수, 마리아 생명 공학 연구소의 박세필 박사, 차병원 세포유전자치료 연구소의 정형민 소장 같은 분들이 그 대표가 될 것이다. 그러므로 인간 개체 복제 문제에 대해서는 그리스도인들과 다른 정상적 과학자들과의 공동의 반대 노력을 기대할 수 있다. 물론 그들이 반대하는 궁극적 이유와 동기는 달라도 그리스도인과 대부분의 과학자들은 인간 개체 복제에 대해서는 상당히 반대 논의로서 같은 노력을 할 수 있으며 또 해야 할 것이다.

우리가 공유하는 공동의 반대 근거는 인간의 존엄성이다. (물론 그리스도인들과 그리스도인이 아닌 이들의 인간의 존엄성에 대한 이해가 상당히 다르지만) 적어도 대부분의 사람들은 인간은 존엄하기에 인간 개체를 복제하는 일을 시도해서는 안 된다고 주장한다. 그것을 보충하는 하위 논거들로서는 이와 연관된 다음과 같은 문제점들을 열거할 수 있다.[1]

(1) 현존하는 기술로서는 무수한 배아와 복제아가 실험 도중에 죽거나 사산하게 될 위험성이 있으며, 비록 복제된 존재가 태어난다고 해도 복제된 동물들처럼 거대 체중의 위험, 기형아가 될 위험, 조로의 위험 등에 처할 수 있고, 복제 아기를 낳는 여성은 융모막암에 걸릴 위험이 높다는 생물학적 기술적 문제점들. 또한 그 도중에 나타나게 될 무수한 기형적 인간을 어떻게 해야 하느냐 하는 문제도 이런 의학 기술적 문제에 포함될 수 있을 것이다.

(2) 복제되어 태어난 이의 지위에 대한 법률적인 문제, 즉, 복제된 이는 과연 어떤 사람으로 여겨져야 하는가? 즉, 그의 부모는 누구로 여겨져야 하는가?, 복제된 개체 인간과 원본 인간과의 정확한 관계는 무엇

---

[1] 이하의 문제점들에 대한 자세한 논의를 위해서는 이승구, 『인간 복제, 그 위험한 도전』 (서울: 예영, 2003)의 해당 부분을 참조하시오.

인가(자녀인가, 시차를 두고 태어난 쌍둥이인가?), 복제된 인간은 과연 어떤 법률상의 권리를 가질 수 있는가? 복제된 개체 인간도 상속을 받을 수 있는가, 그럴 경우 그는 어떤 지위에서 상속을 받는 것인가? 등등의 현존하는 법률 체계를 근본적으로 뒤흔드는 복잡한 법률적인 문제.

(3) 개체 복제된 이와 그 원형 인간의 관계와 심리적 문제, 복제된 인간이 겪을 심리적 정체성의 문제, 원본 인간이 가지게 될 정체성의 위기와 관련된 심리적 문제.

(4) 복제된 이의 성장 과정에서 집중될 미디어의 관심으로 말미암은 성장에 미치는 사회 심리적 문제.

(5) 복제아를 얻기 위해 핵이나 난자, 자궁을 공여하는 이들이나 이런 기술을 제공하는 이들이 상업적인 목적으로 그 일에 관여하게 될 위험성과 이런 일이 상업적으로 오용될 문제점. 이는 인간 생명 관련된 문제가 상업화하는 문제의 한 측면이 된다.

이 외에도 우리가 생각할 수 있는 무수한 문제를 생각하면서 현존하는 대부분의 과학자들과 그리스도인들은 인간이 존엄하기에 개체 복제를 시도해서는 안 된다고 생각한다. 이 점에 있어서는 과학자들과 그리스도인들이 의견을 같이 할 수 있다.

3. 인간 개체 복제에 반대하는 기독교적 논거의 기준

그 중에서 그리스도인들은 그런 사유의 근거가 성경이 말하는 인간의 존엄성이 될 것이다. 하나님 형상으로 창조된 존엄한 인간을 하나님께서 허용하신 자연스러운 방법으로 있도록 하는 것 외의 다른 시도를 해서는 안 된다는 것이 그리스도인의 생각이다. 인간 개체 복제의 문제에 대해서 생각하면서 우리 그리스도인들은 하나님의 형상인 고귀한 인간을 어떻게 그 끔찍한 기술적 문제에 노출시킬 수 있는가 하는 것이 가장 큰 관심이 되어야 할 것이다. 온전한 인간, 하나님의 형상인 인간을 그런 취급을 받도록 할 수는 없는 것이다. 이는 기본적으로 복제되는 개체를 중심으로 하는 사고이다. 복제되는 개체는 생물학적으로 우리와 동일한 사람이므로 그 개체의 하나님 앞에서의 권리와 인격성을 생각할 때 우리는 그런 시도를 할 수 없다고 해야 한다.

그리스도인들이 현존하는 인간인 우리 중심으로 사고하기 시작하면 상당히 많은 이들이 개체 복제되는 존재는 인간이 아니라고 생각하고, 따라서 그런 존재를 만들어서는 안 된다고 생각하기 쉽다. 그러나 이런 식의 사고는 인간 개체 복제를 반대하는 점에서는 옳은 것이지만, 성경 전체와 기독교 사상을 제대로 반영하고 있는 것인지 질문해야 한다.

그러므로 우리는 인간은 하나님의 형상이기에 존귀하고 고귀하므로 하나님께서 허락하시는 자연스러운 방법 이외의 다른 방법으로 사람이 존재하게 해서는 안 된다고 생각하면서 인간 개체 복제에 반대해야 한다. 그래야만 후에 일부 이상한 과학자들의 시도로 복제된 인간이 생기게 되었을 때, 그들의 인간으로서의 존엄성과 권리에 근거해서 그들에 대한 모든 보호 장치에 대한 작업을 할 수 있을 것이다. 만일에 후에 이상한 이들이 기형적인 사람을 양산해 내게 되어서 그들을 다 죽여야 한다는 논의가 나오게 될 때, 진정 그들을 위해 서 있을 수 있는 이들이 그리스도인이어야 하기 때문이다. 그러므로 지금 그리스도인들은 모든 정상적인 과학자들과 함께 인간 개체 복제에 반대하는 일에 힘써야 한다. 그러나 후에 개체 복제된 이들의 인권 문제가 제기될 때에 진정 그들을 위해 노력해야 하는 것이 그리스도인의 책임인 것이다. 그런 일이 발생하게 되었을 때는 그들에게도 그리스도의 복음을 전해야 하는 것이 우리의 사명이기 때문이다.

그러므로 지금으로서는 비정상적인 사이비 종교인들과 자기의 유익만을 생각하는 몰지각한 이들과 비정상적인 과학자들에 반해서 모든 정상적인 과학자들과 그리스도인들이 함께 인간 개체 복제에 반대하는 목소리를 높이고 있고, 그런 공동의 노력은 무엇보다 귀한 것이라 할 수 있다.

4. 일부 과학자들과 이 세상이 요구하는 인간 배아 복제

그러나 바로 여기서 우리는 그리스도인이 아닌 과학자들과 그리스도인인 과학자들을 나누는 심각한 문제가 있음도 기억해야 한다. 그것은 그리스도인이 아닌 과학자들은 개체 복제에 대해서는 강하게 반발하면서도, 그러나 현존하는 인간들의 복지를 위해서 배아 복제를 하여 배아줄기세포를 추출해서 난치병 치료 등에 쓰기 위한 목적으로 인간 배아복제는 계속해야 한다고 주장하기 때문이다. 그리고 이런 태도는 현직 정부 관계자들의 기본적인 태도로 나타나기도 한다.

이런 생각은 기본적으로 현존하는 인간이 아닌 배아, 특히 의학계에서 일반화되고 있는 일종의 신화라고 할 수 있는 수정 이후 14일되기 전까지의 배아는 아직 온전한 인간 생명으로 보지 않으려고 하는 사고에서 비롯되고 있다. 그러므로 그때까지의 인간 배아를 가지고 실험할 수 있음은 물론 그런 인간 배아를 복제해서 인간 배아줄기세포를 얻어 현존하는 인간의 복지를 위해 사용하는 것이 인간의 존엄성을 위한 것이라고 주장한다는 것이다.

황우석 교수님 등은 본인들이 배아 복제로부터 인간 복제로 가지도 않을 것이고, 또한 그것이 현재 기술로서는 어렵다는 것을 강조한다. 그것은 사실이다. 그러나 이는 인간 배아 복제 연구로부터 같은 경사

길의 조금 밑에 있는 지점일 뿐임을 생명 공학에 관심을 갖는 사람들이라면 누구나 다 아는 사실이다. 그러므로 인간 복제를 하지 않을 것이니 배아 복제만 하게 해 달라고 하는 것은 철저한 브레이크 장치를 마련할 것이니 일단 경사 길로는 가게 해달라는 요청이 되는 것이다.

5. 인간 배아 복제에 대한 그리스도인의 태도

바로 이 문제에 대해서 우리들의 그리스도인답게 사고하고 행동하는 일이 나타나야 한다. 사실 인간 개체 복제 문제에 대해서도 그리스도인은 정상적으로 사고하는 과학자들과 함께 개체 복제에 반대하면서도 그 근본적 반대 근거가 기독교적인 것이었듯이, 이 땅의 과학자들이 강하게 주장하는 인간 배아 복제에 대해서 인간의 생명이 과연 무엇이며 언제부터 시작되는지를 명확히 이해하는 기독교적인 사유를 이 문제에 적용하는 일을 해야만 한다.

1) 인간 배아줄기세포 연구에 대한 기독교적 반대의 근본적 이유

우리는 왜 인간 배아줄기세포 연구에는 반대하면서 인간 성체줄기세포 연구에는 찬성하는가? 기독교적 관점에서 보았을 때 가장 먼저 우리는 인간 배아줄기세포 연구는 결국 인간 배아의 파괴와 살해를 함의하고 있다는 점을, 그리고 성체줄기세포 연구는 이런 문제점을 전혀 가지고 있지 않다는 점을 언급하지 않을 수 없다. 이것이 중요한 이유는 이것이 인간의 생명의 시작을 어디로부터 보는가 하는 문제와 밀접히 연관되어 있기 때문이다.

성경적 관점에 의하면, 전체로서의 인간의 생명은 하나님께서 인간을 창조하시는 그 순간부터였다. 우리는 정확히 그때가 언제인지 모른다. 성경이 아담이 언제 창조되었다고 말해 주지 않기 때문이다. 그러나 아담이 창조되는 그 순간부터가 전체로서의 인간 생명의 시작이었다. 아담의 경우에는 그 시점이 자신의 개인적 생명의 시작시점이기도 하였다. 하나님께서 흙으로 빚으신 존재의 코에 생기를 불어넣으시는 그 순간부터 사람은 살아 움직이는 존재('네페쉬 하야', living soul)가 되었고, 그것이 아담의 개인적인 시작 시점이고, 인류 전체의 시작 시점이기도 하다. 처음 여자의 경우에는 아담으로부터 산 존재로 그 여인을 만드신 그 시점이 그 개인의 생명의 시점이었다. 그 후에는 개개인이 수정되는 그 순간부터가 개개인의 생명의 시작이다.

이를 가장 분명하게 말하기 위해서는 우리 주 예수님께서 성육신 하신 예를 생각해 보는 것이 최선의 길이라고 거듭 말해 왔다. 성자께서는 신성으로서는 영원부터 존재하신다. 그런데 그 영원하신 성자께서 우리의 죄의 구속과 하나님 나라의 수립을 위해 인성을 취하시어 성육신 하신 때, 과연 언제 성자께서 인성을 취하신다고 말할 수 있는가? 예수님께서 마리아에게서 출생하실 때? 아니면 마리아가 예수님의 태동을 느끼기 시작하는 그 시점에? 아니면 예수님이 될 그 배아에 소위 원시선이 생기기 시작하는 수정 후 14일 정도 되었을 때? 그렇게 연속적인 발생의 과정의 어느 시점을 잘라 말할 수 없다는 것을 모두가 직감할 것이다. 그렇다면 가장 분명한 대답은 마리아가 성령님의 능력으로 인간 남자의 관여 없이 수태하게 되었을 때가 성자께서 인성을 취하신 시점이라고 해야 한다. 바로 마리아의 몸속에 성령님의 독특한 역사로 말미암아 수정란이 있게 되었을 때인 것이다. 성경 기록 당시 사람들은 몰랐으나 오늘날 우리가 알게 된 산부인과적인 지식을 동원해서 설명한다면, 그 수정란은 일정한 시점에 마리아의 자궁에 착상하게 되었을 것이고(7일 정도 후), 그래서 호르몬 작용을 일으켜 마리아의 월경이 중지되게 하였을 것이고(10일 경), 소위 원시선이 나타나기 시작했을 것이며(14일경), 심장이 형성되고 눈이 발달하기 시작했을 것이고(약 18일 정도), 심장이 뛰기 시작했을 것이며(약 24일 정도), 독자적인 혈관계에 예수님의 피가 흐르기 시작했을 것이다(약 30일).

다른 모든 사람들도 여기서 설명한 예수님의 인성의 발달과 같은 발달 과정을 지니게 된다. 예수님은 성령의 능력으로 수태되었으나, 우리는 아버지와 어머님의 의해 수정되게 된다는 점은 다르지만, 우리 모두가 다 수정되는 순간부터 인간 생명을 시작한 것이다. 물론 우리는 오늘날 수정되는 그 순간부터 그 수정란이 어머니 자궁에 착상하기까지는 7일 정도의 시간이 걸리고, 상당히 많은 수정란들은 자동적으로 유산된다는 것을 알고 있다. 그래서 수정란 가운데서 정상적으로 출생에 이르게 되는 것은 25% 정도라는 보고도 있다. 그러나 그렇다고 해도 그것은 하나님께서 주관하시는 것이고, 우리로서는 수정되는 순간부터 연속적으로 발전하는 그 과정 전체를 인간 생명의 발달 과정이라고 해야 한다. 그렇다면 수정되는 순간부터가 인간 생명의 시작이다. 수정란은 앞으로 다른 생명체로 될 것이 아닌 인간으로 발달해 갈 것이고, 그것은 단순한 세포 덩어리가 아니기 때문이다.

이런 점에서 모든 복제는 그것이 인간 배아 복제이든지, 소위 말하는 치료적 복제이든지 모두 인간 복제를 존재케 하고 그것을 죽이는 것이 된다. 그러므로 모든 복제는 "재생산적"이다. 인간 배아는 그것이 자연스러운 수정의 결과로 형성된 배아이든지, 체세포 복제의 방법으로 형성된 배아든지 모두가 인간 생명이라고 여기는 기독교적 신념 때문에 인간 배아줄기세포 연구에 강하게 반대하고 이제부터는 모두 성체줄기세포 연구로 전환해야 한다고 주장한다. 인간 배아에서 인간 배아줄기세포를 추출해 내는 것은 한 생명을 죽이고서 다른 이들의 유익을 위해 사용하려는 매우 이기적이며 비윤리적인 행위라고 판단되기 때문에 그리스도인들은 인간 배아줄기세포 연구에 반대한다.

2) 인간 배아줄기세포 연구에 대한 기독교적 반대의 부차적인 현실적 이유들

그렇다면 기독교인들은 난치병 환자들이 많은 이 상황 가운데서 과학의 진보를 가로막기만하고, 모든 일에 반대만 하는 것인가? 우리 그리스도인은 모든 줄기세포 연구에 반대하는 반지성주의자인가? 강하게 말하건대, 그렇지 않다. 책임 있는 그리스도인 전문가들이 이미 여러 번 말하였지만, 기독교는 결코 그런 입장을 가져 본 일이 없고 그래서도 안 된다. 윤리 문제를 일으키지 않고 줄기세포를 이용하여 난치병을 치료할 수 있는 많이 진전된 방식이 있고, 기독교는 그런 연구를 적극 장려해 왔다. 그것이 바로 성체줄기세포 연구이다. 이 성체줄기세포 연구를 통해 배아줄기세포 연구보다 더 빠른 시일에, 보다 많은 분들에게 유익을 줄 수 있는 길이 있는 것이다.

성체줄기세포 연구가 현실적으로 배아줄기세포 연구보다 다음과 같은 점에서 훨씬 더 유용하다. 이는 위에서 말한 우리의 근본적 주장을 보충하는 현실적인 유익점을 준다고 주장하고자 하는 것이다.[2]

(1) 성체줄기세포를 사용하여 인간의 병을 치료할 때는 면역 거부

---

[2] 이하의 논의들은 이승구, "인간 줄기세포 연구의 현황과 이에 대한 기독교적 반응," 『통합연구』(근간)의 정보를 활용한 것이므로 자세한 점에 대해서는 이 논문을 참조하라.

반응을 피할 수 있다는 것이 대부분의 연구자들의 공통된 지적이다. 이론적으로는 배아줄기세포를 사용하면 면역 거부 반응을 해결할 수 있다는 생각을 하였지만, 실제로 배아줄기세포를 배양하는 배양액에 동물 세포와 동물 세포질이 사용되었기 때문에 문제가 있었던 것이다. 2003년 11월에만 해도 존스 홉킨스 대학교(Johns Hopkins University)에 모인 위원들이 그 때까지 미국에서 확보된 인간 배아줄기세포들은 모두 쥐의 세포와 접촉하면서 배양된 것이므로 쥐의 바이러스에 인간을 감염시킬 위험이 있다고 결론 내렸었다.[3]

(2) 성체줄기세포는 손상된 세포가 있는 곳에서 그 세포에로의 분화와 재생이 잘 이루어지고 있는 것으로 확인되고 있다. 이에 비해서 배아줄기세포를 사용할 때 분화 만능성을 지닌 배아줄기세포를 우리가 원하는 세포로 분화시킬 수 있는 방법에 대한 확실한 방법이 아직 확보되어 있지 않다. 강경선 교수는 배아줄기세포를 사용한 방법의 문제점을 언급하면서 "필요한 분분의 장기나 조직으로 생겨나게 하는 통제할 기술이 아직 없으며(뇌의 신경세포에 문제가 생겨 줄기세포를 이식했는데 거기서 손이나 눈 등 인체의 다른 부분이 생겨날 수 있다), 또 종양이 될 수 있다."고 말한 바 있다.[4] 어떤 이들은 이 문제를 극복하여 인간 배아줄기세포 연구를 인간의 질병 치료에 유용하게 사용할 수 있는 방법을 알아내기 위해서는 우리는 앞으로도 20년 이상을 기다려야 할 것이라고 2001년도에 예측하기도 하였었다.[5] 그러나 성체줄기세포는 이미 원하는 세포로 분화시켜 만족할만한 치유를 내고 있기도 한 것이

---

[3] http://seattletimes.nwsource.com/html/nationworld/2001788115_stemcells11.html.

[4] 제대혈 권위자가 보는 인간 배아줄기세포-강경선 박사 인터뷰, available at:
http://club.cyworld.nate.com/club/main/club_main.asp?club_id=50289202#.

[5] David Hamilton and Antonio Regaldo, "Biotech Industry - Unfettered, but

다. 여기서 서울대학교 의과대학의 황상익 교수의 말을 인용하면 좋을 것이다.

> "배아줄기세포는 미분화세포의 지나친 증식으로 암 발생 문제가 큰 데 반해 성체줄기세포는 그러한 문제점이 거의 없다. 즉, 안전성에서 뛰어나다. 또한 배아줄기세포는 원하는 세포 이외에 다른 세포로 잘못 분화할 가능성이 많지만, 성체줄기세포는 조직 특이적 분화를 하므로 효율 면에서도 훨씬 앞선다."[6]

그런데 그런 점에서 유효한 것으로 인정되는 성체줄기세포 연구는 그 분화 전능성의 정도에서나 분화 능력에서나 배양 능력에 있어서 배아줄기세포 연구보다 효율이 떨어진다는 논의가 상당히 많이 있어왔다.

그러나 (3) 그 분화 만능성에서나 분화 능력, 그리고 배양 능력에 있어서 성체줄기세포는 배아줄기세포 보다 못하지 않다는 연구 성과들이 점증하여 보고되고 있다. 특히 2002년 이후에는 수많은 성체줄기세포 연구와 그 임상 실험이 그 이전 성체줄기세포에 대해서 배아줄기세포 보다 못하다고 보던 견해를 일소하고 있음은 생명 공학계와 생명 공학을 위한 작업을 하는 이들이 상당히 인정하고 있는 것이다. 예를 들어서, 수정 때부터는 인간 생명으로 보는 것을 상당히 비판하는 종교적

Possibly Unfulfilled," *Wall Street Journal*, August 13, 2001, p. B1, cited in Bohlin(2001).

[6] 황상익, "인간 배아 복제의 문제점들 대안은 있다", available at: http://club. cyworld.nate.com/club/main/club_main.asp?club_id=50289202#. 강조점을 필자가 덧붙인 것임.

관용을 위한 홈페이지에서도 2002년 이후 성체줄기세포의 연구의 성과가 대단하여 이전과 같이 배아줄기세포 연구보다 그 잠재력이 떨어진다고 할 수 없음을 인정하면서 진술하고 있을 정도이다.[7]

더구나 (4) 실제로 병을 치료하는 효능성에 있어서는 성체줄기세포를 사용한 치료의 많은 성공 사례들이 이미 많은 사람들이 성체줄기세포의 연구 결과가 배아줄기세포 연구보다 우월하다고 이전에 말했던 바를 더 명확히 확인시켜 준다고 할 수 있다.

이미 성체줄기세포 연구의 우위성을 언급한 예들을 인용해 보면 다음과 같다: 캐나다의 <온타리오의 생명을 위한 연대> (Alliance for Life Ontario)의 제키 제프스는 다음과 같이 말했다.

> "성체줄기세포 연구는 적법하고 도덕적이고 윤리적인 대안적 연구를 제공해 준다. 성체줄기세포 연구는 이미 사람들의 치료적 유익을 위해 이미 많은 경우에 성공적으로 사용되어 왔다."[8]

또한 2001년도 생명을 위한 캐나다 의사들의 모임은 2001년에 이미 다음과 같이 말한바 있다.

---

[7] http://www.religioustolerence.org/res-stem12.htm. 그 가운데 한 제목을 다음과 같이 말하고 있는 것을 보라: "Adult stem cells may offer greater potential than originally believed."

[8] Jakki Jeffs, "An alternative exists to embryonic stem cell research," *Toronto Star*, 2001-JUL-6: "Adult stem cell research provides a legitimate, moral and ethical alternative area of research. Adult stem cell research has already been used successfully for therapeutic benefit in human beings…"

"과학적 문헌들은 성체줄기세포는 배아줄기세포를 가지고 희망만 하고 있을 뿐인 목표들을 이미 이루었으며, 따라서 인간 배아를 파괴하는 것은 더 이상 정당화될 수 없다는 것을 웅변적으로 증거하고 있다."[9]

6. 마치는 말

다시 말하지만, 기독교인은 무조건 과학 기술의 진보에 반대하는 이들이 아니다. 이미 오래 전부터 생명 공학에 관심을 가지고 연구하되 그 현장에서 윤리적 판단 때문에 연구 분야를 제한하는 책임 있는 생명 공학자들이 있고, 그분들은 책임 있는 그리스도인 과학자로서 자신들의 사역을 통해 하나님 나라를 진전시키는 일을 하고 있었기 때문에 일반 교양인들은 이런 의식을 가지고 진정한 여론의 형성자들과 생명 지킴이 역할에 힘쓰면서 전문가들의 이런 윤리적 판단에 감사와 존경과 지지를 보내야 하는 것이다.

우리 사회에서 인간 복제의 문제가 제기될 때 우리는 인간 개체 복제에 강하게 반대하여 그것이 이 사회적으로 바르게 이해되고 시행되도록 해야 하지만, 또한 그저 인간 개체 복제에 대한 일반적 반대에 파묻혀서 수정되는 때부터, 즉 46의 염색체로 존재하게 되는 때부터(따라서 복제의 경우에는 핵치환이 되는 때부터) 인간적 생명이 시작한다는 보다 본질적인 문제를 잊어버리지 않도록 주의해야 한다. 이때야말

---

9 "Stem Cell Research," *Canadian Physicians for Life*, at: http://www.phisiciansforlife. ca: "The scientific literature overwhelmingly demonstrates that adult stem cells are already fulfilling the goals only hoped for with embryonic stem cells, making the destruction of human embryos unjustifiable."

로 이런 문제에 대한 모든 그리스도인들의 보다 깊은 성경적이고 기독교 세계관에 근거한 판단과 사유와 활동이 요구되는 시기라고 여겨진다. 바로 이런 이유에서 우리는 인간 배아 복제 연구가 중지되어야 하며, 배아를 파괴하는 문제를 일으키지 않기에 훨씬 윤리적이고, 실제로 지금도 많은 이들을 치료하고 있고, 훨씬 빨리 인간의 난치병을 치료할 수 있다는 점에서 보다 효율적인 성체줄기세포 연구에로 전환되어야 한다고 강하게 주장하는 것이다.

그러므로 우리나라를 비롯하여 보다 많은 나라에서 성체줄기세포를 연구하는 데 많은 연구비를 들이고, 이런 연구를 하시는 분들을 여러 면에서 지원해야 한다. 더 우수하고 좋은 방법이 있는 데도 불구하고, 의학·기술적으로 더 뒤떨어졌을 뿐만 아니라 윤리적으로 심각한 문제를 일으키는 배아줄기세포 연구를 중요시하고 그것에 모든 이들의 관심이 집중되도록 하는 일은 매우 어리석은 일이 아닐 수 없다. 혹시 많은 사람들이 그렇게 나아간다고 해도, 적어도 그리스도인들은 이런 문제에 대해 깊은 관심을 가지고 다른 입장을 분명히 해야 한다. 그리스도인들은 우리나라 학자들 가운데서 이미 성체줄기세포 연구에 많은 진전을 보이고 있는 생명 과학자들의 연구를 지지하고 있으며 이를 위하여 기도하며 지원하는 일에 힘써야 할 것이다.

부록

인간 복제 및 배아 복제에 대한
법 규정 현황

1990. 11. 영국 "인간의 수정과 배아 연구에 관한 법률"

1990년 11월, 체외 수정과 인간 배아의 취급을 규정한 일반법, 복제 인간의 생산 금지.

1990. 12. 독일 "배아 보호법"

1990년 12월, 체외 수정과 인간 배아의 취급을 정한 일반법, 복제 인간의 생산 금지 및 이를 어길 경우 5년 이하의 징역형.

1994. 7. 프랑스 "생명 윤리법"

1994년 7월, 체외 수정과 인간 배아의 취급을 정한 일반법, 인간의 배아를 이용한 실험 금지.

1995. 7. 캐나다 "복제된 인간 배아 생산 등에 관한 금지령"

1995년 7월, 체외 수정과 인간 배아의 취급을 정한 일반법, 복제 인간의 생산 금지.

1997. 3. 미국 "복제 인간 생산에 관한 대통령령"

1997년 3월, 복제 인간의 생산에 대한 연방 자금 지원 금지.

1997. 6. 서방 선진 7개국과 러시아 등 8개국 정상 회담

주요 현안 중 하나로 인간 복제 문제를 취급하였으며 폐막식 공동 성명에서 각국 정상들이 인간 복제의 전 세계적인 금지를 촉구한 바 있다.

1998. 1. 12. 유럽, 인간 복제 금지 의정서 조인

유럽회의 19개 회원국은 파리에서 인간 복제를 엄격히 금지하는 유일한 국제 협정인 '인간 복제 금지 의정서'에 서명했다. 앞서 체결된 '유럽 인권-생명 의학 협약'의 추가 문서 형식으로 이날 서명된 인간 복제 금지 의정서는 "생존이나 죽은 상태를 막론하고" 다른 사람과 유전적으로 동일한 인간의 창조를 엄격히 금지하고 있으며 어떠한 예외도 배제하고 있다.

이 의정서는 대중의 안전이나 건강 보호 혹은 모든 사람을 위한 권리와 자유 보호 등 어떠한 이유로도 인간 복제 금지를 회피할 수 없도록 규정하고 유럽 국가들에서 저질러지는 어떠한 위반 행위에 대해서도 엄중한 형사적 제재를 가하도록 촉구하고 있다.

의정서는 또 모든 위반자는 과학적 연구를 계속할 수 없는 제재 조치를 당하며 관련 연구소나 진료소는 면허가 취소되도록 규정하고, 유럽 밖에서 인간 복제와 관련되는 진료소를 개설하는 모든 연구소나 유럽 시민에 대해서도 법적인 제재를 가하도록 하고 있다. 의정서는 그러나 연구 목적을 위한 세포의 복제에 대해서는 영향을 미치지 않는다. 이 의정서의 서명으로 '유럽 인권-생명 의학 협약'은 앞서 체결된 의학 연구나 장기 이식, 유전자 보호 등의 분야에 이어 생명 의학의 전반적인 분야에서 인간의 존엄성을 보존하기 위한 포괄적인 법적 토대를 마련하게 됐다.

이날 서명식에는 프랑스의 엘리자베트기구 법무장관과 피에르 모스코비치 유럽 문제 담당 장관, 스웨덴 출신의 다니엘 타르시스 유럽회의 사무총장 등이 참석했으며, 덴마크, 핀란드, 그리스, 아이슬란드, 룩셈부르크, 노르웨이, 포르투갈, 스페인, 스웨덴, 터키 등 19개국이 서명했다. 이 의정서는 서명국들 가운데 5개국이 비준하면 발효되며, 발효 5년 후 유럽회의 산하 생명윤리위원회(CDBI)에 의해 재검토되게 된다.

독일과 영국 등은 국내법 체계나 '연구의 자유' 존중 등을 이유로 서명하지 않았다.

1998. 7. 3. 일본 "대학 등의 복제 인간 제조에 관한 연구 규제에 관한 지침안."

복제 인간 제조 금지.

1999. 5. 미국 대통령 직속 생명윤리자문위원회

인간 배아를 이용한 복제 실험과 연구를 허용하도록 빌 클린턴 대통령에게 권고하기로 결정하였다. 그 전까지 미국은 인간 배아 연구를 원칙적으로 금지해 왔으며 이에 대한 연방 정부의 지원도 금지하고 있었다.

1999. 6. 영국 정부

전문가들의 권고를 거부한 채 파장을 고려할 시간이 더 필요하다는 이유를 들어 모든 의학적 연구 활동에 대해 인간 배아 복제 행위를 금지시킴.

1999. 9. 14. 유네스코 한국위, "인간 배아 복제 금지를"

인간 복제 실험은 어떠한 경우에도 허용돼서는 안 된다는 시민들의 합의안이 처음으로 나왔다. 유네스코 한국위원회는 13일 연세대에서 열린 '생명 복제 기술 합의 회의'에서 인간 개체의 복제뿐 아니라 인간 배아의 복제 실험도 금지돼야 한다는 합의안을 채택했다.

위원회는 이같은 합의안을 보건복지부, 과학기술부, 국회과학기술통신위원회 등에도 전달했다. 지난 10일부터 4일간 계속된 합의 회의에는 지난 6월 초 6대 1의 경쟁률을 뚫고 뽑힌 16명의 시민들이 배심원 자격으로 참여했다.

합의문은 시민들이 전문가들의 찬반 양론을 들은 뒤 표결하는 형식으로 진행됐다. 시민 배심원들은 반대 14, 찬성 2의 압도적 차이로 인간 복제 실험의 무조건 금지를 합의안으로 내놓았다. 또 동물 복제에 대해서도 실험의 투명성과 정부-시민 단체의 감독, 실험 결과물에 대한 사후 관리가 병행되는 상황에서 허용돼야 한다는 안을 채택했다.

(dhsong@chosun.com)

2000. 8.

영국에는 지금까지 인간 복제를 명문으로 금지하는 법규정은 없었다. 그러나 인간 수정 및 배아학 관청(HFEA)이 인간 배아는 최초 14일 이내에서만 특정 목적을 위해 실험할 수 있도록 1990년에 제정된 법규정에 근거해 규제해 왔다. 하지만 지난 8월 영국 정부는 다능성 줄기세포 연구를 위해 1990년에 제정된 법률을 연구 목적 달성을 위해 완화해 줄 것을 요청했다. 즉, 순수하게 연구 목적을 위해 배아를 생성하는 것을 허용한 것이다. 영국 보건부 장관의 자문 기구가 인간 배아의 복제를 부분적으로 허용해야 한다는 보고서를 제출하고, 영국 정부가 이를 받아들인다는 의사를 공개했다.

의료 생화학 분야의 전문가들로 구성된 자문 기구는 최근 1년여 동안 검토 과정을 거쳐 이같은 보고서를 제출했다. 자문 기구 의장인 리암 도널드슨 박사는 "인간 배아에 대한 연구는 질병 치료에 획기적인 진전을 가져올 것"이라며 "이를 통해 불치병의 고통에 빠져 있는 많은 사람이 구제될 수 있을 것"이라고 강조했다. 보고서는 "배아 복제를 통해 손상된 장기를 새로운 조직으로 대체할 수 있을 뿐만 아니라 암, 당뇨, 파킨슨병에 대한 획기적인 치료법을 개발할 수 있을 것"이라고 밝혔다. 또한 의료계 관계자들도 배아 복제는 무궁무진한 잠재력을 갖고 있다는 점에 동의하면서 질병 치료에 대해 그동안 의료계에서는 장기가 손상된 환자에 대해 동물이나 다른 사람의 장기 이식을 통해 치료를 시도했으나 유전자나 면역 체계가 같은 동일인의 세포를 이용해 장기를 배양하면 이같은 문제는 해결될 수 있다고 말했다. 전문가들은 그동안 배아 복제가 동물에 대해서만 허용됐으나, 결국 인간을 향한 과정이었다고 지적하면서, 영국 정부의 방침이 사실상 복제 연구의 목적을 명확하게 해 준 데 의미가 있다고 설명했다.

그러나 많은 효용에도 불구하고 인간 배아의 복제는 심각한 윤리적 문제를 수반할 수밖에 없다. 가장 강력하게 반발하고 있는 종교계에서는 배아 복제가 생명체의 경시 풍조를 몰고 올 것이라고 경고하고 있다.

특정 장기를 배양하기 위해서는 일정한 수준까지 생명체를 키우다가 다른 부문의 성장을 차단해야 하는데, 이는 살인과 다를 바가 없다는 것이다. 배아 상태부터 생명체를 시작된다고 보는 종교계에서 배아 복제를 받아들일 수 없는 근본적인 이유가 여기에 있다.

이같은 주장에 대해 보고서는 일종의 타협점을 제시하고 있다. 복제와 관련된 연구와 치료는 감독 기관의 철저한 감시 아래 진행하며 다른 대안이 없다고 인정될 때에 한해 허용한다는 것이다.

특히 인간 자체에 대한 복제는 철저하게 막아야 한다고 보고서는 강조했다. 종교계의 생명 중시론에 대해 기존 생명을 구제한다는 전제 위에서만 복제를 인정한다면 무방하지 않겠느냐는 절충안인 셈이다.

그러나 인간 배아 복제 반대 운동을 펼치고 있는 일부 운동 단체는 이같은 타협안에 대해 기술적인 문제를 지적하고 있다. 일정한 전제 아래에서 부분적인 복제만 허용하는 원칙이 지켜질 수 있겠느냐는 것이다. 복제에 대한 문을 개방한 다음에는 음성적으로 이뤄지는 복제를 막을 방법이 없다고 이들은 주장한다.

이들은 특히 이러한 신기술과 상업적 이윤의 연결을 걱정하고 있다. 자본이 상업적 목적으로 복제를 이용하기 시작하면 보고서가 내놓은 부분적인 복제와 일정한 요건은 쉽게 무너질 수 있을 것이라고 이들은 염려하고 있다.

미국 역시 인간 배아로부터 줄기세포를 추출해 다능성 줄기세포를 복제하는 것을 명문으로 금지하고 있지는 않았다. 더군다나 14일 이내의 배아를 연구하는 것을 개인에게 제한적으로 허용해 왔다. 그러다가 국립보건원(NIH)이 2000년 8월 8일 인간 다능성 세포에 관한 연구 지침을 발표했다. 이에 따르면 치료를 위해 다능성 줄기세포를 복제하는 것은 금지되지는 않지만 연방 재정 지원에서는 제외된다. 배아줄기세포에 관한 연구는 허용된다. 그러나 이 경우에도 줄기세포는 불임 치료를 목적으로 하고, 기증자의 승낙이 있는 경우에만 정부에서 재정적으로 지원을 한다.

미국과 영국을 제외한 나머지 국가들은 인간 복제를 하는 것을 금지하고 있다. 유럽의회는 치료 목적으로 다능성 배아줄기세포를 추출하거나 핵 이식을 통해 복제하는 것을 반대하는 입장이다. 이러한 유럽의회의 결정에 따라 독일의 배아 보호법도 이를 법률적으로 엄격하게 제한하는 입장을 취하게 됐다.

(월터 그룹/독일 가센 대학 법학과 교수)
(환경운동연합 "생명 공학 육성법 개정안에 대한 의견서"와 관련해서)

2000. 12. 1. 일본, 인간 복제 금지법 도입

일본 국회는 2000년 11월 30일 인간 복제를 금지시키고 이를 위반한 사람을 중벌에 처하는 내용의 "인간 복제 기술 규제 법안"을 가결했다. 이 법안은 인간 복제를 '인간의 존엄 유지와 생명 신체의 안전, 사회 질서 유지에 중대한 영향을 미칠 가능성이 있는' 행위로 규정해 이를 금지시켰으며, 위반시 최고 10년의 징역 또는 1,000만 엔의 벌금형에 처할 수 있도록 했다.

법안은 구체적으로 핵을 뺀 사람의 미 수정란에 사람의 체세포핵을 이식시켜 만든 복제 배아, 사람의 난자와 동물의 정자를 수정시킨 배아, 사람과 동물의 세포를 혼합한 배아 등을 사람이나 동물의 모체에 이식시키는 행위를 금지시켰다.

일본에서 특정 연구를 금지, 처벌하는 법률이 도입되기는 이번이 처음이다. 법안은 이와 함께 연구 계획을 정부에 사전 제출하도록 연구자에게 의무화하고, 문제가 있을 경우 해당 부처 장관이 연구 내용의 변경 및 중지를 명령할 수 있도록 했다.

(동경=AFP연합)

2001. 1. 22. 英, 인간 배아 복제 첫 허용

영국 상원은 하원을 통과해 상정된 정부의 인간 배아 복제 허용 법안을 2001년 1월 22일 밤늦게까지 이어진 격론 끝에 찬성 212표, 반대 92표로 통과시켰다. 현재는 불임 치료에만 허용되고 있는 인간 배아 복제를 연구 목적의 복제까지 확대시키는 이 법안은 상원 통과로 2001년 1월 말부터 발효되며, 이에 따라 영국은 세계 최초로 인간 배아 복제를 공식 허용하는 국가가 된다. 상원은 또 새로운 인간 배아 복제 연구의 초기 단계를 상원위원회가 조사, 감독할 수 있게 하는 수정안을 반대 없이 통과시켰다.

이날 법안 토의에서 반대론자들은 이 법안이 생명의 존엄성을 무시하는 것이라고 주장했으며, 리버풀의 앨턴 상원의원은 이 법안이 인간 배아를 인간이 만들고, 교환하고, 얼리고, 파괴하는 또 하나의 장식물로 만들 것이라며 의회의 승인을 받기 전에 상원위원회에 의해 자세한 검토가 필요하다고 주장했다. 또 영국 성공회, 가톨릭, 유대교, 이슬람교 등 모든 종파의 지도자들이 이 문제에 대해 한 목소리로 반대 의견을 냄으로써 법안의 통과가 저지될 것이라는 전망이 대두됐었다.

(런던=연합 뉴스 김창회 특파원)

2001. 7. 4. "미국 회사 인간 복제 실험 연방 정부 첫 중단 조치"

인간 복제 계획을 추진중인 미국의 '클로네이드'(Clonaid) 사가 연방 정부의 압력으로 실험실을 미 영토 밖으로 옮길 예정이라고 《USA 투데이》가 3일 보도했다.

신문은 이 회사의 과학 담당 이사 브리짓 보이슬리어가 "복제 어린이가 매우 빠른 시기에 탄생할 것이지만 미 식품의약국(FDA)이 '인간 복제에 관한 법이 명확해질 때까지 미국 내에서 인간 복제를 시도하지 않는다는 각서에 서명하라'고 권고함에 따라 실험실을 폐쇄했다"고 말했다고 전했다. 미 연방정부 당국이 인간 복제 실험을 하지 말도록 금지한 것은 이번이 처음이라고 신문은 밝혔다.

인류의 조상이 외계인이라고 믿는 종교 집단 '라엘리언 무브먼트'의 소유로 알려진 클로네이드사는 그동안 생후 10개월 만에 사망한 남자 아기의 부모로부터 재정 지원을 받아 미국 내의 한 실험실에서 사망한 아기의 DNA를 이용한 인간 복제 연구를 계속해 왔다.

(뉴욕 연합)

(http://www.donga.com/fbin/searchview?n=200107040006)

2001. 7. 24. 교황, 美 배아 연구 중단 촉구

교황 요한 바오로 2세가 조지 W. 부시 미국 대통령과 만나 인간 배아 줄기세포 연구를 중단하도록 촉구했다. 이탈리아 제노바에서 열린 주요 8개국(G8) 정상 회의에 참석했다가 22일 가족과 함께 로마에 도착한 부시 대통령은 23일 로마 근교의 휴양지에서 교황과 처음으로 만났다.

AP 통신 등 외신에 따르면 교황은 부시 대통령에게 "미국이 추구하는 자유롭고 도덕적인 사회는 인간의 생명이 수태되는 순간부터 자연사(自然死)할 때까지의 어떤 단계에서도 인간의 생명을 평가절하 하거나 모독해서는 안 된다"고 말했다.

교황은 또 "양심이 땅에 떨어져 안락사, 유아 살해 등의 사악한 일을 묵인하게 됐으며 최근 연구 목적의 인간 배아 배양도 마찬가지"라며 부시 대통령에게 인간 배아줄기세포 연구를 위한 미 연방정부의 연구비 지원을 거절하라고 촉구했다.

인간 배아줄기세포 연구비 지원 여부를 곧 결정해야 하는 부시 대통령은 나중에 실비오 베를루스코니 이탈리아 총리와의 합동 기자회견에서 "교황의 말을 고려하겠다"고 밝혔다. 부시 대통령은 인간 배아줄기세포 연구를 계속 지원할 경우 미국 내 4,400만 가톨릭 신자가 그에게 등을 돌릴 가능성이 있고, 만일 지원을 중단하거나 제한하면 종교 지도자나 보수 세력에 굴복했다는 비난을 들을 처지에 놓여 있다고 외신들은 분석했다.

배아는 정자와 난자가 수정한 뒤 2개월이 안 된 초기 생명체로 이로부터 얻은 줄기세포는 신체 모든 기관의 세포로 자랄 수 있다. 따라서 줄기세포 연구는 당뇨병, 알츠하이머병, 화상(火傷) 등의 치료에 크게 기여할 것으로 과학자들은 기대하고 있다. 그러나 교황을 비롯해 낙태를 반대하는 단체들은 "줄기세포 추출은 그 과정에서 생명체인 배아가 파괴되기 때문에 낙태와 마찬가지"라며 반대하고 있다.

미국은 유산된 태아나 냉동 보관된 배아로부터 추출한 줄기세포에 한해서 연구를 허용하고 있지만 인간 배아 연구 자체를 금지하는 나라도 많다. 2001년 유네스코 국제생명윤리자문위원회 보고서에 따르면 독일, 프랑스, 오스트리아, 헝가리, 폴란드, 노르웨이, 스위스, 브라질, 페루 등은 인간 배아 복제를 포함해 인간 배아 연구 자체를 법으로 금지하고 있다.

한편 사형 제도에 대해 반대하는 교황은 이날 미국의 사형 제도에 대해서는 언급하지 않았다. 바티칸의 한 관계자는 "부시 대통령과 교황이 서로의 입장에 대해 알고 있는 상황에서 교황이 굳이 이 문제를 꺼낼 이유가 없었을 것"이라고 전했다.

(김성규 기자 kimsk@donga.com)

(http://www.donga.com/fbin/searchview?n=200107240381)

2001. 7. 31. 美 하원 "인간 배아 복제 금지" … 연구 목적도 불허

미국 하원은 2001년 7월 31일 어떤 목적으로든 인간 배아를 복제할 수 없도록 규제하는 법안을 표결에 부쳐 찬성 265 대 반대 162로 통과시켰다. 하원은 과학적 연구 목적에 국한해 인간 배아 복제를 허용하자는 관련 수정안도 249 대 178로 부결시켰다. 하원을 통과한 법안이 상원에서도 통과돼 확정되면 미국에선 생식이나 난치병 치료를 위한 연구를 포함한 모든 경우에 인간 배아 복제는 불법이 된다. 법안은 이를 어길 경우 10년 이하의 징역이나 벌금 100만 달러를 부과하는 처벌 조항을 두고 있다.

하원은 표결에 앞서 6시간에 걸쳐 열띤 찬반 토론을 벌였다. 법안에 찬성하는 의원들은 윤리적 차원에서 인간 배아 복제에 반대한다는 견해였고, 찬성하는 의원들은 파킨슨병, 치매 등 난치병 치료의 연구를 위해 인간 배아 복제를 허용해야 한다고 주장했다.

조지 W. 부시 미 대통령은 성명을 통해 "인간 배아 복제가 제기하는 도덕적 문제들이 현재와 미래의 세대에 미칠 영향은 심각하다"며 "하원에서 여야가 인간 배아 복제를 금지하기로 압도적으로 결정을 내린 것은 윤리 문제를 강력히 제기한 것으로 나는 이를 지지한다"고 밝혔다.

(워싱턴=한기흥 특파원 eligius@donga.com)

(http://www.donga.com/fbin/searchview?n=200108010468)

2001. 11. 27. 英, 출산 목적의 인간 배아 복제에 최고 징역 10년형 법안 추진

영국은 출산 목적의 인간 배아 복제를 금지하는 긴급 입법을 예외적으로 신속하게 추진, 금주 말까지 의회를 통과시킬 예정이다. 복제 배아를 자궁에 착상시킬 경우 최고 징역 10년형에 처할 수 있도록 하는 내용의 이 긴급 법안은 26일 밤 상원의 제2차 독회를 반대 없이 통과했으며 금주 말까지 하원에서의 모든 입법 절차도 완료될 예정이다.

영국 정부는 당초 기존의 영국 국내법으로는 인간 배아 복제를 명시적으로 금지할 수 없다는 예상 외의 법원 판결이 나옴에 따라 지난 2001년 11월 22일 입법안을 발표한 데 이어, 긴급 입법을 추진하고 있으며, 미국 생명 공학 벤처 기업 어드밴스크 셀 테크놀로지(ACT)의 인간 배아 복제 성공 발표 직후 이뤄진 상원 심의를 2001년11월 26일 통과한 것이다.

과학자 출신의 노동당 출신 상원의원 윈스턴 경은 이 법안을 전폭적으로 지지한다며 출산 목적의 인간 배아 복제는 인간을 상품화하는 것으로 이는 위험하고 용납할 수 없으며 또 현재로서는 복제 인간은 성공률이 극히 낮고 만들어지더라도 기형아 등 극도의 위험을 동반한다고 주장했다. 윈스턴 경은 동물 복제의 경우 비정상적인 결과를 자주 초래하고 있다며 이 같은 일이 인간에게 일어나도록 해서는 안 된다고 강조했다.

그러나 일부 의원들과 반대론자들은 이 법안의 예외적으로 신속한 처리에 대해 우려를 표명하기도 했다.

(런던=연합 뉴스 김창회 특파원)

2001. 11. 30. 유럽의회, 인간 복제 금지 결의안 부결

유럽의회는 29일 유럽연합(EU) 역내에서의 인간 복제 금지를 촉구하는 결의안을 부결시켰다. 인간 복제를 전면적으로 금지하는 내용의 이번 결의안은 이날 의회에서 반대 316, 찬성 37로 부결됐다. 이로써 치료 목적의 인간 배아 복제를 원하는 과학자들은 안도의 한숨을 내쉬게 됐지만 EU 전역에 적용되는 인간 복제 관련 단일 법안을 제정하려는 노력은 무산되게 됐다.

결의안을 작성한 이탈리아 출신의 프란세스코 피오리 유럽의회 의원은 "인간 복제 금지 결의안을 부결시키면 안 된다는 공감대가 형성돼 있다"며 인간 복제에 대한 단일 법안 제정이 시급하다고 주장했다.

유럽의회 산하 인간유전학특별위원회의 로버트 괴벨스 위원장은 "결의안의 내용이 모호해 투표에 참가한 모든 의원들이 각자 해석을 달리한 데다 무언가 불충분하다는 생각으로 결의안을 부결시킨 것 같다"고 말했다.

이날 부결된 결의안은 "치료를 위한 복제 연구와 인간 복제를 위한 연구 사이에 구별이 없는 상태"라며 "현존하는 복제 금지 조치가 완화되면 결국 배아 복제와 이용이 추가로 허용되는 결과를 낳게 될 것"이라고 주장하며 단일 법안 제정의 필요성을 강조하고 있다.

현재 유럽연합 회원국 가운데 9개국이 배아줄기세포와 인간 배아에 대한 연구를 금지하는 법안을 통과시킨 상태이다.

(브뤼셀 AP=연합 뉴스)

(http://www.donga.com/fbin/searchview?n=200111300061)

2001. 12. 5. 英 "인간 복제 금지 법률 발효"

영국 정부는 인간 복제를 막기 위해 마련한 긴급 법안이 여왕의 재가를 얻음으로써 발효했다고 4일 발표했다. 새 법에 의하면 정자와 난자의 수정에 의한 경우가 아닌 방식으로 배아를 만들어 여성의 자궁에 이식할 경우 10년 징역형을 선고받게 된다. 그러나 이른바 치료를 목적으로 한 복제는 허용된다.

한편 지난달 중순 영국 법원이 기존의 법률로 인간 복제에 관한 연구를 금지할 수 없다는 판결을 내림으로써 정부가 인간 복제에 관한 법률적 공백 상태를 메우기 위해 긴급히 법 제정 작업을 서둘러 왔다.

(런던 AFP=연합)

(http://www.donga.com/fbin/searchview?n=200112050029)

2002. 1. 30. 獨의회, 인간 배아 수입 승인

독일의회는 30일 의학적 연구 목적의 인간 배아줄기세포 수입을 승인했다. 독일 의회는 이날 장시간의 토론 끝에 인간 배아줄기세포에 대한 전면적인 수입 금지 조치 대신에 의학적·유전 공학적 연구 목적의 제한적 수입을 허용함에 따라 독일 생명 공학 발전에 획기적인 전기를 마련한 것으로 평가되고 있다. 독일의회의 이번 결정은 줄기세포 수입 허용을 요구하는 정부와 산업계의 요구를 반영한 것이지만 인간 배아 연구가 본격화되면서 윤리적인 문제에 대한 논쟁이 더욱 가열될 것으로 전망된다.

게르하르트 슈뢰더 독일 총리는 이날 의회 연설에서 줄기세포의 전면적인 수입 금지는 과학 발전에도 장애가 되고 헌법적으로도 문제가 되고 있다고 지적하고 의원들에 대해 최소한 의학적 연구 목적의 수입은 허용할 것을 촉구했다. 독일 정치권에서 인간 배아줄기세포 수입 허용 문제에 대해 찬반 논쟁이 가열되고 각 정치인별로 각양 각색의 견해가 표출됨에 따라 이날 의회에서는 당론에 관계없이 자유 의사에 의한 교차 투표가 실시됐다.

그러나 인간 배아줄기세포의 제한적 수입이 허용된다고 해도 독일 현행법은 아직 인간 배아 복제는 물론, 인간 배아 연구 자체를 금지하고 있어 줄기세포에 대한 연구를 시행하기 위해서는 관련 법률 개정이 필요한 것으로 지적되고 있다.

독일 정부는 생명 공학 연구 범위를 확대할 필요성을 인식하고 새로운 법률안을 준비하고 있으며 독일 언론들도 이 문제에 대한 의학계의 입장뿐 아니라 정치권 및 경제계의 논란을 중요한 이슈로 보도하고 있다.

(베를린=연합뉴스 송병승 특파원)

(관련 기사: http://www.donga.com/fbin/searchview?n=200201310306)

2002. 2. 27. 英 상원, 연구 목적 배아줄기세포 복제 허용

영국 상원이 연구 목적의 인간 배아줄기세포 복제를 허용키로 함에 따라 세계 최초의 인간 줄기세포 은행이 이르면 내년 봄에 출현할 것이라는 전망을 낳고 있다. 배아줄기세포의 복제 허용 여부를 논의해 온 상원 특별위원회는 27일 발표한 보고서를 통해 인간 배아줄기세포에 대한 선구적인 연구는 엄격한 제한하에 허용돼야 한다고 밝혔다.

특별위원회는 배아줄기세포 복제 허용이 이른바 '맞춤 아기'를 허용하는 첫 단계 조치가 될 수 있다는 비판론자들의 우려에 대해 배아 복제는 최소한으로 한정돼야 한다고 지적했다.

영국에서는 2001년 배아줄기세포의 연구를 허용하는 법안이 통과

됐지만 상원 특별위원회가 관련 보고서를 준비하는 동안 사실상 시행이 보류돼 왔다. 특별위 보고서는 성체줄기세포를 이용한 최근의 과학적 성과에 대해 환영을 표시하면서도, 이 연구의 가능성을 현실화하기 위해서는 최대 14일까지 배양된 배아에 대한 연구가 계속돼야 한다는 입장을 밝혔다. 보고서는 또 영국에서 배양되고 있는 줄기세포주(株)의 순수성을 보장하고 이들이 연구 목적으로 사용되는지 여부를 감시하기 위해 줄기세포 은행을 시급히 설립할 것을 정부에 촉구했다.

상원 특별위원회는 성체줄기세포에 대한 연구도 환영할 일이지만 "그렇다고 해서 일부가 주장하는 것처럼 배아줄기세포의 연구가 불필요한 것은 아니다"고 밝혔다. 위원회는 배아줄기세포 복제 허용 법안을 지지하면서 "초기 배아에 대한 모든 연구를 금지하는 것이 정당한 일은 아니라는 데 공감했다"고 덧붙였다.

낙태 반대 단체와 일부 종교 단체 등은 상원 특별위원회의 이같은 결정에 반발하고 있다. 생명 존중을 표방하는 단체 '라이프'의 피터 개러트 회장은 "이 위원회는 사전 각본대로 짜여졌으며 치료 목적의 복제는 복제가 아니라고 대중이 믿도록 하기 위한 더 큰 속임수의 일환"이라고 주장했다.

(런던 AFP.dpa=연합뉴스)

2002. 2. 28. 美, 인간 배아 실험 금지 제안

미국은 26일 유엔 회의석상에서 인간 복제 및 인간 배아를 이용한 실험을 전 세계로 전면 금지하는 방안을 추진하자고 제안했다고 《워싱턴포스트》가 보도했다. 이날 유엔 본부에서 열린 인간복제반대국제협약위원회 전체 회의에서 캐롤린 윌슨 미 대표는 "인간 복제는 생명 공학 중 가장 골치 아픈 분야"라면서 "인간 복제는 장차 인간이 인체의 예비 부품을 위해 태어나고, 아기가 우생학적 요구 사양에 맞춰 만들어지는 그런 결과를 초래하게 될 것"이라고 주장, 이에 대한 금지의 필요성을 강조했다고 전했다.

월슨 대표는 "치료 목적 혹은 실험 목적 복제는 국제적 배아 암시장을 형성하게 될 위험이 농후하다"면서, "특히 복제된 배아의 착상 행위는 어떤 경우에도 허용해서는 안 된다. 만약 이런 행위들이 일단 시작되면 불법 복제 배아를 이용한 임신은 사실상 탐지가 불가능해지고, 설사 탐지가 가능하다 해도 강제 중절케 하거나 임신한 여성에게 중벌을 내릴 수 없게 될 것"이라고 주장했다.

이에 대해 유럽·아시아 지역 대표들은 인간 복제는 엄격하게 금지해야한다는 원칙론에는 지지 입장을 내보이면서도 의료계에 혁명을 가져올 복제 배아 연구까지 전면 금지시키는 것은 바람직하지 않다는 의견들을 개진했다. 모토무라 요시유키 일본 대표는 "장차 인간의 생명을 구할 수 있는 과학 기술적 발전의 문호를 폐쇄한다는 것은 잘못"이라고 배아 실험의 전면 금지에 대해 유보적 입장을 내보였다. 미 복제의학회 션 팁튼 대변인도 회의 후 가진 기자회견에서 "미 행정부는 자신의 시각을 전 세계가 아니라 미국인들에게만 요구하는 것으로도 충분하다"면서, "이 분야를 계속 연구할 길을 열어 둘 필요가 있다"고 반대 입장을 밝혔다고 신문은 덧붙였다.

(워싱턴=연합뉴스 김성수 특파원)

2002. 3. 3. 캐나다, 인간 배아줄기세포 연구 허용

캐나다는 줄기세포에 대한 의학적 연구 목적을 위해 인간 배아와 낙태 태아의 조직을 이용하는 것을 허용할 것이라고 《글로우브 앤드 메일 신문》이 2일 보도했다. 이 신문은 연방정부 산하 캐나다보건조사연구원(CIHR)이 마련, 4일 공식 발표될 예정인 인간 배아에 대한 새 법규를 입수, 이같이 전했다.

새 법규에 따르면, 부모의 동의 아래 기증된 잉여 인간 배아에 한해서만 공개적으로 지지 받는 줄기세포 연구가 허용되며, 연구비가 지원된다. 단 임신 여성이 낙태할지, 계속 임신할지 여부를 결정하는데 과학자들이 압력을 가해서는 안 된다. 또한 공적 자금을 지원 받는 과학자들은 연구 목적만을 위해 실험실에서 인간 배아를 생산 혹은 복제하는 행위가 여전히 금지된다. 이 신문은 캐나다의 법규가 미국에 비해 덜 제한적이지만, 줄기세포 연구를 위해 인간 배아의 생산, 복제를 허용하는 영국보다 엄격하다면서 미국와 영국의 중간 입장이라고 설명했다.

생명 윤리에 대한 논쟁을 불러일으키고 있는 줄기세포 연구와 관련, CIHR의 법규는 의회에서 정식 법이 제정될 때까지 캐나다 과학자들의 유일한 지침이 될 것이라고 이 신문은 지적했다.

(로스앤젤레스=연합뉴스 권오연 특파원)

2002. 4. 10. "모든 인간 배아 복제 금지" 부시, 상원에 입법화 촉구

조지 W. 부시 미국 대통령이 10일 어떤 목적의 인간 배아 복제에도 반대한다며 이를 입법화해 달라고 상원에 촉구함으로써 인간 배아 복제에 관한 논란이 재연되고 있다.

부시 대통령은 이날 백악관에서 인간 배아 복제에 반대하는 과학자, 종교인 등을 면담한 뒤 연설을 통해 "나는 생식용과 치료용의 인간 배아 복제를 모두 금지시켜야 한다고 생각한다"며 "모든 인간 배아 복제를 금지시키는 포괄적 법안을 강력히 지지한다"고 말했다. 그는 또 "우리의 자녀들은 사랑받고 존중받아야 할 신의 선물이지, 설계, 제조되는 상품이 아니다"며 "도덕적 목적이 결여된 의학 연구는 후회하며 살게 될 세상으로 윤리적 나침반 없이 여행을 떠나는 것과 같다"고 강조했다.

부시 대통령은 지난해 8월 태아의 배아에서 추출한 64개의 줄기세포에 국한해 연방 정부가 질병 치료 연구 예산을 지원토록 허용한 바 있으나 인간 배아 복제엔 일관되게 반대해 왔다.

미 하원은 지난해 7월 모든 인간 배아 복제를 금지하는 법안을 265 대 162로 통과시켰다. 상원에는 인간 배아 복제를 전면 금지시키는 법안과 생식 목적의 복제는 금지하되 질병 치료를 위한 연구용 복제는 허용하는 법안이 함께 상정돼 있어 어떤 법안이 통과될지 불투명한 상황이다.

한편 영국 옥스퍼드대학의 리처드 가드너 박사는 과학 전문지 《뉴사이언티스트》에 기고한 연구 보고서를 통해 복제 인간을 출산한 산모는 악성 자궁암인 융모막암에 걸릴 위험이 있으며 복제된 아기는 일찍 죽거나 심각한 장애를 지닌 채 살아가게 될 수 있다고 주장했다.

(워싱턴=한기흥 특파원 eligius@donga.com)
(http://www.donga.com/fbin/searchview?n=200204110265)

2002. 4. 29. 배아줄기세포 연구에 대한 연방 정부의 제한적 재정 지원을 승인

미국 정부는 2002년 4월 26일 부시 대통령이 배아줄기세포 연구에 대한 연방 정부의 제한적 재정 지원을 승인한 뒤 처음으로 이같은 연구를 위한 지원금을 지급했다. 줄기 세포주(株)를 전 세계 과학자들에게 나눠 주고 줄기세포를 처리, 재생산 방법을 훈련하도록 4개의 연구 기관에 3백 50만 달러를 지급했다고 토미 톰슨 미 보건복지부 장관이 이날 밝혔다.

국립보건원(NIH)의 지원금을 받은 연구 기관들은 미 조지아 주 아테네의 브레사겐자회사인 셀사우르스, 호주 멜버른의 ES 셀 인터내셔널, 샌프란시스코 캘리포니아대학, 매디슨의 위스콘신 졸업생 연구 재단 등 4곳이다.

(매디슨, 위스콘신 주 AP=연합뉴스)
(http://www.joins.com/it/200204/29/20020429104352507250005300 5313.html)

2002. 5. 12. 캐나다, 민간 차원 줄기세포 연구 금지

캐나다는 정부가 특별히 허가하지 않는 한 민간 차원의 줄기세포 연구를 금지하는 법안을 도입했다. 지난 9일 마련된 이 법안에 따르면, 줄기세포 연구에 대한 지침을 마련하기 위해 보건부 산하에 인간생식지원청을 새로 설립하며, 이 기관에서 줄기세포 연구를 언제, 어떤 방식으로 허용할지 여부를 결정하게 된다.

앤 머클레런 보건부 장관은 "새로 출범하는 인간생식지원청이 필수적이라고 판단하지 않는 한 인간 배아를 이용한 연구는 금지될 것"이라고 말했다. 인간생식지원청이 허락한 경우에도 줄기세포 연구 목적을 위해 인간 배아를 생산하는 행위는 금지된다. 줄기세포 연구용 인간 배아는 시험관 수정 작업에서 버려지는 인간 배아로 엄격히 제한한다. 머클레런 장관은 "인간 생식 지원청이 필수적인 연구라고 결정할 경우 기증자 동의 아래 제한된 환경에서 인간 배아를 사용할 수 있을 것"이라고 설명했다.

미국이 불임 클리닉에서 버려진 인간 배아에서 추출한 기존 64개 줄기세포주에 한해 제한적으로 연방 정부의 연구비를 지원하는 데 반해, 캐나다의 법안은 인간 배아를 이용한 줄기세포 연구에 더 엄격한 것으로 평가받고 있다.

(토론토 AP=연합뉴스)

(http://www.joins.com/it/200205/12/20020512093334473250053005313.html)

2002. 7. 15. 보건복지부의 생명 윤리법 시안 내용과 전망

15일 공개된 보건복지부의 "생명 윤리법 시안"은 그동안 생명 공학계와 시민·종교 단체 등에서 뜨거운 논란이 됐던 인간 배아 연구의 허용 범위와 목적을 구체화 했다는 의미를 갖는다. 이 시안이 냉동 배아의 연구를 일부 허용하는 대신 치료 목적을 포함해 모든 형태의 체세포 복제를 금지한 것은 생명 공학 발전과 생명 윤리 존중이라는 두 가지 대립하는 가치의 절충점을 찾은 것으로 풀이된다.

이 안은 앞으로 과학기술부가 마련한 "생명 윤리 기본법"과 통합하는 절차를 거쳐 국회에 제출될 예정이기 때문에 이 과정에서 충분히 수정 보완될 여지를 남겨 두고 있다.

▷ 체세포 복제 금지

생명 윤리법 제정 과정에서 가장 논란이 됐던 분야는 치료 목적의 체세포 복제를 허용할 것인가의 문제였다. 이 시안은 어떤 형태든 모든 체세포 복제를 금지했다. 치료 목적의 배아 복제 기술을 허용할 경우 배아 관리의 투명성이 확보되어 있지 않은 우리나라의 관리 체계에서는 쉽게 '생식 목적'의 복제로 이어질 가능성이 있기 때문이다.

보건사회연구원 이의경 연구위원은 "아직 배아 연구 관리 체계가 확립되지 않은 상태에서 치료 목적이라도 체세포 복제를 허용할 경우 인간 개체 복제로 이어질 가능성이 있다는 지적에 따라 일단 체세포 복제를 금지했다"고 말했다. 그러나 체세포 복제를 무작정 금지할 수 없기 때문에 3년 이내에 이 문제를 재검토할 수 있는 일몰 규정을 시안에 담아 변화의 가능성을 열어놨다.

현재 영국에서는 체세포 핵치환 복제 기술을 이용한 배아줄기세포 연구를 허용하고 있으며 미국은 공공자금을 사용한 인간 배아 연구는 엄격한 규제를 받지만 민간 부문의 연구는 자유로운 상태다.

이번 시안은 체세포 복제를 금지한 반면 인간 배아 연구의 길은 상당부분·터놓았다는 평가를 받고 있다. 그만큼 세계적으로 배아줄기세포 연구의 유용성이 입증되고 있기 때문이다.

배아줄기세포 연구는 조직 이식과 암, 퇴행성 뇌질환 등 다양한 질병을 치료하는 대체 세포들을 만들어낼 수 있는 잠재력을 갖고 있어 현대의 난치병을 치료할 수 있는 새로운 대안으로 떠오르고 있는 분야이다.

배아 연구에 이용될 수 있는 배아의 조건을 원시선이 나타나는 시점(수정 후 약 14일) 이전으로 정한 것으로 생명 공학자들의 입장을 반영한 것이다.

생명 공학자들은 수정 이후 14일 이전의 배아를 생명체로 보지 않은 반면 종교계에서는 수정 직후부터 생명체로 간주하고 있다.

이 밖에 시안은 생명 윤리 문제에 대한 사회적 합의를 도출하기 위해 대통령 자문 기구로 국가생명윤리위원회를 설치하는 한편 의료 기관과 배아 연구 기관별로 기관윤리위원회를 두도록 했다.

마리아생명공학연구소 박세필 박사는 "체세포 복제를 원칙적으로 금지한 것은 생명 공학 연구를 위축시킬 수밖에 없다"며 "임신 목적의 배아 복제는 금지하되 치료용 배아 복제에 대해서는 허용해야 한다"고 주장했다. 그러나 포천중문 의대 세포치료유전자연구소 정형민 소장은 "복지부측 시안이 공식적으로 발표된 이상 모든 부분에 대해 사회적 합의를 하려고 하기보다는 우선 합의된 부분에 대해서만이라도 하루빨리 관련 법률을 제정해야 한다"고 말했다.

(연합뉴스)

(http://www.donga.com/fbin/searchview?n=200207150106)

2002. 7. 18. 인간 복제시 징역 10년…과기부 인간 복제 금지법 마련

과학기술부는 인간 복제를 막고 줄기세포 연구에 대한 범위를 규정하기 위해 이같은 내용을 골자로 한 "인간 복제 금지 및 줄기세포 연구 등에 관한 법률(안)"을 마련했다고 2002년 7월 18일 밝혔다.

이번 법률에 따르면 과기부는 우선 인간 복제 연구 실험을 막기 위해 과기부 장관에게 '관계자에 대한 보고', '자료 제출 명령', '현장 검사 및 시료 채취' 등의 권한을 부여했으며, 이를 어길 경우 연구자에게 징역 10년의 처벌을 할 수 있도록 했다. 또 불임 시술 후 냉동 잉여 배아를 이용한 배아줄기세포 연구가 허용되며, 체세포핵 이식 기술을 이용한 배아 복제 및 이종간 교잡 등의 배아줄기세포 연구는 국무총리 직속으로 신설되는 '생명과학윤리 · 안전위원회'에서 검토, 결정된다.

그러나 과기부는 배아 관리와 정자 · 난자 매매, 유전자 검사 및 치료 등의 세부 사항은 이번 법안에 넣지 않고 사안별로 별도의 입법을 추진키로 했다.

이에 따라 배아 관리와 정자 · 난자 매매, 유전자 검사 등의 세부 사항을 "생명 윤리 및 안전에 관한 법률"에 포괄적으로 규정, 입법화하려는 보건복지부와 과학기술부 사이에 상당 기간의 의견 조율이 필요할 전망이다.

과기부 관계자는 "이번 법안은 당면한 인간 복제 연구를 막고 줄기세포 연구에 대한 연구 범위를 규정하는 데 초점을 맞췄다"며 "현재 보건복지부와 법률 제정에 대해 협의 중으로 조만간 국무조정실에서 입법 주관부처가 결정된다"고 말했다.

(연합뉴스)

(http://www.donga.com/fbin/searchview?n=200207180066)

2002. 7. 18. 과기부 생명 윤리법 시안의 성격

과학기술부가 18일 발표한 "생명 윤리 관련 법률" 시안은 종교계 등의 반발을 피하면서 국내 과학자들에게 배아줄기세포 연구의 길을 열어 놓기 위한 목적이 담겨 있다.

최근 우려의 목소리가 높은 '복제 인간 탄생'의 가능성을 하루빨리 차단하기 위한 것도 법률 제정을 서두르는 이유다. 과기부 정윤 연구개발국장은 "부처간 이해 다툼으로 법률 제정이 늦어지다가 복제 인간이 탄생하면 엄청난 파장이 올 것"이라고 설명했다. 그러나 보건복지부의 시안과는 차이가 적지 않아 앞으로 어떻게 조정될지가 관심사다.

▽ **배아줄기세포 연구 활성화될 듯** 배아줄기세포는 수정 후 14일까지의 배아세포로 뇌, 신경, 근육, 내장, 뼈 등 몸의 모든 세포로 변신할 수 있는 '만능 세포'여서 앞으로 인간의 질병 치료에 획기적인 열쇠를 제공해 줄 것이라는 기대를 받고 있다.

배아줄기세포 기술이 발달하면 병든 장기를 새 장기로 교체하는 등 영화에서나 가능했던 일이 현실화된다. 특히 복제된 줄기세포를 이용하면 거부 반응이 없는 새 장기를 만들 수 있다. 전문가들은 10여 년 후에는 줄기세포를 이용한 치료가 가능해질 것으로 전망한다.

과기부가 배아 복제 연구를 금지하지 않은 것은 향후 수백조 원의 거대 시장을 형성할 배아줄기세포와 관련된 국내 생명 과학을 육성하기 위해서이다. 서울대 황우석 교수는 "법이 과학자들의 발목을 잡지 않으면 배아줄기세포와 관련해 세계적인 경쟁력을 갖출 수 있을 것"이라고 환영했다. 배아 복제 연구는 세계적으로 프랑스, 독일은 엄격히 금지하고 있고, 영국, 이스라엘 등은 허용하고 있으며, 미국과 일본 등은 입법을 준비 중이다.

▽ **부처간 이해 조정이 관건** 그러나 15일 발표된 복지부의 시안은 배아 복제 및 이종간 교잡 연구를 금지하고, 3년 이후에 다시 논의하기로 해 과기부 시안과는 크게 다르다. 더구나 산업자원부도 바이오 산업을 지원하기 위해 관련 법률을 제정할 계획이다.

이에 따라 법률을 제정하려면 과기부, 복지부, 산자부 등 관련 부처의 의견차를 먼저 조정해야 한다. 그러나 부처별 영역 다툼이 만만치 않아서 9월 정기 국회 때까지 단일안이 나올 수 있을지 미지수다. 이와 관련해 복지부 관계자는 "배아 복제를 금지한 조항을 바꿀 수도 있다"고 밝혀 주목된다.

한편 참여연대 시민과학센터 김환석 소장(국민대 교수)은 "과기부가 생명 공학 육성에만 치우친 결정을 내려 생명 윤리와 인권에 큰 위협이 될 것"이라고 비판하는 등 앞으로 종교계 및 일부 시민 단체 등이 크게 반발할 것으로 전망된다.

핵을 제거한 난자와 사람의 귀 등에서 추출한 세포핵을 융합해 배아를 만들고, 이렇게 만든 배아를 자궁에 착상시키면 복제 인간이 만들어진다. 서로 다른 동물의 정자와 난자를 결합시키는 것으로 인간과 동물을 결합시킬 때 문제가 된다. 사람의 체세포를 동물의 몸에서 키우는 것도 해당된다.

▷ **과학기술부와 보건복지부의 법률 시안 비교**

법안 쟁점 내용	과기부 안	복지부 안
인간 개체 복제	금지(위반시 징역 10년 이하)	금지(위반시 징역 10년 이하)
성체줄기세포 연구	허용	허용
냉동잉여배아 연구	허용	허용
배아 복제 연구	위원회에서 추후 결정 금지	(3년 후 다시 결정)
이종간 교잡	위원회에서 추후 결정 금지	(3년 후 다시 결정)

(김상연 동아사이언스 기자 dream@donga.com)
(http://www.donga.com/fbin/searchview?n=200207180317)

2002. 7. 25. '생명 윤리법' 복지부 중심 제정

정부는 25일 보건복지부와 과학기술부가 각각 추진, 업무 중복 및 정책 혼선 우려를 낳고 있는 "생명 윤리 관련 법률"을 복지부안 토대로 제정키로 했다.

정부는 이날 오후 정부중앙청사에서 김진표(金振杓) 국무조정실장 주재로 인간 복제 등과 관련된 생명 윤리법 제정 관계 차관 회의를 열어 이같이 결정하고 생명 윤리와 관련된 연구의 허용 및 금지 범위 등에 대한 사항은 '생명윤리위원회'에서 심의하되, 위원회 구성과 운영에 관한 사항은 복지부와 과기부가 협의해 결정토록 했다. 특히 생명윤리위원회에는 복지부와 과기부가 공동 간사로 참여, 과기부는 생명 과학 연구 관련 안건의 상정을 담당하고, 그 외 분야는 복지부가 담당키로 했다.

정부는 앞으로 과기부 협조 아래 복지부가 주관이 돼 공청회 등을 추가 개최, 각계의 의견을 수렴해 정기국회 제출을 목표로 단일 법안을 마련키로 했다.

이에 따라 법안에는 △ 인간 개체 복제 금지 △ 냉동 잉여 배아 및 성체줄기세포를 이용한 연구 허용 △ 정자 · 난자 매매 금지 △ 유전자 검사 · 치료 허용 범위 △ 유전 정보 보호 등의 내용이 포괄적으로 포함될 것으로 예상된다.

참여연대 등 68개 시민 · 종교 단체로 구성된 '생명 윤리 기본법 제정 공동 캠페인단' 은 이날 성명을 내고 △ 클로네이드사 한국 지부의 인간 복제 연구에 대한 진상 조사 △ 배아 복제 및 이종간 교잡 행위 금지 조항 명시 등을 촉구했다.

(연합뉴스)

(http://www.donga.com/fbin/searchview?n=200207250144)

2002. 9. 23. 생명 윤리 법안 내용과 의미

보건복지부가 입법 예고한 생명 윤리법 제정안은 그동안 논란이 됐던 체세포 복제 연구 문제에 대해 '생명 공학 발전' 보다는 '생명 윤리 존중' 이라는 가치에 더 무게를 두고 있다. 비록 국가생명윤리자문위원회를 통해 복제 연구를 허용할 수 있는 길을 열어 놓았다고 하지만 치료 목적을 포함해 모든 형태의 체세포 복제 연구를 사실상 금지했기 때문이다. 이는 지난 7월 국무조정실이 이 법안 제정 작업 주관 부처를 과학기술부가 아닌 복지부로 결정하면서 어느 정도 예견됐던 일로 향후 입법 과정에서 생명 공학계 등의 반발이 예상된다.

▷ 체세포 복제 금지

어떤 형태든 모든 체세포 복제 연구가 허용되지 않았다. 치료 목적의 배아 복제 기술을 허용할 경우 배아 관리의 투명성이 확보되어 있지 않은 우리 나라의 관리 체계에서는 쉽게 '생식 목적'의 복제로 이어질 가능성이 있기 때문이라는 것이 복지부의 설명이다. 누구든지 인간 개체를 복제할 목적으로 배아를 생산하거나 이를 자궁 착상, 임신, 출산하는 행위가 금지됐고 이를 시키거나 도와주는 행위도 처벌하도록 했다. 따라서 다른 나라에서 복제 배아를 자궁에 착상시켜 입국하는 경우도 10년 이하의 징역이라는 무거운 처벌을 받게 된다.

물론 인간 배아를 동물의 자궁에 착상시키거나 동물의 배아를 사람의 자궁에 착상시키는 이종간 착상도 금지됐다. 다만 대통령이 자문 기구인 생명윤리자문위원회의 심의를 거쳐 허용한 경우에는 체세포 복제 연구를 할 수 있도록 하는 예외 규정을 두었다. 그러나 자문위원회가 생명 과학 또는 의·과학분야 위원과 종교계, 철학계, 윤리학계, 법조계, 시민단체, 여성계 등을 대표하는 위원으로 각각 동수 구성되기 때문에 특정 연구에 대해 허용 여부를 쉽게 결정하기 힘들 것이란 게 대체적인 분석이다.

▷ 인간 배아 생산과 이용

원칙적으로 임신 이외의 목적으로 인간 배아를 만들 수 없도록 했고, 보존 기간이 지나 폐기될 냉동 잔여배아에 대해서만 연구가 가능하도록 했다. 배아줄기세포 연구는 조직 이식과 암, 퇴행성 뇌질환 등 다양한 질병을 치료하는 대체 세포들을 만들어 낼 수 있는 잠재력을 갖고 있지만 냉동 잔여배아를 이용한 줄기세포 연구는 체세포 복제를 통한 줄기세포 연구에 비해 의학적 유용성이 크게 떨어진다. 배아 연구에 이용될 수 있는 배아의 조건을 원시선이 나타나는 시점(수정 후 약 14일) 이전으로 정한 것은 생명 공학자들의 입장을 반영한 것이다.

현재 외국에서는 영국이 유일하게 체세포 핵치환 복제 기술을 이용한 배아줄기세포 연구를 허용하고 있으며 냉동 잔여배아 연구의 경우 미국, 프랑스, 영국 등 여러 나라에서 명시적 또는 묵시적으로 인정되고 독일은 금지하고 있다

▷ 유전자 검사와 치료

배아 또는 태아를 대상으로 한 유전자 검사의 경우 대통령령이 정하는 유전 질환의 진단을 위해서만 할 수 있도록 했고 인간의 신체적 특징이나 성격 등 의학적 입증이 불확실한 분야에 대한 유전자 검사는 허용되지 않았다.

유전자 치료 임상 연구 및 시술은 유전 질환, 암, 에이즈 등 중증 질병 치료나 대체 치료법이 없는 경우에 한해 허용됐다.

이러한 법안에 대해 생명 공학계에서는 체세포 복제를 섣불리 법으로 금지함으로써 이 분야 연구의 발전을 가로막는 결과를 가져올 것이라고 반발하고 있다. 서울대 수의대 황우석 교수는 "아직까지 선진국에서조차 법제화를 미루고 있는 배아 복제와 이종간 핵 이식을 사실상 금지한 것은 바람직하지 않다"면서 "지금 단계에서는 인간 개체 복제만 금지하고 나머지 분야는 연구를 허용해야 한다"고 말했다. 또 마리아생명공학연구소 박세필 박사는 "인간 개체 복제 금지에 대해서는 찬성하지만 체세포핵 이식을 완전 금지한 것은 이 분야의 연구를 위축시키는 결과를 가져올 것"이라고 말했다.

(연합뉴스)
(http://www.donga.com/fbin/searchview?n=200209230095
이의 구체적인 내용이 본서 <부록 1>로 제시되어 있다.)

2002. 10. 28. 인간 복제 연구 금지 법안 연내 입법 무산

생명 윤리법 제정 과정에서 체세포 복제 연구 허용 여부를 두고 대립

해 온 보건복지부와 과학기술부가 연내 입법을 위해 최근 국무조정실 주재로 마지막 절충을 시도했으나 이견을 좁히는 데 실패했다. 이에 따라 다음달 8일로 회기가 끝나는 정기 국회 일정상 금년 내 생명 윤리법 제정은 사실상 무산됐다.

28일 국무 조정실과 복지부 등에 따르면 복지부 차관과 과기부 차관은 지난 25일 국무조정실장 주재로 회의를 갖고 체세포 복제 연구 금지 조항을 입법 예고안대로 유지할지를 논의했으나 합의점을 찾지 못했다. 정부 관계자는 "외교통상부가 인간 복제 및 체세포 복제 연구에 대한 국제 입법 동향을 설명했으나 양 부처간 쟁점 사항에 대해서는 의견 접근이 어려웠다"고 전했다.

복지부는 앞서 지난달 23일 우선 체세포 복제 연구를 금지한 후 대통령 소속 생명윤리자문위원회가 허용 여부를 추후 결정하는 내용의 생명 윤리 법안을 입법 예고하면서 연내 입법 방침을 밝혔었다.

그러나 과기부 등은 인간 복제 연구만 우선 금지하고 체세포 복제 연구에 대해서는 국제적인 입법 동향을 봐가며 나중에 금지 여부를 결정하자며 법안 수정을 강력히 요구해 왔다. 이에 따라 입법 예고 기간이 끝난 후 양 부처는 기획관리실장회의와 차관회의를 각각 한 차례씩 가졌지만 정기 국회 회기를 2주일 남겨둔 시점까지 절충점을 찾지 못한 것이다.

복지부 관계자는 "정부 입법안이 국회에 제출되기까지 앞으로 규제개혁위원회 심사, 법제처 심의, 차관회의, 국무회의 등의 절차를 거쳐야 한다"고 말했다. 결국 체세포 복제 연구에 대한 부처간 이견으로 생명 윤리법 제정이 늦어지는 바람에 당분간은 인간 복제 연구조차 법으로 막을 수 없게 됐다.

(연합뉴스)

(http://www.donga.com/fbin/searchview?n=200210280015)

2002. 11. 14. 인간 복제 금지法 의원발의 … 체세포 복제 제한적 허용

한나라당 김홍신(金洪信) 의원 등 여야 의원 88명이 인간 복제를 금지하고 체세포 복제를 제한적으로 허용하는 내용의 '생명 윤리 및 안전에 관한 법률안'(약칭 생명 윤리 법안)을 14일 의원 입법으로 국회에 제출했다. 이들은 정부가 생명 윤리법 제정을 추진해 왔으나 체세포 복제 허용 여부를 놓고 보건복지부와 과학기술부가 이견을 좁히지 못하자 복지부 안을 중심으로 법안을 마련했다.

이 법안은 △ 대통령 자문기구로 국가생명윤리자문위원회를 구성하고 △ 체세포핵 이식으로 배아(胚芽)를 만들거나 이를 자궁에 착상 및 출산시키는 인간 개체 복제를 금지하고 △ 보존 기간이 지난 냉동 잔여배아의 경우 불임 및 질병 치료를 위해 배아줄기세포 연구를 허용하도록 했다. 법안은 소관 상임위원회인 보건복지위로 넘어가 내년에 열릴 임시 국회에서 처리될 것으로 보인다. 이에 앞서 각 종교 단체와 참여연대, 환경운동연합 등 69개 단체는 생명 윤리법 제정이 무산돼 인간 복제를 막을 방법이 없다며 조속한 입법을 촉구하는 청원을 6일 국회에 제출했다.

(송상근 기자 songmoon@donga.com)

(http://www.donga.com/fbin/searchview?n=200211140324)

2002. 12. 27. 복제 인간 탄생에 세계 각국 어떻게 대처하나

국제법 문제를 담당하는 유엔 총회 제6위원회는 지난달 인간 복제 금지의 범위를 둘러싸고 독일, 프랑스의 제안과 미국의 제안이 팽팽히 대립, 결국 이 문제를 내년 9월 회기로 넘기기로 했다. 오는 2004년 시행을 목표로 독일과 프랑스가 공동 제안한 국제 협약안 초안은 아기를 출산하기 위한 인간 복제만을 금지하고 있다.

반면 미국의 제안은 자녀 출산을 목적으로 한 인간 복제뿐만 아니라 의학 연구 및 질병 치료용 인간 배아 복제까지 모두 금지해야 한다는 엄격한 입장을 취하고 있다. 미국에서는 인간 복제 금지 법안이 하원에서만 통과된 상태인데, 조지 W. 부시 미국 대통령은 상원에 연구 목적이든 생식 목적이든 일체의 인간 배아 복제를 금지하는 법안을 통과시켜 주도록 촉구하고 있다. 그러나 일부 상원 의원들은 치료 목적의 복제를 허용하는 법안을 제출해 놓고 있으며, 캘리포니아 주도 연방 정부의 방침에 정면으로 맞서 의학 연구를 위한 배아줄기세포 연구를 허용하는 법 제정을 추진 중이다.

유럽특허청은 지난 7월 인간 복제의 길을 열어 준 3년 전의 연구용 특허권 내용을 수정, 인간 배아줄기세포의 상업적 이용을 전면 금지하고 있다. 이같은 조치는 독일과 이탈리아, 네덜란드 정부 및 국제 환경 단체 그린피스의 요청으로 이루어진 것이다.

프랑스 하원은 연초 아기 출산용 인간 배아 복제 행위를 범죄로 규정, 최고 20년형을 선고할 수 있는 인간 복제 금지 법안을 통과시켰으나 난치병 치료를 위한 줄기세포 복제를 허용하는 수정안은 표결에 부쳐지지 않았다.

호주 하원도 지난 8월 인간 복제를 금지하는 내용의 법안을 만장일치로 통과시켰으나 인간 배아줄기세포의 실험을 제한적으로 허용하는 법안에 대한 표결은 연기되고 있다. 러시아 국가두마(하원)도 지난 4월 앞으로 5년간 인간 복제를 금지하는 법안을 통과시켰다. 일본도 인간 복제를 법률로 금지하고 있다.

그러나 영국은 연구 목적의 인간 배아줄기세포 복제를 허용하고 있어 세계 최초의 인간 줄기세포 은행이 이르면 내년 봄에 출현할 것이라는 전망을 낳고 있다.

한편 노벨상 수상 과학자 40명은 지난 4월 인간 배아 복제 연구의 필요성을 강조하는 선언문을 발표했다. 이들은 인간 복제를 금지하는 데는 동의하고 있으나 초기 상태 인간 배아에 대한 실험실 내 연구까지 금하는 것은 과학 발전을 저해하는 것이라는 입장을 보이고 있다.

(http://www.donga.com/fbin/searchview?n=200212270097)

2002. 12. 31. 한나라당 의원 26명 인간 복제 금지 법안 제출

한나라당 이상희(李祥羲) 정의화(鄭義和) 의원은 지난해 12월 31일 최근 논란이 일고 있는 인간 복제를 금지하는 내용의 '인간 복제 금지 및 줄기세포 연구 등에 관한 법안'을 한나라당 소속 의원 26명 명의로 국회에 제출했다.

이 법안은 인간 개체 복제를 금지하고 이를 교사 및 방조할 경우 각각 10년 이하의 징역 또는 금고, 3년 이하의 징역 또는 3,000만 원 이하의 벌금에 처하도록 규정하고 있다. 그러나 불임 치료 후의 폐기 대상으로 분류된 냉동 배아를 이용한 줄기세포 연구 및 신체 조직에서 추출한 줄기세포 연구는 허용토록 했다.

(이종훈 기자 taylor55@donga.com)

(http://www.donga.com/fbin/searchview?n=200212310153)

이 법안은 같은 당 김홍신(金洪信) 의원이 지난달 국가생명윤리자문위원회의 결정 전에는 체세포핵 이식 연구를 금지하는 내용으로 대표 발의한 생명 윤리 안전 법안과 병합 심의될 것으로 보인다.

(http://www.donga.com/fbin/searchview?n=200212310077)

2003. 1. 8. 유럽연합(EU), 인간 복제 범세계적 금지 촉구

유럽연합(EU) 집행 위원회는 8일 인간 복제 행위를 전 세계적으로 금지할 것을 촉구했다. 필립 뷔스캥 EU 연구 담당 집행위원은 이날 브뤼셀에서 기자회견을 갖고 "인간 생식 복제 행위는 명백한 윤리적 이유와 상식적 가치뿐만 아니라 과학적 관점에서 보더라도 전적으로 무책임한 행위이기 때문에 규탄돼야 한다"고 말했다. 그는 "동물 실험 결과는 복제에 엄청난 불확실성과 위험이 뒤따른다는 사실을 보여 주고 있다"고 강조했다.

인류가 외계인에 의해 창조됐다고 믿는 종교집단 라엘리언 무브먼트 산하 클로네이드사는 2002년 12월 26일에 이어 2003년 1월 4일 잇따라 복제 아기를 탄생시켰다고 주장했다. 클로네이드는 그러나 복제 인간 탄생을 확인할 수 있는 어떤 증거도 내놓지 않고 있으며, 복제 검증 작업을 의뢰 받았던 전직 과학기자 마이클 길런은 지난 6일 인간 복제 주장이 '정교한 사기극' 일 가능성이 있다며 검증 작업 중단을 선언했다.

집행위는 오는 2월 말을 목표로 인간 복제에 관한 포괄적인 보고서를 준비 중인데 이를 계기로 연말까지는 인간 복제에 관한 새 법률이 제정될 수 있을 것으로 보인다.

현재 EU는 인권 헌장을 통해 인간 복제 행위를 금지하고 있다.

(연합뉴스)

(http://www.donga.com/fbin/searchview?n=200301090051)

2003. 2. 6. 생명 윤리법 정부안 확정…체세포 복제 사실상 허용

보건복지부는 2003년 2월 6일 그동안 논란을 빚어온 생명 윤리법(가칭) 제정안 내용에 대해 과학기술부와 합의, 최종안을 확정했으며 이른 시일 내 국회에 상정할 예정이라고 밝혔다. 복지부는 2년여 동안 체세포 복제 연구 허용 여부 등을 놓고 과기부와 의견 대립을 빚어 왔으나 체세포 복제를 원칙적으로 금지키로 하는 등 대부분 내용이 복지부안 대로 합의됐다고 설명했다. 그러나 최종안은 희귀 · 난치병 연구를 위해서는 체세포 복제를 허용키로 해 그동안 우려해 온 생명 존엄성 파괴 가능성을 여전히 남겨두었다.

최종안에 따르면 과학 · 의학계의 요구와 현실적 필요성을 인정, 희귀 · 난치병 치료를 위한 체세포 복제 연구를 허용하되 △ 허용 범위는 국가생명윤리위원회가 심의, 대통령령으로 정하고 △ 복지부 장관이 개별 연구 사안에 대해 연구 허용 여부를 결정하도록 했다. 다만 개별 연구 허용시 연구비 출연 기관장과 반드시 사전 협의를 거쳐 결정토록 했다.

김태섭 복지부 보건정책국장은 "인간 복제를 사전 예방키 위해 우선 배아 생산 및 관리를 담당하는 의료기관에 대해 감독을 철저히 함으로써 배아 유출을 원천적으로 차단토록 했다"며 "희귀·난치병 치료 목적 외의 연구에 대해서는 적발 즉시 엄중 처벌할 방침"이라고 말했다.

이에 대해 이은일 교수(고려대 의대)는 "체세포란 난자와 핵을 이용, 수정란처럼 만들어지는 것으로 한 인간이 완성되기 위한 중간 과정"이라고 말한 뒤 "체세포에서 줄기세포만 뽑아내고 나머지는 폐기 처분한다는 것은 한 사람의 치료를 위해 또 다른 생명을 죽이는 무서운 행위"라며 체세포 복제 연구 일부 허용을 반대했다.

여성민우회 등 사회 단체와 누가회 등 종교 단체는 "체세포 복제 연구 전면 금지를 주장해 온 우리 요구와 더욱 멀어진 정부 입법안에 대해 분노를 금치 못한다"며 반발했다.

(장덕수 기자 dsjang@kmib.co.kr)

(http://www.kukminilbo.co.kr

/html/kmview/2003/0206/091889510411131700.html)

2003. 11. 17. 싱가포르, '부도덕한' 인간 복제 행위 엄벌

싱가포르는 특별한 상황에서 연구 목적으로 이뤄지는 인간 배아 복제를 제한적으로 허용하되 부도덕한 인간 복제 기도행위는 중형으로 다스릴 방침이다. 싱가포르 정부는 '과학친화적' 풍토를 조성하는 한편 나쁜 의도에서 비롯된 의료 연구가 횡행하지 않도록 엄격히 규제하는 내용의 새 법률안을 마련했다고 '더 스트레이츠 타임스'가

17일 보도했다.

　내년 초 승인될 새 법률안 '생명의학 연구법 2003'에는 무절제하게 인간 복제를 시도하는 과학자들에게 최고 10년 징역형과 10만 싱가포르 달러의 벌금형을 병과토록 한 조항이 들어있다고 이 신문은 전했다. 이는 과학자들의 무분별한 '인간 생명창조' 연구를 저지하기 위해 영국과 미국, 이탈리아 등 다른 나라들이 기울이고 있는 노력과 궤를 같이하는 것이라고 이 신문은 말했다.

　새 법률은 과학자들이 인간 배아줄기세포 연구를 하려면 반드시 당국의 특별 승인을 받도록 했다. 아울러 연구기관도 생명의학 연구에 착수하기 전 정부의 허가를 받아야 하며 조직 기증자들에게는 기증 여부 결정에 필요한 모든 정보가 제공되어야 한다는 점을 못 박았다고 '더 스트레이츠 타임스'는 설명했다. 이 신문은 또 연구기관으로부터 "생명의학 연구 수행에 적합하다"는 판정을 받지 못한 사람은 생명의학 연구자로 등록할 수 없게 된다고 밝혔다.

　싱가포르 보건부는 37쪽으로 된 새 법률안의 내용을 지난 10일 자체 웹사이트(www.moh.gov.sg)에 올린 이후 첫 닷새간 12명이 의견을 제시했으나 반대한 사람은 없었다고 밝혔다. 싱가포르 보건부는 이달 말까지 온라인으로 국민 여론을 수렴할 예정이다.

(방콕=연합뉴스)

(http://service.joins.com/asp/article.asp?aid=2060050)

2004. 7. 13. 일본, 인간 배아 복제 조건부 허용

　일본 종합과학기술회의 생명윤리전문조사회는 2004년 7월 13일 연구 목적의 인간배아 복제를 조건부로 허용키로 하는 최종 보고서를 마련했다. 생명윤리전문조사회는 23일 열릴 종합과학기술회의에서 의장인 고이즈미 준이치로(小泉純一郎) 총리에게 최종 보고서 내용을 보고한 후 문부과학성과 후생노동성에 인간 배아 복제를 금지하고 있는 현행 지침의 개정 작업을 지시해 복제 연구 환경을 정비할 계획이다.

최종 보고서는 배아를 "생명의 시작"으로 규정, 존중돼야 한다고 밝히고 재생의료의 기초 연구를 위한 배아 복제를 조건부로 인정했다.

전문조사회는 지난달 회의에서 인간 배아 복제를 허용하되 △복제 인간 탄생 방지책과 복제배아 관리 및 배아 복제의 재료인 미수정란 입수법에 관한 제도 △배아 복제 연구의 의학적 기여도를 평가해 연구 중단을 권고하는 제도 등이 마련될 때까지는 임상응용이 아닌 기초연구로 제한하기로 결정했다.

한편 일본산부인과학회는 이날 윤리위원회를 열어 근육의 힘이 서서히 떨어져 30세 전후에 목숨을 잃는 듀센시누형 근(筋)지스트로피병에 걸린 어린이를 출산한 적이 있는 부부에 대해 수정란 진단을 실시하겠다는 게이오 대학의 신청을 허용키로 결정했다. 일본 산부인과학회가 착상 전 수정란 진단을 공식적으로 허용하기는 이번이 처음이다.

(연합뉴스)

(http://www.donga.com/fbin/output?sfrm=2&n=200407140071)

(Cf. http://service.joins.com/asp/article.asp?aid=2441480)

2004. 8. 11. 영국 인간 배아 복제 연구 첫 승인

발행일 : 2004.8.12 / 국제 A 18면

영국 정부가 2004년 8월 11일 유럽에서는 처음으로 의학연구 목적의 인간 배아 복제를 승인했다. 영국의 인간수정태생국(HFEA)은 뉴캐슬대학 연구진이 제출한 난치병 치료법 개발을 위한 인간 배아 복제 연구를 승인, 영국 최초의 인간 배아 복제가 실시될 수 있는 길을 열었다. 뉴캐슬대학 연구진은 인간 배아 복제를 통해 당뇨병과 파킨슨병 및 치매 치료에 이용할 수 있는 줄기세포를 추출할 계획이다.

연구 승인 신청서에 따르면 연구진은 돌리 양 복제 때 사용된 것과 같은 세포 핵이식방법을 이용, 수십 개의 인간 배아를 복제한 뒤 당뇨병 등의 치료에 사용될 줄기세포를 대량 추출할 예정이다.

(런던=연합)

(http://srchdb1.chosun.com/pdf/i_service/read_body.jsp?ID=0408121803)

2005. 2. 4. 미국 법원, 냉동수정란도 생명체 판결

사고로 냉동 수정란을 잃었을 경우 과실치사 혐의로 소송을 제기할 수 있다는 이례적인 법원 판결이 나와 수정란을 통한 줄기세포 연구에 논란을 불러일으키고 있다. 미국 일리노이주의 제프리 로런스 판사는 4일 "수정란은 모체의 자궁에 이식되었느냐의 여부와 상관없이 '인간'으로 봐야 한다"며 "냉동 수정란을 잃은 부부는 자식이 살해된 다른 부모들 처럼 보상받을 권리가 있다"고 판시했다.

앨리슨 밀러-토드 패리시 부부는 지난 2000년 1월 9개의 수정란을 시카고에 있는 인간복제센터(CHR)에 냉동 보관시켰으나 6개월 후 사고로 수정란이 폐기됐다는 말을 듣고 소송을 제기했었다.

로런스 판사의 이번 판결은 '인간으로 발전해가는 임신상태라고 해서 법적 행동을 제약받지 않는다' 규정해 태아라도 사고 등으로 사망했을 경우 제소할 수 있다고 밝힌 일리노이주(州)의 '과실치사법'에 근거를 둔 것이다. 이에 앞서 다른 판사는 이들 부부의 과실치사죄 적용을 각하했지만 로런스 판사는 "그 판사가 각하 이유를 설명하지 않았다"면서 결정을 뒤집었다. 하지만 이번 판결은 생명체 복제 연구 활동을 제한할 것이라는 반론이 적지 않다.

이번 결정이 결국 뒤집힐 것으로 전망하는 콜린 코넬 미국시민자유연맹(ACLU)사무총장은 "이는 근거를 뒤흔드는 것으로 잘못된 결정"이라면서 "어떤 상급심에서도 수정란을 인간으로 취급해 과실치사죄를 선고한 적은 없다"고 밝혔다.

한편 줄기세포는 인간의 어떤 조직형태에서도 성장할 수 있다고 여겨지는 가운데 대다수 과학자들은 언젠가 난치병을 치료할 수 있을 것이라고 주장하지만 생명윤리단체들은 수정란 파괴를 불러온다며 반발해왔다. 이 때문에 낙태반대론자들은 로런스 판사의 결정을 반기고 있다. 태아생존권행동연대의 조 쉬들러 사무총장은 "생명은 체내 이식과 함께가 아니라 수정하는 순간 시작된다"고 주장했다.

(시카고 AP=연합뉴스)

(http://www.donga.com/fbin/output?sfrm=2&n=200502060042)

2005. 2. 8. 영국 정부 인간 배아 복제 연구 승인

영국 정부가 8일 복제양 '돌리'를 탄생시켜 세계적으로 유명해진 이안 윌무트 박사의 인간배아 복제 연구를 승인했다. 윌무트 박사는 에든버러의 로슬린연구소 동료와 함께 지난해 9월 '루게릭병'으로 알려진 운동신경원성질환(MND)의 발병메커니즘 규명과 효과적인 치료책 연구를 위해 인간배아를 복제할 수 있도록 해 달라고 인간수정태생국(HFEA)에 요청했다. 윌무트 박사가 이끄는 연구진은 이에 따라 영국에서 두 번째로 의학연구용 인간배아 복제 연구를 하게 됐다.

앞서 뉴캐슬대 연구팀이 알츠하이머병, 파킨슨병, 당뇨병 같은 질병 치료용 줄기세포를 얻으려는 인간배아 복제를 신청, 지난해 8월 처음으로 승인받은 바 있다.

윌무트 박사는 루게릭병 환자로부터 이 병의 발병인자를 가진 배아를 복제하고 성장과정을 지켜봄으로써 발병 메커니즘과 치료법을 찾아낼 수 있을 것으로 기대하고 있다. 윌무트 박사는 "이런 방법을 통해 루게릭병이 어떻게 발병하는지를 면밀히 관찰할 수 있게 되는 것은 물론 세포의 성장 과정에 신약을 실험함으로써 치료법 개발에도 큰 도움을 줄 것으로 생각한다"고 말했다.

루게릭병은 뇌로부터 근육으로 메시지를 전달하는 신경세포가 손상돼 근육 약화-경련-마비가 장기간에 걸쳐 진행되는 신경계 질환으로 환자의 절반은 보통 3년 안에 사망한다. 현재 영국의 천재 물리학자 스티븐 호킹을 비롯해 세계적으로 7만여 명이 이 병을 앓고 있다.

영국에서는 지난 2002년 이래 허가를 조건으로 의학연구용 인간 배아 복제를 허용하고 있다. 그러나 아기를 낳기 위한 생식용 인간 배아 복제는 법적으로 금지하고 있다. 종교계 등 일부에서는 의학연구용 인간배아 복제도 생명을 파괴하는 비도덕적범죄행위라며 강력히 반대하고 있다.

(런던=연합뉴스)

(http://www.donga.com/fbin/output?sfrm=2&n=200502080068)

2005. 2. 18. 유엔 "인간 복제 금지" … 법사위서 선언문 채택

유엔총회 법사위원회는 18일 모든 형태의 인간 복제를 금지하는 선언문을 채택했다. 이 선언문은 총회에서도 통과될 것으로 예상되지만 법적 구속력은 없다.

치료 목적의 복제 연구를 지지하는 한국과 영국 등은 선언문 채택 직후 "이는 구속력 없는 정치적 선언일 뿐"이라며 치료 목적 복제 연구를 계속 허용한다는 방침을 밝혔다.

유엔에서 복제 연구 금지 여부를 놓고 논란이 벌어진 지 4년 만에 이뤄진 191개 회원국의 표결 결과는 금지에 대한 찬성이 71표, 반대 35표, 기권 43표로 나타났다. 미국 독일 이탈리아 코스타리카 등이 찬성했고 한국 일본 중국 영국 프랑스 벨기에 스웨덴 싱가포르 남아프리카공화국 캐나다 등은 반대표를 던졌다. 이슬람 국가는 '선언문에 대한 합의가 되지 않았다' 면서 기권했다.

이 선언문은 '인간복제가 인간의 존엄성 및 생명 보호와 양립할 수 없으며 회원국은 모든 형태의 인간 복제를 금지하는 방안을 도입해야 한다' 는 내용이다.

표결 직후 찬성표를 던진 미국 등은 "인간생명 존중에 한걸음 더 진전했다"며 '승리'를 주장한 뒤 "각 회원국이 이를 지키기를 기대한다"고 발표했다.

그러나 유엔 주재 에밀 존스 패리 영국대사는 "의학연구를 금지하려는 데 몰두한 나라들의 비타협적인 태도 때문에 인간 복제에 대한 금지선언의 기회를 잃었다"고 주장했다.

중국은 "선언문의 단어들이 모호하다"고 주장했으며, 벨기에도 유엔 결정과 관계없이 치료 복제를 계속 추진할 방침임을 밝혔다. 한국 대표단은 "문화나 종교에 따라 생명의 개념이 다르기 때문에 복제 연구 금지의 법제화 여부는 회원국의 결정에 맡겨야 한다"고 지적했다.

유엔에서는 2001년 이후 이 문제를 논의해 왔으나 찬반 양측이 첨예하게 대립한 가운데 어느 쪽도 대다수의 지지를 얻지 못해 표결을 꺼려 왔다. 작년 11월엔 회원국들이 협약 대신 선언문을 채택하기로 타협을 이뤘으나 그 이후 선언문 내용을 놓고 양측이 다시 갈라졌다.

(뉴욕=홍권희 특파원 konihong@donga.com)

(http://www.donga.com/fbin/output?sfrm=2&n=200502200154)

Cf. 중앙일보 보도

이 선언문은 회원국들에 대해 △생명과학 적용시 인간생명을 적절히 보호하기 위한 필요한 모든 조치 강구 △인간존엄 및 인간생명 보호와 양립할 수 없는 모든 형태의 인간 복제 금지 △인간존엄에 반하는 유전공학기술 적용 금지 △생명과학 적용시 여성의 불법 이용(exploitation) 방지를 담고 있다.

일부 외신은 '모든 형태의 인간복제 금지'에 인간 줄기세포 연구에 사용되는 기술도 포함시켰으나 줄기세포 연구 지지자들은 선언문에 구속받지 않겠지만 모호한 내용이 줄기세포 연구를 포함해 금지하는 것으로 해석될 수 있다고 우려했다.

선언문은 각 회원국이 △인간생명 보호 및 여성 불법이용 방지 조치의 시행을 위해 지체없이 입법화할 것 △생명과학 등 의학적 연구 시 에이즈(후천성면역결핍증), 결핵, 말라리아와 같은 전지구적 문제를 고려할 것도 아울러 촉구했다.

복지부는 "선언문은 법적 구속력이 없고 그 내용에 있어서도 우리나라의 '생명윤리 및 안전에 관한 법률'에 규정된 것 이상의 추가적인 규제를 포함하고 있지 않으므로 선언문 채택에 의해 우리나라의 치료복제 연구가 지장을 받지 않을 것으로 판단된다"고 밝혔다.

(서울=연합뉴스)　2005.03.15 23:00 입력
(http://news.joins.com/it/200503/15/200503
15230029553270007010701.html)

2005. 3. 9. "인간배아 줄기세포 연구 금지" 유엔 총회 결의안 통과

유엔 총회가 8일(현지시간) 치료 목적의 인간 배아줄기세포 연구도 금지하는 결의안을 통과시켰다. 이 결의안은 구속력은 없지만 줄기세포 연구 전면 금지를 주장해온 미국 측의 입지를 강화해 줄 것으로 보인다.

유엔은 이날 줄기세포 연구 전면 금지안을 투표에 부친 결과 찬성 84개국, 반대 34개국, 기권 37개국으로 집계됐다고 밝혔다.

에머 존스 페리 유엔 주재 영국 대사는 결의안이 통과된 직후 "아무런 구속력도 없는 정치적 선언에 불과하다"고 비판하고 "영국은 치료 목적의 인간 복제 연구를 계속할 것"이라고 밝혔다. 주유엔 한국대표부의 하찬호 공사도 "인간 복제를 위한 연구는 당연히 배척한다"고 전제한 뒤 "치료 목적의 줄기세포 연구는 암·당뇨 등 불치병으로 고통 받는 전 세계 수많은 사람에게 큰 희망이며, 이런 차원에서 한국은 관련 연구를 중단하지 않을 것"이라고 말했다.

(뉴욕=심상복 특파원 <simsb@joongang.co.kr>

2005.03.09 18:57 입력 / 2005.03.10 08:01 수정)

(http://news.joins.com/internatio/200503/09/200

5030918571924714000404011.html)

2005. 4. 5. "배아 연구, 인간 존엄성 침해" 법학 교수 등 11명 헌법 소원

종교계와 생명공학계에 뜨거운 찬반 논란을 불러일으킨 배아 연구가
결국 헌법재판소 법정에 서게 됐다. 국내 법학교수와 윤리학자, 의사,
대학생 등 11명이 올해부터 시행된 생명윤리 및 안전에 관한 법(생명
윤리법) 일부 조항에 대해 "인간의 존엄성과 양심의 자유를 침해한
다"며 2005년 3월 31일 헌법재판소에 헌법소원을 제기한 사실이 5일
확인됐다. 특히 원고인단에는 원고로 참여한 남 모.김 모 씨 부부로
부터 채취된 정자와 난자가 인공수정돼 생성된 '2명의' 배아들도 포
함돼 있어 주목된다.

원고들은 청구서에서 "인간은 수정됐을 때부터 생명이 시작되는
만큼 인간 배아는 헌법의 보호를 받는 인간으로서 존엄과 가치를 지
닌다"며 "생명윤리법 규정은 인간 배아를 단순한 세포군으로 정의,
인공수정에서 남은 배아와 체세포 복제 배아를 생명공학 연구를 위
한 도구로 전락시켰다"고 주장했다.

이에 대해 생명공학계는 배아 연구는 난치병 극복을 위해 반드시
필요하며 배아 연구는 거부할 수 없는 국제적인 추세임을 주장하고
있어 양측의 치열한 장외 공방도 예상된다. 한편 배아 복제 연구의
세계적인 권위자인 서울대 황우석 교수는 "세상에는 여러 가지 의견
이 있을 수 있으며, 헌법소원이 제기돼도 학자인 나로서는 실험실에
서 묵묵히 연구에만 전념할 뿐이다"고 말했다.

(연합)

(http://enportssvc.joins.com/asp/article.asp?aid=291313)

2005. 6. 16. 브라질, 8월부터 인간 배아줄기세포 연구 집중 지원

브라질 정부가 오는 8월부터 인간 배아를 이용한 줄기세포 연구에 대해 본격적인 지원에 나설 계획이라고 현지 언론이 16일 보도했다.

보도에 따르면 브라질 과학기술부와 보건부는 현재 각 연구기관으로부터 제출된 104개 연구계획을 검토하고 있으며 8월 4일 이전까지 우선순위를 선정, 350만 달러의 연구비를 지원할 방침이다. 이번 지원계획은 지난 3월 말 제정된 '생명보호에 관한 법률'(Boi-Security Law)에 의해 인간 배아줄기세포 연구가 허용된데 따른 것이다. 이 법률은 그러나 부모의 동의 아래 기증된 배아만을 이용할 수 있도록 했으며 최소한 3년 이상의 냉동기간을 거칠 것을 규정하고 있다. 또 상업적 거래 목적으로 인간 배아를 사용하거나 유전적인 조작, 인간 복제 등에 이용하는 행위를 엄격하게 금지하고 있다.

브라질 정부 관계자는 "이번 지원계획의 주요 목적은 줄기세포를 과연 치료 목적으로 이용할 수 있는지 여부를 확인하는 데 초점이 맞춰질 것"이라면서 "이런 부분들이 입증될 경우 정부 차원의 집중적인 지원을 통해 줄기세포 연구가 크게 활성화될 것"이라고 밝혔다.

브라질 정부는 1차 지원액 외에도 올해 안에 250만 달러 규모의 추가지원액을 조성하기로 하는 등 적극적인 연구 활성화 대책을 마련하고 있다.

브라질 정부는 특히 24개월 안에 기본연구, 치료 전 단계(동물실험), 치료단계(인간실험) 등 3단계로 나누어 줄기세포 연구를 위한 기반을 확실하게 마련한다는 계획을 세우고 있다.

(상파울루=연합뉴스)

(http://www.donga.com/fbin/output?sfrm=2&n=200506170190)

2005. 7. 28. 美 상원 인간 복제 금지 법안 채택

줄기세포 연구를 허용할 것인지를 놓고 논란을 빚고 있는 미국에서 상원이 28일 인간 복제 금지 법안을 채택했다. 공화 민주 양당이 함께 주도한 이 법안은 인간 복제를 시도한 사람 또는 기업에 대해 10년 이하의 징역과 최고 100만 달러(약 10억 원) 또는 이익금의 3배에 달하는 벌금을 물린다는 내용이다.

법안 제정을 주도한 민주당 다이앤 파인스타인 상원의원은 "인간 복제는 비도덕적이고 비윤리적인 만큼 어떤 상황에서도 허용하지 않아야 한다"고 말했다. 파인스타인 의원은 줄기세포 연구법안에는 강력한 지지를 표시한 바 있다. 올 5월 미 하원을 통과한 줄기세포 연구 지원 법안은 올여름 휴가철이 끝나는 8월 이후 상원 표결을 앞두고 있다.

(워싱턴=김승련 특파원 srkim@donga.com)

(http://www.donga.com/fbin/output?sfrm=2&n=200507300132)

(Cf. http://www.chosun.com/international/news/200507/200507290014.html)

생명 윤리 및 안전에 대한 법률
– 법률 제 7150호

2003. 12. 29. 국회 의결,
2004. 1. 29. 법률 제7150호로 공포,
2005. 1. 1. 시행(단, 일부 규정은 공포일부터 시행 : 부칙 제1항)
발표일 : 2004. 01. 29.

[생명 윤리 및 안전에 관한 법률 - 법률 제07150호]

제1장 총칙

제1조 (목적) 이 법은 생명과학기술에 있어서의 생명윤리 및 안전을 확보하여 인간의 존엄과 가치를 침해하거나 인체에 위해를 주는 것을 방지하고, 생명과학기술이 인간의 질병 예방 및 치료 등을 위하여 개발·이용될 수 있는 여건을 조성함으로써 국민의 건강과 삶의 질 향상에 이바지함을 목적으로 한다.

제2조 (정의) 이 법에서 사용하는 용어의 정의는 다음과 같다.

1. "생명과학기술"이라 함은 인간의 배아(胚芽)·세포·유전자 등을 대상으로 생명현상을 규명·활용하는 과학과 기술을 말한다.

2. "배아"라 함은 수정란 및 수정된 때부터 발생학적으로 모든 기관이 형성되는 시기까지의 분열된 세포군을 말한다.

3. "잔여배아"라 함은 인공수정으로 생성된 배아중 임신의 목적으로 이용하고 남은 배아를 말한다.

4. "체세포핵이식행위"라 함은 핵이 제거된 인간 또는 동물의 난자에 인간의 체세포 핵을 이식하는 것을 말한다.

5. "체세포복제배아(體細胞複製胚芽)"라 함은 체세포핵이식행위에 의하여 생성된 배아를 말한다.

6. "유전자검사"라 함은 개인의 식별, 특정한 질병 또는 소인(素因)의 검사 등의 목적으로 혈액·모발·타액(唾液) 등의 검사대상물로부터 염색체·유전자 등을 분석하는 행위를 말한다.

7. "유전정보"라 함은 유전자검사의 결과로 얻어진 정보를 말한다.

8. "유전자은행"이라 함은 유전정보의 획득을 목적으로 검사대상물·유전자 또는 개인정보가 포함된 유전정보(이하 "유전정보 등"이라 한다)를 수집·보존하여 이를 직접 이용하거나 타인에게 제공하는 기관을 말한다.

9. "유전자치료"라 함은 질병의 예방 또는 치료를 목적으로 유전적 변이를 일으키는 일련의 행위를 말한다.

제3조 (적용범위) 생명과학기술에 있어서의 생명윤리 및 안전에 관하여는 다른 법률에 특별한 규정이 있는 경우를 제외하고는 이 법에 의한다.

제4조(책무) ① 국가 또는 지방자치단체는 생명과학기술의 개발·이용과정에서 일어날 수 있는 생명윤리 및 안전에 관한 문제에 효율적으로 대처할 수 있도록 필요한 시책을 마련하여야 한다.

② 생명과학기술을 연구·개발 및 이용하고자 하는 자는 생명과학기술이 인간의 존엄과 가치를 침해하지 아니하고 생명윤리 및 안전에 적합하도록 노력하여야 한다.

제5조(자기결정권) 누구든지 자신이 생명과학기술의 적용대상이 되는 경우 생명윤리 및 안전에 관하여 충분한 설명을 들은 후 이에 관한 동의여부를 결정할 권리를 가진다.

제2장 국가생명윤리심의위원회 및 기관생명윤리심의위원회

제6조(국가생명윤리심의위원회의 설치 및 기능) ① 생명과학기술에 있어서의 생명윤리 및 안전에 관한 다음 각호의 사항을 심의하기 위하여 대통령소속하에 국가생명윤리심의위원회(이하 "심의위원회"라 한다)를 둔다.

1. 국가의 생명윤리 및 안전에 관한 정책의 수립에 관한 사항

2. 제17조 제3호의 규정에 따라 잔여배아를 이용할 수 있는 연구의 종류ㆍ대상 및 범위에 관한 사항

3. 제22조 제2항의 규정에 따라 체세포핵이식행위를 할 수 있는 연구의 종류ㆍ대상 및 범위에 관한 사항

4. 제25조 제1항의 규정에 따라 금지되는 유전자검사의 종류에 관한 사항

5. 제36조 제1항 제3호의 규정에 따라 유전자치료를 할 수 있는 질병의 종류

6. 그 밖에 윤리적ㆍ사회적으로 심각한 영향을 미칠 수 있는 생명과학기술의 연구ㆍ개발 또는 이용에 관하여 심의위원회의 위원장이 부의하는 사항

② 심의위원회의 위원장은 제1항 제1호 내지 제5호의 규정에 해당하는 사항으로써 재적위원 3분의 1 이상이 발의한 사항에 관하여는 심의위원회에 이를 부의하여야 한다.

제7조(심의위원회의 구성) ① 심의위원회는 위원장 1인, 부위원장 1인을 포함한 16인 이상 21인 이하의 위원으로 구성한다.

② 위원장은 위원 중에서 대통령이 임명 또는 위촉하고, 부위원장은 위원 중에서 호선한다.

③ 위원은 다음 각호의 자가 된다.

1. 교육인적자원부장관 · 법무부장관 · 과학기술부장관 · 산업자원부장관 ·
보건복지부장관 · 여성부장관 · 법제처장
   2. 생명과학 또는 의과학(醫科學)분야에 전문지식과 연구경험이 풍부한 학
계 · 연구계 또는 산업계를 대표하는 자중에서 대통령이 위촉하는 7인 이내
의 자
   3. 종교계 · 철학계 · 윤리학계 · 사회과학계 · 법조계 · 시민단체(비영리민
간단체지원법 제2조의 규정에 의한 비영리민간단체를 말한다) 또는 여성계
를 대표하는 자중에서 대통령이 위촉하는 7인 이내의 자
   ④ 제3항 제2호 및 제3호의 위원의 임기는 3년으로 하되, 연임할 수 있다.
   ⑤ 심의위원회에 간사위원 2인을 두되, 간사위원은 과학기술부장관과 보건
복지부장관으로 하며, 수석간사위원은 보건복지부장관으로 한다.

제8조(심의위원회의 운영) ① 심의위원회의 효율적인 운영을 위하여 심의
위원회에 분야별 전문위원회를 둘 수 있다.
   ② 심의위원회의 사무는 수석간사위원이 처리한다.
   ③ 심의위원회의 회의 등 활동은 공개함을 원칙으로 한다.
   ④ 이 법에서 규정한 것 외에 심의위원회 및 전문위원회의 구성 · 운영 그
밖에 필요한 사항은 대통령령으로 정한다.

제9조(기관생명윤리심의위원회의 설치 및 기능) ① 다음 각호의 기관은 생
명과학기술에 있어서의 생명윤리 및 안전을 확보하기 위하여 당해 기관에
기관생명윤리심의위원회(이하 "기관위원회"라 한다)를 두어야 한다.
   1. 제18조의 규정에 따라 보건복지부장관에게 등록한 배아연구기관
   2. 제32조 제1항 본문의 규정에 따라 보건복지부장관의 허가를 받은 유전
자은행
   3. 제37조 제2항의 규정에 의한 유전자치료기관
   4. 그 밖에 윤리적 · 사회적으로 심각한 영향을 미칠 수 있는 생명과학기술
을 연구 · 개발 또는 이용하는 기관으로서 보건복지부령이 정하는 기관
   ② 기관위원회는 제1항 각호의 기관에서 행하여지는 생명과학기술의 연

구 · 개발 또는 이용에 관하여 다음 각호의 사항을 심의한다.

1. 생명과학기술 연구계획서의 윤리적 · 과학적 타당성

2. 환자 또는 정자 · 난자 · 검사대상물의 제공자로부터 적법한 절차에 따라 동의를 받았는지의 여부

3. 환자, 정자 · 난자 · 검사대상물의 제공자 또는 유전정보의 주체에 대한 안전대책 및 정자 · 난자 · 검사대상물을 타인에게 제공하는 경우에 성명 · 주민등록번호 등 개인을 식별할 수 있는 정보(이하 "개인정보"라 한다)에 대한 보호대책

4. 그 밖에 제1항 각호의 기관에서 행하여지는 생명과학기술의 연구 · 개발 또는 이용에 관한 사항

③ 제1항 각호의 기관의 장은 당해 기관에서 행하여지는 생명과학기술의 연구 · 개발 또는 이용으로 인하여 생명윤리 또는 안전에 중대한 위해가 발생하거나 발생할 우려가 있는 경우에는 지체 없이 기관위원회를 소집하여 이를 심의하도록 하고, 그 결과를 보건복지부장관에게 보고하여야 한다.

④ 제1항 각호의 기관 중 기관의 규모 또는 연구자 수 등이 보건복지부령이 정하는 기준 이하인 기관이 기관위원회를 설치한 동종의 기관과 제2항 각호 및 제3항의 규정에 의한 사항의 심의에 관한 협약을 체결한 경우에는 제1항의 규정에 불구하고 기관위원회를 설치한 것으로 본다.

제10조(기관위원회의 구성 및 운영) ① 기관위원회는 위원장 1인을 포함하여 5인 이상 9인 이하의 위원으로 구성하되, 생명과학 또는 의과학분야 외의 종사자 1인과 해당 기관에 종사하지 아니하는 자 1인이 포함되어야 한다.

② 위원은 제9조 제1항 각호의 기관의 장이 위촉하며, 위원장은 위원 중에서 호선한다.

③ 기관위원회의 심의대상인 연구 · 개발 또는 이용에 관여하는 위원은 해당 연구 · 개발 또는 이용과 관련된 심의에 참여하여서는 아니 된다.

④ 그 밖에 기관위원회의 구성 및 운영에 관하여 필요한 사항은 대통령령으로 정한다.

제3장 배아 등의 생성 · 연구

제1절 인간 복제 등의 금지

제11조 (인간 복제의 금지) ① 누구든지 체세포복제배아를 자궁에 착상시켜서는 아니 되며, 착상된 상태를 유지하거나 출산하여서는 아니 된다.

② 누구든지 제1항의 규정에 의한 행위를 유인 또는 알선하여서는 아니 된다.

제12조(이종 간의 착상 등 금지) ①누구든지 인간의 배아를 동물의 자궁에 착상시키거나 동물의 배아를 인간의 자궁에 착상시키는 행위를 하여서는 아니 된다.

②누구든지 다음 각호의 1에 해당하는 행위를 하여서는 아니 된다.

1. 인간의 난자를 동물의 정자로 수정시키거나 동물의 난자를 인간의 정자로 수정시키는 행위. 다만, 의학적으로 인간의 정자의 활동성 시험을 위한 경우를 제외한다.

2. 핵이 제거된 인간의 난자에 동물의 체세포 핵을 이식하는 행위

3. 인간의 배아와 동물의 배아를 융합하는 행위

4. 다른 유전정보를 가진 인간의 배아를 융합하는 행위

③ 누구든지 제2항 각호의 1에 해당하는 행위로부터 생성된 것을 인간 또는 동물의 자궁에 착상시키는 행위를 하여서는 아니 된다.

제2절 인공수정배아

제13조(배아의 생성 등) ① 누구든지 임신 외의 목적으로 배아를 생성하여서는 아니 된다.

② 누구든지 임신을 목적으로 배아를 생성함에 있어서 다음 각호의 1에 해당하는 행위를 하여서는 아니 된다.

1. 특정의 성을 선택할 목적으로 정자와 난자를 선별하여 수정시키는 행위

2. 사망한 자의 정자 또는 난자로 수정시키는 행위

3. 미성년자의 정자 또는 난자로 수정시키는 행위. 다만, 혼인한 미성년자가 그 자녀를 얻기 위한 경우를 제외한다.

③ 누구든지 금전 또는 재산상의 이익 그 밖에 반대급부를 조건으로 정자 또는 난자를 제공 또는 이용하거나 이를 유인 또는 알선하여서는 아니 된다.

제14조(배아생성의료기관) ① 인공수태시술을 위하여 정자 또는 난자를 채취·보관하거나 이를 수정시켜 배아를 생성하고자 하는 의료기관은 보건복지부장관으로부터 배아생성의료기관으로 지정받아야 한다.

② 배아생성의료기관으로 지정받고자 하는 의료기관은 보건복지부령이 정하는 시설 및 인력 등을 갖추어야 한다.

③ 배아생성의료기관의 지정기준 및 절차, 제출서류 그 밖에 필요한 사항은 보건복지부령으로 정한다.

제15조(배아의 생성 등에 관한 동의) ① 제14조의 규정에 따라 배아생성의료기관으로 지정받은 의료기관(이하 "배아생성의료기관"이라 한다)은 배아를 생성하기 위하여 정자 또는 난자를 채취하는 때에는 정자제공자·난자제공자·인공수태시술대상자 및 그 배우자(이하 "동의권자"라 한다)의 서면동의를 얻어야 한다.

② 제1항의 규정에 의한 서면동의에는 다음 각호의 사항이 포함되어야 한다.

1. 배아생성의 목적에 관한 사항

2. 배아의 보존기간 그 밖에 배아의 보관에 관한 사항

3. 배아의 폐기에 관한 사항

4. 임신 외의 목적으로 잔여배아를 이용하는 것에 대한 동의여부

5. 동의의 철회, 동의권자의 권리 및 정보보호 그 밖에 보건복지부령이 정하는 사항

③ 배아생성의료기관은 제1항의 규정에 의한 서면동의를 받기 전에 동의권자에게 제2항 각호의 사항에 대하여 충분히 설명하여야 한다.

④제1항의 규정에 의한 서면동의를 위한 동의서의 서식 및 보존 등에 관하

여 필요한 사항은 보건복지부령으로 정한다.

제16조(배아의 보존기간 및 폐기) ① 배아의 보존기간은 5년으로 한다. 다만, 동의권자가 보존기간을 5년 미만으로 정한 경우에는 이를 보존기간으로 한다.

② 배아생성의료기관은 제1항의 규정에 의한 보존기간이 도래한 배아중 제17조의 규정에 의한 연구의 목적으로 이용하지 아니하고자 하는 배아를 폐기하여야 한다.

③ 배아생성의료기관은 배아의 폐기에 관한 사항을 기록 · 보관하여야 한다.

④ 배아의 폐기 절차 및 방법, 배아의 폐기에 관한 사항의 기록 · 보관에 관하여 필요한 사항은 보건복지부령으로 정한다.

제17조 (잔여배아의 연구) 제16조의 규정에 의한 배아의 보존기간이 경과된 잔여배아는 발생학적으로 원시선이 나타나기 전까지에 한하여 체외에서 다음 각호의 1의 목적으로 이용할 수 있다. 다만, 보존기간을 5년 미만으로 정한 잔여배아를 이용하고자 하는 경우에는 동의권자로부터 해당 목적으로의 이용에 대하여 새로이 동의를 받아야 한다.

1. 불임치료법 및 피임기술의 개발을 위한 연구
2. 근이영양증 그 밖에 대통령령이 정하는 희귀 · 난치병의 치료를 위한 연구
3. 그 밖에 심의위원회의 심의를 거쳐 대통령령이 정하는 연구

제18조(배아연구기관) 제17조의 규정에 따라 잔여배아를 연구하고자 하는 자는 보건복지부령이 정하는 시설 · 인력 등을 갖추고 보건복지부장관에게 배아연구기관으로 등록하여야 한다.

제19조 (배아연구계획서의 승인) ① 제18조의 규정에 따라 보건복지부장관에게 등록한 배아연구기관(이하 "배아연구기관"이라 한다)이 제17조의 규정에 의한 배아연구를 하고자 하는 때에는 보건복지부령이 정하는 바에 따라

미리 보건복지부장관에게 배아연구계획서를 제출하여 승인을 얻어야 한다. 대통령령이 정하는 중요한 사항을 변경하는 경우에도 또한 같다.

② 제1항의 규정에 의한 배아연구계획서에는 배아연구기관 안에 설치된 기관위원회의 심의결과에 관한 서류가 첨부되어야 한다.

③ 보건복지부장관은 다른 중앙행정기관의 장이 연구비를 지원하는 배아연구기관으로부터 연구계획서를 제출받은 때에는 승인여부를 결정하기 전에 그 중앙행정기관의 장과 협의하여야 한다.

④ 배아연구계획서의 승인기준 및 절차, 제출서류 그 밖에 필요한 사항은 보건복지부령으로 정한다.

제20조 (잔여배아의 제공 및 관리) ① 배아생성의료기관이 제19조 제1항의 규정에 따라 배아연구계획서의 승인을 얻은 배아연구기관에게 연구에 필요한 잔여배아를 제공하는 경우에는 무상으로 하여야 한다. 다만, 배아생성의료기관은 잔여배아의 보관 및 제공에 필요한 경비를 보건복지부령이 정하는 바에 따라 배아연구기관에 요구할 수 있다.

② 제1항의 규정에 의한 잔여배아의 제공절차, 경비의 산출 그 밖에 필요한 사항은 보건복지부령으로 정한다.

③ 배아생성의료기관과 배아연구기관은 잔여배아의 보관 및 제공 등에 관한 사항을 보건복지부령이 정하는 바에 따라 보건복지부장관에게 보고하여야 한다.

④ 제16조 제2항 내지 제4항의 규정은 배아연구기관이 제1항의 규정에 따라 잔여배아를 제공받은 후 연구의 목적으로 이용하지 아니하고자 하는 잔여배아의 폐기에 관하여 이를 준용한다. 이 경우 "배아생성의료기관"은 "배아연구기관"으로 본다.

제21조(배아생성의료기관 및 배아연구기관의 준수사항) 배아생성의료기관 및 배아연구기관은 다음 각호의 사항을 준수하여야 한다.

1. 제15조의 규정에 의한 동의서에 기재된 목적으로 배아를 취급할 것
2. 잔여배아의 보관 · 취급 · 폐기 등의 관리를 철저히 할 것

3. 배아연구기관은 당해 기관에서 행하여지는 연구로 인하여 생명윤리 또는 안전에 중대한 위해가 발생하거나 발생할 우려가 있는 경우에는 연구의 중단 등 적절한 조치를 취할 것

4. 그 밖에 제1호 내지 제3호에 준하는 사항으로서 생명윤리 및 안전의 확보를 위하여 필요하다고 인정하여 보건복지부령이 정하는 사항

제3절 체세포복제배아

제22조(체세포핵이식행위) ① 누구든지 제17조 제2호의 규정에 의한 희귀·난치병의 치료를 위한 연구목적 외에는 체세포핵이식행위를 하여서는 아니 된다.

② 제1항의 규정에 의한 연구목적에 따라 체세포핵이식행위를 할 수 있는 연구의 종류·대상 및 범위는 심의위원회의 심의를 거쳐 대통령령으로 정한다.

제23조 (체세포복제배아의 생성 및 연구) ① 체세포복제배아를 생성하거나 연구하고자하는 자는 보건복지부령이 정하는 시설 및 인력 등을 갖추고 보건복지부장관에게 등록하여야 한다.

② 제19조 내지 제21조의 규정은 체세포복제배아의 연구에 관하여 이를 준용한다. 이 경우 "잔여배아"는 "체세포복제배아"로 본다.

제4장 유전자검사

제24조 (유전자검사기관 등) ① 유전자검사를 하고자 하는 자 또는 직접 검사대상물을 채취하여 유전자에 관한 연구를 하고자 하는 자는 유전자검사시설 또는 연구시설의 소재지, 기관장, 유전자검사 또는 연구항목 등의 사항에 대하여 보건복지부령이 정하는 바에 따라 보건복지부장관에게 신고하여야 한다. 다만, 국가기관이 유전자검사 또는 유전자에 관한 연구를 하는 경우에

는 그러하지 아니하다.

② 제1항의 규정에 따라 신고한 사항 중 대통령령이 정하는 중요한 사항을 변경하는 경우에도 제1항과 같다.

③ 보건복지부장관은 제1항의 규정에 따라 신고한 유전자검사를 하고자 하는 자(이하 "유전자검사기관"이라 한다)로 하여금 보건복지부령이 정하는 바에 따라 유전자검사의 정확도 평가를 받게 할 수 있고, 그 결과를 공개할 수 있다.

④ 유전자검사기관은 유전자검사의 업무를 폐업하거나 휴업하고자 하는 경우에는 보건복지부령이 정하는 바에 따라 보건복지부장관에게 신고하여야 한다.

제25조 (유전자검사의 제한) ① 유전자검사기관은 과학적 입증이 불확실하여 검사대상자를 오도(誤導)할 우려가 있는 신체외관이나 성격에 관한 유전자검사 그 밖에 심의위원회의 심의를 거쳐 대통령령이 정하는 유전자검사를 하여서는 아니 된다.

② 유전자검사기관은 근이영양증 그 밖에 대통령령이 정하는 유전질환을 진단하기 위한 목적 외에는 배아 또는 태아를 대상으로 유전자검사를 하여서는 아니 된다.

③ 의료기관이 아닌 유전자검사기관에서는 질병의 진단과 관련한 유전자검사를 할 수 없다. 다만, 의료기관의 의뢰를 받아 유전자검사를 하는 경우에는 그러하지 아니하다.

제26조(유전자검사의 동의) ① 유전자검사기관 또는 유전자에 관한 연구를 하는 자가 유전자검사 또는 유전자연구에 쓰일 검사대상물을 직접 채취하거나 채취를 의뢰하는 때에는 검사대상물을 채취하기 전에 검사대상자로부터 다음 각호의 사항이 포함된 서면동의를 얻어야 한다.

1. 유전자검사 또는 유전자연구의 목적
2. 제1호의 규정에 의한 목적 외로 검사대상물을 이용하거나 타인에게 제공하는 것에 대한 동의여부 및 그 범위에 관한 사항

3. 제2호의 규정에 따라 검사대상물을 타인에게 제공하는 경우에 개인정보를 포함 시킬 것인지 여부

4. 검사대상물의 보존기간 및 관리에 관한 사항

5. 동의의 철회, 검사대상자의 권리 및 정보보호 그 밖에 보건복지부령이 정하는 사항

② 유전자검사기관 외의 자가 검사대상물을 채취하여 유전자검사기관에 유전자검사를 의뢰하는 경우에는 검사대상자로부터 제1항의 규정에 의한 서면동의를 얻어 이를 첨부하여야 한다. 이 경우 보건복지부령이 정하는 바에 따라 개인정보를 보호하기 위한 조치를 취하여야 한다.

③ 검사대상자가 미성년자·심신박약자 또는 심신상실자인 경우에는 제1항의 규정에 의한 본인의 동의 외에 법정대리인의 동의를 얻어야 한다. 다만, 질병의 진단 또는 치료를 목적으로 유전자검사를 하는 경우에 있어서 심신박약 또는 심신상실 등의 사유로 본인의 동의를 받을 수 없는 때에는 이를 생략할 수 있다.

④ 제1항 내지 제3항의 규정에 불구하고 다음 각호의 1에 해당하는 경우에는 서면동의 없이 유전자검사를 할 수 있다.

1. 시체 또는 의식불명의 자에 대하여 개인 식별을 하여야 할 긴급한 필요가 있거나 특별한 사유가 있는 경우

2. 다른 법률에 특별한 규정이 있는 경우

⑤ 제1항 내지 제3항의 규정에 따라 서면동의를 얻고자 하는 자는 미리 검사대상자 또는 법정대리인에게 유전자검사의 목적과 방법, 예측되는 유전자검사의 결과와 의미 등에 대하여 충분히 설명하여야 한다.

⑥ 제1항 내지 제3항의 규정에 의한 동의의 절차 및 동의서의 서식 그 밖에 필요한 사항은 보건복지부령으로 정한다.

제27조(검사대상물의 제공) ① 유전자검사기관은 제26조의 규정에 따라 검사대상자로부터 연구목적으로 검사대상물을 이용하는 것에 대하여 서면동의를 얻은 경우에는 유전자에 관한 연구를 하는 자 또는 제32조의 규정에 따라 유전자은행의 개설허가를 받은 자에게 검사대상물을 제공할 수 있다.

② 유전자검사기관은 제1항의 규정에 따라 제공하는 검사대상물에 개인정보를 포함시켜서는 아니 된다. 다만, 개인정보를 포함시키는 것에 대하여 검사대상자 또는 법정대리인이 서면으로 동의하는 경우에는 그러하지 아니하며, 이 경우 동의서의 사본을 첨부하여야 한다.

③ 유전자검사기관, 유전자에 관한 연구를 하는 자 또는 제32조의 규정에 따라 유전자은행의 개설허가를 받은 자(이하 "유전자검사기관등"이라 한다)는 제1항의 규정에 따라 검사대상물을 제공하거나 이를 제공받은 때에는 보건복지부령이 정하는 바에 따라 검사대상물의 제공에 관한 기록을 작성하여야 한다.

④ 제1항 내지 제3항의 규정은 검사대상물을 제공받은 자가 다른 연구자 또는 유전자은행에 검사대상물을 제공하는 경우에 이를 준용한다.

제28조(검사대상물의 폐기) ① 검사대상물의 보존기간은 5년으로 한다. 다만, 검사대상자 또는 법정대리인이 제26조제1항의 규정에 의한 동의서에 보존기간을 별도로 정한 경우에는 이를 보존기간으로 한다.

② 유전자검사기관 등은 보존기간 경과 후 지체 없이 검사대상물을 폐기하여야 한다. 다만, 검사대상자 또는 법정대리인이 검사대상물을 폐기하지 아니할 것을 서면으로 요청한 경우에는 그러하지 아니하다.

③유전자검사기관등은 검사대상물의 보관 중에 검사대상자 또는 법정대리인이 검사대상물의 폐기를 요청하는 경우에는 이에 응하여야 한다.

④ 유전자검사기관 등은 검사대상물의 폐기에 관한 사항을 기록 · 보관하여야 한다.

⑤ 유전자검사기관 등은 휴업 · 폐업 그 밖에 부득이한 사정으로 인하여 검사대상물을 보존할 수 없는 경우에는 보건복지부령이 정하는 바에 따라 검사대상물을 처리 또는 이관하여야 한다.

⑥ 검사대상물의 폐기 절차 및 방법, 검사대상물의 폐기에 관한 사항의 기록 · 보관 및 제5항의 규정에 의한 검사대상물의 처리 또는 이관에 관하여 필요한 사항은 보건복지부령으로 정한다.

제29조 (기록의 관리 및 열람) ① 유전자검사기관 등은 다음 각호의 서류를 보건복지부령이 정하는 바에 따라 보존하여야 한다.

1. 제26조의 규정에 의한 동의서

2. 유전자검사 결과

3. 제27조 제3항의 규정에 의한 검사대상물의 제공에 관한 기록

② 유전자검사기관 등은 검사대상자 또는 법정대리인이 제1항 각호의 규정에 의한 기록의 열람 또는 사본의 교부를 요청하는 경우에는 이에 응하여야 한다.

③ 제2항의 규정에 의한 기록의 열람 또는 사본의 교부에 관한 신청절차 및 서식 등에 관하여 필요한 사항은 보건복지부령으로 정한다.

제30조(유전자검사기관 등의 준수사항) ① 유전자검사기관등은 다음 각호의 사항을 준수하여야 한다.

1. 제26조의 규정에 의한 서면동의 내용

2. 유전정보의 보호

3. 그 밖에 제1호 및 제2호에 준하는 사항으로서 생명윤리 및 안전의 확보를 위하여 보건복지부령이 정하는 사항

② 유전자검사기관등은 유전자검사에 관하여 허위표시 또는 과대광고를 하여서는 아니 된다.

③ 제2항의 규정에 의한 허위표시 또는 과대광고의 범위 그 밖에 필요한 사항은 보건복지부령으로 정한다.

제5장 유전정보 등의 보호 및 이용

제31조(유전정보에 의한 차별금지) ① 누구든지 유전정보를 이유로 하여 교육 · 고용 · 승진 · 보험 등 사회활동에 있어서 다른 사람을 차별하여서는 아니 된다.

② 다른 법률에 특별한 규정이 있는 경우를 제외하고는 누구든지 타인에게

유전자검사를 받도록 강요하거나 유전자검사의 결과를 제출하도록 강요하여서는 아니 된다.

제32조 (유전자은행의 허가 및 신고) ① 유전자은행을 개설하고자 하는 자는 대통령령이 정하는 바에 따라 보건복지부장관의 허가를 받아야 한다. 다만, 국가기관이 직접 유전자은행을 개설하고자 하는 경우를 제외한다.

② 제1항의 규정에 불구하고 다른 법령에 따라 중앙행정기관의 장으로부터 연구비지원의 승인을 얻어 유전자은행을 개설하고자 하는 경우에는 당해 중앙행정기관의 장으로부터 연구비지원의 승인을 얻은 때에 보건복지부장관의 허가를 받은 것으로 본다. 이 경우 해당 중앙행정기관의 장은 미리 보건복지부장관과 협의하여야 한다.

③ 제1항의 규정에 따라 개설된 유전자은행이 개설 장소를 이전하거나 그 개설에 관한 허가사항 중 대통령령이 정하는 중요한 사항을 변경하고자 하는 경우에는 보건복지부령이 정하는 바에 따라 보건복지부장관에게 신고하여야 한다.

④ 유전자은행의 장은 유전자은행의 업무를 폐업하거나 휴업하고자 하는 경우에는 보건복지부령이 정하는 바에 따라 보건복지부장관에게 신고하여야 한다.

⑤ 제1항의 규정에 의한 유전자은행의 시설·장비 기준 및 허가절차 그 밖에 필요한 사항은 대통령령으로 정한다.

제33조(유전정보 등의 제공) ① 유전자은행으로부터 유전정보 등을 이용하고자 하는 자는 유전정보 등의 이용계획서를 유전자은행의 장에게 제출하여야 한다.

② 유전자은행의 장은 제1항의 규정에 따라 제출된 이용계획서에 대하여 제9조의 규정에 의한 기관위원회의 심의를 거쳐 유전정보 등의 제공 여부를 결정하고, 그 결과를 보건복지부장관에게 보고하여야 한다.

③ 유전정보 등의 이용계획서 기재내용, 제출절차 그 밖에 유전정보 등의 제공·관리에 관하여 필요한 사항은 보건복지부령으로 정한다.

제34조 (유전자은행의 장의 준수사항) ① 유전자은행의 장은 제33조의 규정에 따라 유전정보 등을 타인에게 제공함에 있어 개인정보를 포함시켜서는 아니 된다.

② 유전자은행의 장은 유전정보 등을 타인에게 제공하는 경우에는 무상으로 하여야 한다. 다만, 유전자은행의 장은 유전정보 등의 보관 및 제공에 필요한 경비를 보건복지부령이 정하는 바에 따라 요구할 수 있다.

제35조 (유전정보 등의 보호) ① 유전자은행의 장 또는 그 종사자는 직무상 얻거나 알게 된 유전정보 등을 정당한 사유 없이 타인에게 제공하거나 부당한 목적으로 사용하여서는 아니 된다.

② 의료 기관은 의료법 제20조제1항 단서의 규정에 따라 환자 외의 자에게 제공하는 의무기록 및 진료기록 등에 유전정보를 포함시켜서는 아니 된다. 다만, 해당 환자와 동일한 질병의 진단 및 치료를 목적으로 다른 의료기관의 요청이 있고 개인정보의 보호에 관한 조치를 한 경우에는 그러하지 아니하다.

제6장 유전자치료

제36조(유전자치료) ① 누구든지 유전자치료는 다음 각호의 1에 해당되는 경우 외에는 하여서는 아니 된다.

1. 유전질환·암·후천성면역결핍증 그 밖에 생명을 위협하거나 심각한 장애를 초래하는 질병의 치료

2. 현재 이용 가능한 치료법이 없거나 유전자치료의 효과가 이용 가능한 다른 치료법과 비교하여 현저히 우수할 것으로 예측되는 치료

3. 그 밖에 심의위원회의 심의를 거쳐 보건복지부장관이 정하는 질병의 예방이나 치료를 위하여 필요하다고 인정하는 경우

② 제1항의 규정에 불구하고 정자·난자·배아 또는 태아에 대하여 유전자치료를 하여서는 아니 된다.

제37조(유전자치료기관) ① 유전자치료를 하고자 하는 의료기관은 보건복지부장관에게 신고하여야 한다. 대통령령이 정하는 중요한 사항을 변경하는 경우에도 또한 같다.

② 제1항의 규정에 따라 보건복지부장관에게 신고한 의료기관(이하 "유전자치료기관"이라 한다)은 유전자치료를 하고자 하는 환자에 대하여 다음 각 호의 사항에 관하여 미리 설명한 후 서면동의를 얻어야 한다.

1. 치료의 목적
2. 예측되는 치료결과 및 그 부작용
3. 그 밖에 보건복지부령이 정하는 사항

③ 유전자치료기관의 신고요건 및 절차, 동의서의 서식 그 밖에 필요한 사항은 보건복지부령으로 정한다.

제7장 감독

제38조(보고와 조사 등) ① 보건복지부장관은 생명윤리 및 안전의 확보와 관련하여 필요하다고 인정할 때에는 배아생성의료기관·배아연구기관·유전자검사기관 등·유전자치료기관(이하 "피감독기관"이라 한다) 또는 그 종사자에 대하여 보건복지부령이 정하는 바에 따라 이 법의 시행에 관하여 필요한 보고 또는 자료의 제출을 명할 수 있고, 생명과학기술의 연구·개발·이용으로 인하여 생명윤리 또는 안전에 중대한 위해가 발생하거나 발생할 우려가 있는 때에는 그 연구·개발·이용의 중단을 명하거나 그 밖에 필요한 조치를 할 수 있다.

② 보건복지부장관은 이 법이 정하고 있는 사항의 이행 또는 위반 여부의 확인을 위하여 필요하다고 인정할 때에는 관계공무원으로 하여금 피감독기관 또는 그 사무소 등에 출입하여 그 시설 또는 장비, 관계장부나 서류 그 밖의 물건을 검사하게 하거나 관계인에 대한 질문을 하게 할 수 있으며, 시험에 필요한 시료를 최소분량에 한하여 수거하게 할 수 있다. 이 경우 관계공무원은 그 권한을 표시하는 증표를 지니고 이를 관계인에게 내보여야 한다.

③ 피감독기관 또는 그 종사자는 제1항 및 제2항의 규정에 의한 명령·검사·질문 등에 대하여 정당한 사유가 없는 한 이에 응하여야 한다.

제39조(폐기명령) 보건복지부장관은 피감독기관 또는 그 종사자에 대하여 제13조, 제14조, 제15조 제1항, 제16조 제2항, 제17조 내지 제19조, 제20조 제1항·제4항, 제22조 제1항 또는 제23조의 규정을 위반하여 생성·보관 또는 제공된 배아 또는 체세포복제배아 및 제24조 제1항, 제25조, 제26조 제1항 내지 제3항, 제27조 제1항·제2항·제4항, 제28조 제2항·제3항 또는 제32조 제1항·제2항의 규정을 위반하여 채취·보관 또는 제공된 검사대상물을 폐기할 것을 명할 수 있다. 이 경우 폐기의 절차 및 방법에 관하여는 제16조 제4항 또는 제28조 제6항의 규정을 준용한다.

제40조 (개선명령) 보건복지부장관은 피감독기관에 대하여 그 시설·인력 등이 제14조 제2항·제18조·제23조 또는 제32조 제5항의 규정에서 정하는 시설기준 등에 적합하지 아니하여 연구·채취·보관 또는 배아의 생성 등을 하는 경우에 생명윤리나 안전에 중대한 위해가 발생하거나 발생할 우려가 있다고 인정하는 때에는 그 시설의 개선을 명하거나 당해 시설의 전부 또는 일부의 사용을 금지할 것을 명할 수 있다.

제41조 (허가 등의 취소와 업무의 정지) ① 보건복지부장관은 배아생성의료기관·배아연구기관·유전자검사기관·유전자은행·유전자치료기관이 다음 각호의 1에 해당하는 때에는 그 지정·등록 또는 허가를 취소하거나 1년 이내의 기간을 정하여 그 업무의 전부 또는 일부의 정지를 명할 수 있다.

1. 제9조 제1항·제3항, 제10조 제1항·제3항, 제11조 내지 제14조, 제15조 제1항·제3항, 제16조 제2항·제3항, 제17조, 제19조 제1항, 제20조, 제22조, 제24조 제2항·제4항, 제25조, 제26조 제1항 내지 제3항·제5항, 제27조, 제28조 제2항 내지 제5항, 제29조 제1항·제2항, 제32조 제3항·제4항, 제33조 제2항, 제35조, 제36조 또는 제37조 제1항 후단·제2항의 규정을 위반한 때

2. 제21조 · 제30조 또는 제34조의 규정에 의한 준수사항을 이행하지 아니
한 때

3. 제38조 제1항 · 제39조 또는 제40조의 규정에 의한 명령을 이행하지 아
니한 때

4. 제38조 제2항의 규정에 의한 검사 · 질문 · 수거에 불응한 때

② 제1항의 규정에 의한 행정처분의 세부기준은 그 위반행위의 유형과 위
반의 정도 등을 고려하여 보건복지부령으로 정한다.

제42조(청문) 보건복지부장관은 제41조제1항의 규정에 따라 지정 · 등록
또는 허가를 취소하고자 하는 경우에는 청문을 실시하여야 한다.

제43조(과징금) ① 보건복지부장관은 배아생성의료기관 또는 유전자치료
기관이 다음 각호의 1에 해당하여 업무정지처분을 하여야 할 경우로서 그 업
무정지가 당해 사업의 이용자에게 심한 불편을 주거나 그 밖에 공익을 해할
우려가 있는 때에는 대통령령이 정하는 바에 따라 그 업무정지처분에 갈음
하여 2억 원 이하의 과징금을 부과할 수 있다.

1. 제14조, 제15조 제1항 · 제3항, 제16조 제2항 · 제3항 또는 제36조의 규
정을 위반한 때

2. 제21조의 규정에 의한 준수사항을 위반한 때

3. 제38조 제1항 · 제39조 또는 제40조의 규정에 의한 명령을 이행하지 아
니한 때

4. 제38조 제2항의 규정에 의한 검사 · 질문 · 수거에 불응한 때

② 제1항의 규정에 따라 과징금을 부과하는 위반행위의 종별과 정도 등에
따른 과징금의 금액 그 밖에 필요한 사항은 보건복지부령으로 정한다.

③ 보건복지부장관은 제1항의 규정에 의한 과징금을 납부하여야 할 자가
납부기한까지 이를 납부하지 아니하는 때에는 국세체납처분의 예에 따라 이
를 징수한다.

제44조(수수료) 보건복지부장관은 이 법의 규정에 따라 지정 · 등록 · 허

가·승인을 받고자 하거나 신고를 하는 자 또는 그 내용을 변경하고자 하는 자로 하여금 보건복지부령이 정하는 바에 따라 수수료를 납부하게 할 수 있다.

제8장 보칙

제45조 (성체줄기세포연구의 지원) 국가 또는 지방자치단체는 성체줄기세포의 연구를 육성하기 위하여 필요한 재정지원을 할 수 있다.

제46조(국고보조) 보건복지부장관은 생명과학기술에서의 생명윤리 및 안전의 확보에 이바지할 수 있는 연구사업 및 교육의 육성·지원을 위하여 대통령령이 정하는 바에 따라 해당 단체·연구기관·생명과학관련종사자 등에게 필요한 연구비의 전부 또는 일부를 보조할 수 있다.

제47조(위임 및 위탁 등) ① 보건복지부장관은 이 법에 의한 권한의 일부를 대통령령이 정하는 바에 따라 소속기관의 장에게 위임할 수 있다.

② 보건복지부장관은 대통령령이 정하는 바에 따라 다음 각호의 1에 해당하는 업무의 일부를 관계 전문기관 또는 단체에게 위탁할 수 있다.

1. 제14조의 규정에 의한 배아생성의료기관의 관리에 관한 업무
2. 제18조의 규정에 의한 배아연구기관의 관리에 관한 업무
3. 제24조의 규정에 의한 유전자검사기관의 관리에 관한 업무
4. 제32조의 규정에 의한 유전자은행의 관리에 관한 업무
5. 제37조의 규정에 의한 유전자치료기관의 관리에 관한 업무

③ 보건복지부장관은 제2항의 규정에 따라 관계 전문기관 또는 단체에게 관리업무를 하게 한 때에는 그 관리에 필요한 예산을 보조할 수 있다.

제48조 (비밀누설 등의 금지) 피감독기관 또는 그 종사자나 업무에 종사하였던 자는 그 직무상 알게 된 비밀을 누설하거나 도용(盜用)하여서는 아니 된다.

제9장 벌칙

제49조(벌칙) ① 제11조제1항의 규정을 위반하여 체세포복제배아를 자궁에 착상시키거나 착상된 상태를 유지 또는 출산한 자는 10년 이하의 징역에 처한다.

② 제1항의 미수범은 처벌한다.

제50조(벌칙) 제12조 제1항의 규정을 위반하여 인간의 배아를 동물의 자궁에 착상시키거나 동물의 배아를 인간의 자궁에 착상시킨 자 또는 동조 제3항의 규정을 위반하여 동조 제2항 각호의 1에 해당하는 행위로부터 생성된 배아를 인간 또는 동물의 자궁에 착상시킨 자는 5년 이하의 징역에 처한다.

제51조 (벌칙) ① 다음 각호의 1에 해당하는 자는 3년 이하의 징역에 처한다.

1. 제11조 제2항의 규정을 위반하여 체세포복제배아를 자궁에 착상시키거나 착상된 상태를 유지 또는 출산하는 행위를 유인 또는 알선한 자
2. 제12조 제2항 각호의 1에 해당하는 행위를 한 자
3. 제13조 제1항의 규정을 위반하여 임신외의 목적으로 배아를 생성한 자
4. 제13조 제2항 각호의 1에 해당하는 행위를 한 자
5. 제13조 제3항의 규정을 위반하여 금전 또는 재산상 이익 그 밖에 반대급부를 조건으로 정자 또는 난자를 제공하거나 이를 이용한 자
6. 제22조 제1항의 규정을 위반하여 희귀·난치병의 치료를 위한 연구목적 외에 체세포핵이식행위를 한 자
7. 제48조의 규정을 위반하여 비밀을 누설하거나 도용한 자

② 제17조의 규정을 위반하여 잔여배아를 이용한 자는 3년 이하의 징역 또는 5천 만원 이하의 벌금형에 처한다.

③제1항 제1호의 미수범은 처벌한다.

제52조(벌칙) 다음 각호의 1에 해당하는 자는 2년 이하의 징역 또는 3천만

원 이하의 벌금에 처한다.

1. 제13조 제3항의 규정을 위반하여 금전 또는 재산상 이익 그 밖에 반대급부를 조건으로 정자 또는 난자를 제공하도록 유인하거나 알선한 자

2. 제15조 제1항의 규정을 위반하여 배아생성에 관한 서면동의를 받지 아니하고 정자 또는 난자를 채취한 자

3. 제25조의 규정을 위반하여 유전자검사를 한 자

4. 제26조 제1항 내지 제3항의 규정을 위반하여 유전자검사에 관한 서면동의를 얻지 아니하고 검사대상물을 채취하거나 동의서를 첨부하지 아니하고 유전자검사를 의뢰한 자

5. 제31조 제1항 또는 제2항의 규정을 위반하여 유전정보를 이용하여 다른 사람을 차별한 자 또는 다른 사람에게 유전자검사를 받기를 강요하거나 유전자검사의 결과를 제출하도록 강요한 자

6. 제34조의 규정을 위반하여 유전정보 등을 타인에게 제공함에 있어 개인 정보를 포함시킨 자

7. 제35조 제1항의 규정을 위반하여 유전정보 등을 정당한 사유없이 타인에게 제공하거나 부당한 목적으로 사용한 자

8. 제36조 제1항 또는 제2항의 규정을 위반하여 유전자치료를 한 자

9. 제39조의 규정에 의한 폐기명령을 위반한 자

제53조 (벌칙) 다음 각호의 1에 해당하는 자는 1년 이하의 징역 또는 2천만 원 이하의 벌금에 처한다.

1. 제14조의 규정을 위반하여 배아생성의료기관으로 지정받지 아니하고 인간의 정자 또는 난자를 채취·보관하거나 배아를 생성한 자

2. 제16조 제2항 또는 제3항의 규정을 위반하여(제20조 제4항에서 준용하는 경우를 포함한다) 배아를 보건복지부령이 정하는 바에 따라 폐기하지 아니하거나 배아의 폐기에 관한 사항을 기록·보관하지 아니한 자

3. 제18조의 규정을 위반하여 배아연구기관으로 등록하지 아니하고 잔여배아를 연구한 자

4. 제19조 제1항의 규정을 위반하여(제23조 제2항에서 준용하는 경우를 포

함한다) 보건복지부장관의 승인을 얻지 아니하고 배아연구를 한 자

5. 제20조 제1항 또는 제3항의 규정을 위반하여 유상으로 잔여배아를 제공하거나 잔여배아의 보관 및 제공 등에 관한 사항을 보건복지부령이 정하는 바에 따라 보건복지부장관에게 보고하지 아니한 자

6. 제23조 제1항의 규정을 위반하여 등록하지 아니하고 체세포복제배아를 생성하거나 연구한 자

7. 제30조 제1항의 유전자검사기관 등의 준수사항을 위반하거나 동조 제2항의 규정을 위반하여 유전자검사에 대하여 허위표시 또는 과대광고를 한 자

8. 제32조 제1항의 규정을 위반하여 허가를 받지 아니하고 유전자은행을 개설한 자

9. 제40조의 규정에 의한 개선명령 등을 위반한 자

제54조(양벌규정) 법인의 대표자나 법인 또는 개인의 대리인·사용인, 그밖의 종업원이 그 법인 또는 개인의 업무에 관하여 제49조 내지 제53조의 규정에 해당하는 위반행위를 한 때에는 그 행위자를 벌하는 외에 그 법인 또는 개인에 대하여도 해당 조의 벌금형을 과한다.

제55조 (과태료) ① 다음 각호의 1에 해당하는 자는 500만원 이하의 과태료에 처한다.

1. 제24조 제1항·제2항 또는 제4항의 규정에 의한 신고를 하지 아니한 자

2. 제28조 제2항 내지 제5항의 규정을 위반한 자

3. 제29조 제1항 각호의 서류를 보존하지 아니하거나 동조 제2항의 규정에 의한 기록의 열람 또는 사본의 교부를 거부한 자

4. 제32조 제3항 또는 제4항의 규정에 의한 신고를 하지 아니한 자

5. 제35조 제2항의 규정을 위반하여 환자의 유전정보를 포함한 기록을 환자 외의 자에게 제공한 자

6. 제37조 제1항의 규정을 위반하여 신고하지 아니하고 유전자치료를 한 자

② 제1항의 규정에 의한 과태료는 대통령령이 정하는 바에 따라 보건복지부장관이 부과·징수한다.

③ 제2항의 규정에 의한 과태료처분에 불복이 있는 자는 그 처분의 고지를 받은 날부터 30일 이내에 보건복지부장관에게 이의를 제기할 수 있다.

④ 제2항의 규정에 의한 과태료처분을 받은 자가 제3항의 규정에 따라 이의를 제기한 때에는 보건복지부장관은 지체 없이 관할법원에 그 사실을 통보하여야 하며, 그 통보를 받은 관할법원은 비송사건절차법에 의한 과태료의 재판을 한다.

⑤제3항의 규정에 의한 기간 이내에 이의를 제기하지 아니하고 과태료를 납부하지 아니한 때에는 국세체납처분의 예에 따라 이를 징수한다.

부칙 <제7150호, 2004.1.29>

① (시행일) 이 법은 2005년 1월 1일부터 시행한다. 다만 제11조, 제12조, 제49조, 제50조 및 제51조 제1항 제1호 · 제2호의 규정은 공포한 날부터 시행한다.

② (잔여배아의 연구에 관한 경과조치) 다음 각호의 요건에 해당하는 잔여배아는 발생학적으로 원시선이 나타나기 전까지에 한하여 제17조 각호의 1의 목적으로 이용할 수 있다.

1. 이 법 시행전에 생성되었을 것

2. 생성후 5년이 지났을 것

3. 동의권자의 동의를 얻을 것. 다만, 소재불명 등으로 동의권자의 동의를 얻을 수 없는 경우를 제외한다.

③ (체세포복제배아의 연구에 관한 경과조치) 이 법 시행 당시 제17조 제2호의 규정에 의한 연구목적으로 체세포복제배아의 연구를 하고 있는 자는 다음 각호의 요건에 해당하는 경우에는 보건복지부장관의 승인을 얻어 당해 연구를 계속할 수 있다.

1. 3년 이상 체세포복제배아에 관한 연구를 계속하였을 것

2. 관련학술지에 1회 이상 체세포복제배아에 관한 연구논문을 게재한 실적이 있을 것

④(다른 법률의 개정) 장기등 이식에 관한 법률중 다음과 같이 개정한다.

제2장의 제목 중 "生命倫理委員會"를 "장기등이식윤리위원회"로 한다.

제7조의 제목 "(生命倫理委員會)"를 "(장기등이식윤리위원회)"로 하고, 동조 제1항중 "生命倫理委員會"를 "장기등이식윤리위원회"로 한다.

[제정]
◇제정이유

급격히 발전하고 있는 생명과학기술에 있어서의 생명윤리 및 안전을 확보하여 인간의 존엄과 가치를 보장하고, 국민의 건강과 삶의 질 향상을 위하여 질병치료 및 예방 등에 필요한 생명과학기술을 위하여 개발·이용할 수 있는 제도적 장치를 마련하려는 것임.

◇주요내용

가. 생명과학기술에 있어서의 생명윤리 및 안전에 관한 사항을 심의하기 위하여 대통령 소속하에 국가생명윤리심의위원회(國家生命倫理審議委員會)를 설치하고, 생명과학기술의 연구·개발 등을 함에 있어서 생명윤리 및 안전을 확보하도록 하기 위하여 배아연구기관·유전자은행·유전자치료기관 등에 기관생명윤리심의위원회를 두도록 함(법 제6조 내지 제9조).

나. 인간을 복제하기 위하여 체세포복제배아(體細胞複製胚芽)를 자궁에 착상·유지 또는 출산하는 행위를 금지함(법 제11조).

다. 임신 외의 목적으로 배아를 생성하는 행위, 특정의 성을 선택할 목적으로 정자와 난자를 선별하여 수정시키거나 사망한 자 또는 미성년자의 정자와 난자로 수정시키는 행위 및 매매의 목적으로 정자 또는 난자를 제공하는 행위 등을 금지함(법 제13조).

라. 배아생성의료기관과 배아연구기관은 보건복지부령이 정하는 시설·인력 등을 갖추고 보건복지부장관으로부터 지정을 받거나 보건복지부장관에게 등록하도록 함(법 제14조 및 제18조).

마. 인공수정으로 생성된 배아 중 보존기간이 경과된 잔여배아를 불임치료법 및 피임기술의 개발을 위한 연구 또는 근이영양증 그 밖에 대통령령이 정하는 희귀·난치병의 치료를 위한 연구목적으로 이용할 수 있도록 함(법 제17조).

바. 희귀·난치병 등의 질병치료를 위한 연구목적 외에는 체세포핵이식행위를 금지하며, 체세포핵이식행위를 이용할 수 있는 연구의 종류·대상

및 범위는 국가생명윤리심의위원회의 심의를 거쳐 대통령령으로 정하도록 함(법 제22조).

　사. 유전자검사기관은 보건복지부장관에게 신고하도록 하여 유전자검사의 정확도 평가를 받도록 하고, 과학적 입증이 불확실하여 검사대상자를 오도(誤導)할 우려가 있는 유전자검사를 금지하며, 배아 또는 태아를 대상으로 하는 유전자 검사는 근이영양종 그 밖의 유전질환을 진단하기 위한 목적 외에는 할 수 없도록 함(법 제24조 및 제25조).

　아. 유전정보를 이용하여 교육 · 고용 · 승진 · 보험 등 사회활동에 있어서 타인을 차별할 수 없도록 하고, 타인에게 유전자검사를 받도록 강요하거나 유전자검사 결과의 제출을 강요할 수 없도록 하며, 유전자은행의 장 또는 그 종사자는 직무상 얻거나 알게 된 유전정보 등을 정당한 사유 없이 타인에게 제공하거나 부당한 목적으로 사용할 수 없도록 함(법 제31조 및 제35조).

생명 윤리 및 안전에 관한 법률의 문제점과 개정 방안 제시

1. 시안이 마련되었을 때 그 안에 대해 의견을 표명한 것과 같이[1] 이 법률안에 기본적으로 인간 배아로부터의 인간 생명을 보호하고 존중하려는 태도가 나타나 있는 것에 대해서는 찬성한다.

2. 그러나 다음과 같은 조항들의 존재는 이 법률이 과연 배아를 보호하기 위한 것이며 생명을 보호하기 위한 법인지를 의문시하게 할 수 있게 하는 것이므로 재고되고 인간 배아의 보호하는 본래 취지를 드러낼 수 있도록 개정되어야 할 것이다. 대법원 1985. 6. 11. 선고 84도1958 판결에 의해 "인간의 생명은 잉태된 때로부터 시작되는 것"임을 분명히 하는 우리나라의 현형 법정신을 잘 드러낼 수 있도록 다음과 같은 조항의 검토와 개정을 요청하는 바이다.

---

[1] 이에 대해서는 이 책의 초판 247-50의 내용을 참조하라.

(1) 제6조가 규정하고 있는 국가 생명 윤리 심의 위원회의 기능에 있어서 2, 3, 5 목을 제외하는 것이 좋을 것으로 사료된다. 이런 항목이 있으면 그런 실험을 할 수 있는 여지를 마련하는 것으로 여겨질 수 있고, 혹시 필요하다면 이들은 6목에 포함되어 있는 것으로 여기는 것이 좋을 듯하다.

(2) 제7조가 규정하고 있는 국가 생명 윤리 심의 위원회의 구성에 있어서 7명의 장관들이 당연직 위원으로 포함되어 있는 것은 폐지되어야 할 것이다(3항 1목 폐지, 5항 개정요). 위원회는 정부 기관과 별도의 위원회로 있어서 그 논의와 결의의 독립성이 보장되어야만 한다.

(3) 제12조의 제목을 "이종 간의 착상 등 금지"에서 "이종 배아 형성과 착상 등 금지"로 바꾸는 것이 더 분명한 뜻을 전달할 것이다. 또한 핵이 제거된 동물의 난자의 인간의 세포 핵을 이식하는 행위도 금지하는 항목을 반드시 더하여야 할 것이다. 이를 언급하지 않으면 동물 난자에 인간의 체세포 핵 이식을 하는 이종 간 교잡은 금하지 않는 법이 되고 만다.

(3) 제13조에 (스웨덴의 공공 의료 기관의 시험관 아기 시술의 원칙 등을 따라서) 잔여배아가 생성되지 않도록 하는 조항이 포함될 것을 희망한다. 그렇게 되면 이하의 상당 조문을 폐지할 수 있을 것이다.

(4) 제 17조를 폐지할 것을 요구한다. 이는 원시선 생성 이전의 잔여배아를 대상으로 하는 연구가 포괄적으로 허용될 수 있도록 하는 조항이기 때문이다. 인간 배아는 그 어떤 상태에 있는 배아이든지 실험의 대상이 되어서는 아니 된다.

(5) 제22조 1항의 "제17조 제2호의 규정에 의한 희귀·난치병의 치료를 위한 연구목적 외에는"이라는 어귀를 삭제할 것을 요구한다. 이 어귀는 결국 연구 목적의 체세포 복제를 허용하도록 하는 것이 되기 때문이다. 따라서 2항과 제 23조도 자동적으로 폐지되게 되어야 한다.

(6) 상업적 목적으로 유전자 검사를 하려는 기관이 없도록 하는 의도를 지닌 어귀를 제 24조에 부가하여 개정할 것을 요구한다.

(7) 32조 이하의 유전자은행이 있도록 허용하는 것이 과연 생명 윤리에 적합한 것인지에 대한 재고를 요청한다. 국가 기관이 특별한 목적을 위해 유전자 검사 등을 하며 제한 된 목적의 유전자와 관련된 실험을 할 수 잇도록 하는 방향으로 수정되는 것이 좋을 것이다. 유전자은행의 허용은 유전자 정보와 활용의 상업화를 부추겨 이 법률의 의도에 반하는 결과를 낳게 할 것이기 때문이다. 자유 시장 원리에 따라 유전자은행이 있을 수 있도록 하는 경우에는 이것이 상업적으로 이용되지 않도록 하는 엄격한 조항을 부가할 필요가 있다고 사료된다.

(8) 제43조의 과징금을 더 많은 금액으로 하여 이 법률이 금하는 바를 하지 않도록 강화하는 것이 필요하다고 사료된다.

(9) 제45조의 성체줄기세포에 대한 연구를 더 지원할 수 있는 언급이 필요하다고 사료된다. 성체줄기세포 연구는 인간 배아를 죽이는 윤리적 문제를 전혀 일으키지 않을 뿐만 아니라, 현재의 과학 기술로도 약 65종 이상의 인간의 난치병을 치료한 임상실험 보고를 많이 가지

고 있기 때문이다.

(10) 제9장이 규정하고 있는 벌칙을 좀 더 중하게 규정되어야 실효를 거둘 수 잇을 것으로 사료되므로 법률학자들의 의견을 모아 좀 더 중한 처벌 규정을 마련할 것을 촉구한다. 특히 제 11조, 12조, 13조, 17조, 그리고 개정 요청한 22조에 대한 위반에 대해서는 매우 중한 처벌 규정이 마련되어야 할 것이다.

(11) 부칙 3항을 폐지하여 체세포 복제 배아에 대한 연구가 그 어떤 경우에도 이루어지지 않도록 해야 한다.

국제신학대학원대학교 조직신학 교수

이승구

참고문헌

Anderson, J. Kerby. *Genetic Engineering*. Grand Rapids: Zondervan Publishing House, 1982.

Asakura, A. et al., "Myogenic specification of side population cells in skeletal muscle," *Journal of Cell Biology* 159 (2002): 123134, cited in "Embryonic vs. Adult Stem Cell Research." The Christian Medical Association, July 2004.

Barth, Karl. *Church Dogmatics*, III/4. trans A. T. Mackay et al. Edinburgh: T. & T. Clark, 1961.

Berkhof, Louis. *Systematic Theology*. Grand Rapids: Eerdmans, 1941.

Blau, H. M., T. R. Brazelton, & J. M. Weiman, "The Evolving Concept of a Stem Cell: Entity or Function," *Cell* 105 (June 29, 2001), 829-841, cited in Bohlin (2001).

Brock, Dan W. *Cloning and Cloning*, 2000.
      Cf. http://www.hospitallaw.or.kr/cloning-positive.html.

Brown, O. J. *Death Before Birth*. Nashville: Thomas Nelson, 1977.

Bukovsky, A. M. Svetlikova, & M. R. Caudle MR,. "Oogenesis in Cultures Derived from Adult Human Ovaries," *Reprod Biol Endocrinol* 3/1

(2005 May 5):17.

Byrne, James A. & John B. Gurdon. "Commentary on human cloning." In http://www.reproductivecloning.net/cgi-bin/ikonboard/ ikonboard. cgi?s=3c9bd7006cc1ffff;act=ST;f=1;t=57.

Cole-Turner, Ronald. "At the Beginning." In Ronald Cole -Turner, ed., *Human Cloning: Religious Issues.* Louisville: Westminster/John Knox Press, 1997: 122-26.

Cottrell, Jack W. "Abortion and the Mosaic Law." *Christianity Today* (March 16, 1973): 6-9.

Davis, John Jefferson. *Evangelical Ethics: Issues Facing the Church Today.* Phillipsburg, New Jersey: Presbyterian and Reformed Pub. Co., 1985.

Drummond, Deane. *The Ethics of Nature*, Blackwell, 2004, p. 126: "[Adult] animals seem to have more protection than early human embryos."

Edwards, R. G. "Fertilization of Human Eggs in Vitro: Morals, Ethics and the Law." *Quarterly Review of Biology* 49 (March 1974): 13f.

Feinberg, John S. and Paul D. Feinberg. *Ethics for a Brave New World.* Wheaton, Illinois: Crossway Books, 1993.

Fletcher, Joseph. *Morals and Medicine.* Boston: Beacon Press, 1960.

Fowler, Paul B. *Abortion: Toward an Evangelical Consensus.* Portland: MultnomohPress, 1987.

Frame, John M. "Abortion from a Biblical Perspective." In Richard Ganz, ed. *Thou ShaltNot Kill.* New Rochelle, NY: Arlington House Publishers, 1978: 52-57.

_____. *Medical Ethics: Principles, Persons, and Problems.* Phillipsburg, New Jersey: Presbyterian and Reformed Pub. Co., 1988.

Gearhart, John. "New Potential for Human Embryonic Stem Cells," *Science* 282 (November 6, 1998): 1061-1062, cited in Ray Bohlin, "The Controversy Over Stem Cell Research"(2001), accesed on July 10, 2005, available at: http://www. cleffpublishing.com/articles/

rb090101.htm.

Gronthos, S. et al., "Stem cell properties of human dental pulp stem cells." *Journal of Dental Research* 81 (2002): 531-535, cited in "Embryonic vs. Adult Stem Cell Research." The Christian Medical Association, July 2004.

Hamilton, David and Regaldo, Antonio. "Biotech Industry - Unfettered, but Possibly Unfulfilled," *Wall Street Journal*, August 13, 2001, p. B1, cited in Bohlin(2001).

Harper, Matthew. "Stem Cells" Double Breakthrough," Forbes.com, 6/20/2002, at: http://www.forbes.com/technology/sciences/ 2002/06/20/062 0stemcells.html.

Harris, John. "In Vitro Fertilization: Ethical Issues." *Philosophical Quarterly* 33 (July 1983): 222ff.

Hauerwas, Stanley. *A Community of Character: Toward a Constructive Christian Social Ethics*. Notre Dame, Indiana: University of Notre Dame Press, 1981.

Hoekema, Anthony A. *Created in God's Image*. Grand Rapids: Eerdmans, 1986.

House, O. Wayne. "Miscarriage or Premature Birth: Additional Thoughts on Exodus 21:22-25." *Westminster Theological Journal* 41 (1978): 108-23.

Jeffs, Jakki. "An alternative exists to embryonic stem cell research," *Toronto Star*, 2001-JUL-6: "Adult stem cell research provides a legitimate, moral and ethical alternative area of research. Adult stem cell research has already been used successfully for therapeutic benefit in human beings..."

Jiang, Y. et al., "Pluripotency of Mesenchymal Stem Cells derived from Adult Bone Marrow." *Nature*, advance online publication, June 20, 2002.

Kaiser, Walter C. *Toward An Old Testament Theology*. Grand Rapids: Zondervan, 1978. 최종진 역. 『구약 성경 신학』 서울: 생명의 말씀

사, 1982.

Kilner, John F. and George, Robert P. "Human Cloning: What' s at Stake," http://www.cbhd.org/resources/cloning/kilner_george_ 2004-10-08.htm: "no cloning is, properly speaking, therapeutic. Cloning in the cause of biomedical experimentation is of no benefit to the subject of cloning, namely, the cloned embryo. On the contrary, that embryo is killed for the putative benefit of others."

Kline, Meredith G. "Lex Talionis and the Human Fetus." *Journal of the Evangelical Theological Society* 20, 3 (1977): 193-201.

Labar, Martin. "The Pros and Cons of Human Cloning." *Thought* 59 (1984): 324-25.

MacConchie, Daniel. "Testimony before MBAC Meeting," accessed on June 6, 2005, available at http://www.cbhd.org/resources /stemcells/mcconchie_1999-05-11.htmdmf.

Martin, John C. "Scientista Produce Human Eggs from Stem Cells," available at: http://fertilityneighborhood.com/content/in_the_ news/archive_1212.aspx.

McCormick, Richard A. "In Vitro Fertilization." *Contemporary OB/GYN* 20 (November 1982): 227-32. Reprinted in Stephen E. Lammers & Allen Verhey, eds., *On Moral Medicine*, 333-34.

Mitchell, Basil. "Review-Article: Warnock." *Modern Churchman* 27 (1985): 47-48.

Morigi, Marina. et al., "Mesenchymal Stem Cells are Renotropic, Helping to Repair the Kidney and Improve Function in Acute Renal Failure," *Journal of American Society of Nephrology* 15 (July 2004): 1794-1804, abstract at http://www.jasn.org/cgi/ content/full/15/7/1794.

Pacholczyk, Tadeusz. "Stem Cell Research, Cloning and Human Embryos-2004," http://www.nebcathcon.org/stem_cell_ research.htm# Stem%20Cell%20Cloning.

Ramsey, Paul. *On In Vitro Fertilization*. Chicago: Americans United for Life, 1978.

Reich, Warren T. "In Vitro Fertilization and Embryo Transfer: Public Policy and Ethics." In Doris Teichler-Zellen and Colleen D. Clements, eds., *Science & Morality: New Directions in Bioethics*. Lexington, MA: Lexington Books, 1982: 121-22, 387-88.

Robertson, O. Palmer. *The Christ of the Covenants*. Grand Rapids: Baker, 1980.

Saldeen, P. and Sundstrom, P. "Would Legislation Imposing Single Embryo Transfer be a Feasible Way to Reduce the Rate of Multiple Pregnancies after IVF Treatment," *Human Reproduction* 20/1 (2005).

Sipione, S. et al., "Insulin expressing cells from differentiated embryonic stem cells are not beta cells," *Diabetologia* 47(3): 499-508, March 2004.

Smith, Harmon L. *Ethics and the New Medicine*. Nashville: Abingdon Press, 1970. 김중기 역. 『현대 의학과 윤리』 서울: 대한기독교출판사, 1983.

Smith, Wesley J. "Adult Stem Cells Offer Practical Hope for Patients," *National Review*, March 15 2003, available at: http://www.nebcathcon. org/stem_cell_research.htm#Practical%20Hope.

Thielicke, Helmut. *The Ethics of Sex*. New York: Harper and Row, 1964.

Thomson, James A. et al., "Embryonic Stem cell Lines Derived from Human Blastocysts," *Science* 282 (November 6, 1998): 1145-1147.

Vos, Geerhardus. *Biblical Theology*. Grand Rapids: Eerdmans, 1948.

Waltke, Bruce M. "Old Testament Texts Bearing on the Issues." *Birth Control and the Christian*. Walter O. Spitzer and Carlyle L. Saylor, eds. Wheaton: Tyndale House, 1969: 10-11.

Wennberg, Robert. *Life in the Balance: Exploring the Abortion Controversy*. GrandRapids: Eerdmans, 1985.

Westphal, Sylvia Pagan. "Is this the cell that could revolutionise medicine?," 2002-JAN-26, *New Scientist* (http://www.newscientist. com) Online at: http://www.eurekalert.org/

————. "Greater potential of adult stem cells revealed," *New Scientist*, 2004-MAY-17, at: http://www.newscientist. com/

Young, Ernle. "Stem Cell Research: Its Theraphetic Possibilities and Ethical Cotriversies," Monash University Medical Foundation Inaugural Eric Glasgow Memorial Lecture, April 4, 2003, available at:http://www.nscc.edu.au/file_downloads/ Dr_Ernie_Young_Lecture.pdf.

Zuk, P. A. et al, "Multilineage cells from human adipose tissue: implications for cell-based therapies." *Tissue Engineering* 7 (2001): 211-228, cited in "Embryonic vs. Adult Stem Cell Research." *The Christian Medical Association*, July 2004.

강경선. "성체줄기세포 연구와 생명 윤리 문제의 극복 방안."『생명은 수정 순간부터: 2001년 성산생명연구소 설립 기념 심포지움』(2001년 12월): 5-9.

강석범. "최근의 생명 윤리 논쟁에 대한 검토: 배아 복제 연구, 사후 피임약을 중심으로".『생명은 수정 순간부터』: 18-29.

구영모. "윤리적 관점에서". 서강대학교 개교 40주년 기념 심포지엄: 인간 복제와 생명의 존엄성(2000년 11월 16일), 2000년 11월 20일자 문화일보. http://biozine.kribb.re.kr/study/kis2000-11-19.html.

김상득. "윤리학적 관점에서 본 생명 복제," 기독교학문연구회 1999년 여름 집담회 발제문.『신앙과 학문』제4권 3호 (1999 가을): 21-41.

김승업. "연구가 경쟁력이다" (특별 기고), 일간 보사 의학신문, 2005년 6월 9일, http://bosa.co.kr/special/view.asp?board_pk=10188 &page=1&what_board=1.

맹용길.『생명 의료 윤리』서울: 장로회신학대학출판부, 1987.

박병상. "배아 복제에 따른 생명 윤리 판단 근거", http://www. sangeun.co.kr.

박상은 편.『생명 의료 윤리』제2판. 서울: 한국누가회 문서출판부, 1999.

————.『인간 배아 복제 과학의 승리인가?』서울: 한국누가회출판부,

2004.

박상은. "새로운 천년 도전 받는 생명 윤리".『기독교 사회 윤리』제2집 (1999): 14-28.

_____. "인간 배아 복제, 과연 윤리적인가?".『성산생명의료윤리 단기 연수과정 자료집』서울: 성산생명윤리연구소, 2002: 95.

박세필. "생명체의 복제는 과연 다가오는 새로운 21세기에 꿈의 기술로 각광을 받을 것인가?", 기독교학문연구회 1999년 여름 집담회 발 제문.『신앙과 학문』제4권 3호(1999년 가을호): 11-19.

박재현. "시험관 아기 시술과 배아줄기세포 연구의 관계".『통합연구』통 권 45호 제 18권 2호(2005), 40, n. 12.

신동일. "배아 복제에 관한 법률적 고찰".『배아 복제와 생명 윤리: 2002년 한국기독교의사회 주제 세미나 자료집』(2002): 10-21.

오일환. "이종간 배아 복제 넘어야 할 산 첩첩". 오일환의 줄기세포 이야 기.『동아일보』, 2002. 3. 17일자: http://www.donga.com/fbin/ searchview?n=200203170128; "줄기세포의 치유 능력에 거는 기 대".『동아일보』2002년 4월 28일자. http://www.donga.com/ fbin/searchview?n=200204280115.

오창익 (천주교인권위원회 사무국장). "경희대 의료원의 인간 복제 실험 성공 주장에 대한 몇 가지 생각", 인간 복제에 대한 법적 대응 -- 생명 공학 육성법 개정안 검토를 중심으로(참여연대 과학 기술 민 주화를 위한 모임 주최 1999년 1월 18일) 시민 토론회 자료. In http://www.ksdn.or.kr/resource/eco/eco08/e080015.htm.

이인영(한림대 법학부 교수). "생식적 복제와 치료적 복제에 관한 쟁점 사 항과 입법 제안." 보건 복지 포럼 (2001. 7). Cf. http://www.hospitallaw.or.kr/cloning-legislation.html.

이상원. "생명 윤리 논란에 대한 그리스도인의 자세와 전략".『생명은 수 정 순간부터』10-17.

_____. "인간과 유전 공학: 유전자 치료와 인간 복제에 대한 비판적 탐 구", 제39차 한국 복음주의신학회 정기 논문 발표회 윤리분과 발 제문 (2002년 4월 26일).『21세기 한국 복음주의 신학의 방향과 과 제』(2002): 70-99.

이승구.『인간 복제, 그 위험한 도전』서울: 예영커뮤니케이션, 2003.

_____.『개혁 신학에의 한 탐구』서울: 웨스트민스터출판부, 1995.

_____.『진정한 기독교적 위로』서울: 여수룬, 1998.

_____. "인간 줄기 세포 연구의 현황과 기독교적 반응,"『통합연구』제 18권 2호 (2005년 8월): 74-96.

_____. "생명의 기원에 대한 신학적 논의". 성산생명의료윤리연구소 창 립 제1주년 기념세미나 (1998년 12월 5일, 서울대학교 함춘 봉사 관): 1-17 (이승구의『개혁 신학 탐구』서울: 하나, 1999와『생명 의 료 윤리』박상은 편. 제2판. 서울: 한국누가회 문서출판부, 1999: 94-122에 재수록).

_____. "생명 복제 문제에 대한 논평과 신학적 고찰". 기독교학문연구 회 1999년 여름 집담회 발제문.『신앙과 학문』제4권 3호 (1999년 가을호): 43-50.

_____. "생명 복제 문제에 대한 신학적 한 고찰"『2002년 국제신학대학 교 목회신학원 강의안』:1-53.

_____. "생명 복제 연구의 현황: 생명 복제 기술의 간략한 역사".『배아 복제와 생명 윤리』(2002년 한국기독의사회 주제세미나 자료집): 40-54.

주충노.『생명 과학의 현대적 이해』서울: 연세대학교출판부, 1990.

진교훈. "생명 복제 기술의 윤리적 · 사회적 쟁점". 생명 복제 기술에 관한 합의 회의 전문가 Workshop 제2발표문 (1999년 4월 16일 / 유네 스코회관 회의실), 4-5.

황상익. "인간 배아 복제의 문제점들 대안은 있다"available at: http://club. cyworld.nate.com/club/main/club_main.asp?club_ id=50289202#.

황우석. "체세포 복제 기술의 특성 및 산업적 이용". 생명 복제 기술에 관 한 합의회의 전문가 Workshop (1999년 4월 16일 / 유네스코회관 회의실): 3-6.

_____. "동물 장기 인간 이식 연구 어디까지 왔나?"《중앙일보》2002년 3월 27일 자 http://service.joins.com/asp/article.asp?aid= 1713908&serv =it&sect=science.

▶ 생명 복제에 대한 과학 기사 자료

http://www.newscientist.com/news/news.jsp?id=ns99992138.

http://www.donga.com/fbin/searchview?n=200204240118.

http://www.joins.com/it/200204/28/2002042808315787325000530053 1
    3.html.

http://www.donga.com/fbin/searchview?n=200205170108.

http://www.joins.com/it/200204/29/2002042910435250725000530053 1
    3.html.

http://www.joins.com/it/200205/02/2002050209050802025000530053 1
    3.html.

http://www.donga.com/fbin/searchview?n=200202240097.

http://www.newscientist.com/news/news.jsp?id=ns99992148.

http://www.newscientist.com/news/news.jsp?id=ns99992138.

http://www.donga.com/fbin/searchview?n=200203080212.

http://service.joins.com/asp/article.asp?aid=1713908&serv=it&sect=scie
    nce.

http://www.donga.com/fbin/searchview?n=200206030098.

http://www.joins.com/it/200205/10/2002051010183632325000530053 1
    3.html.

http://www.hani.co.kr/section-010100007/2001/12/0101000
    0720011226 1847001.html.

http://www.joins.com/politics/200202/18/2002021807115499021300 13
    501352.html.

http://www.achievement.org/autodoc/page/gea0bio-1.

http://www.sciencedaily.com/releases/2004/04/040401081637.htm.

http://www.eurekalert.org/pub_releases/2004-05/ama-esc050704.php.

http://www.donga.com/fbin/output?search=1&n=200409240070.

http://www.medicalnewstoday.com/medicalnews.php?newsid=22771.

http://news.bbc.co.uk/1/hi/health/4563607.stm. Cf. Reproductive and
    BioMedicine Online.

▶ 홈페이지 자료들

기독교 생명 윤리 협회
　　　http://www.cbioethics.org
한국누가회 홈페이지
　　　http://www.kcmf.org
한국누가회 학술윤리부의 생명 윤리 관련 게시판
　　　ttp://211.233.20.46/pds/list.asp?part=board12&group=
　　　kcmf_ethics
박상은 홈페이지
　　　http://www.sangeun.co.kr
성산생명의료윤리연구소 홈페이지
　　　http://www.bioethics.or.kr
낙반연 홈페이지, 특히 생명에 대한 페이지
　　　http://prolife.or.kr/life_frame.html
Clonaid의 홈페이지
　　　http://www.clonaid.com
클론 권리 홈페이지
　　　http://www.clonerights.com/history_of_the_movement.htm
종교 관용 운동 홈페이지
　　　http://www.religioustolerance.org/clo_rece.htm